マルクスを再読する

主要著作の現代的意義

的場昭弘

角川文庫
20268

文庫版まえがき

本書の課題

今年は『資本論』一五〇年、ロシア革命一〇〇年という記念の年です。ちょうど今から五〇年前の一九六七年、中学生の私は地方都市の本屋で清水書院から出版された小牧治《こまきおさむ》氏の『人と思想シリーズ　マルクス』（一九六六）という書物と偶然出会いました。この本は高校生のための入門書でしたが、買ってしまいました。これが、私とマルクスとの最初の出会いです。高校生からは『共産党宣言』『経済学・哲学草稿』『資本論』などを無我夢中で読んできました。人生の大半を、ひたすらマルクスと向きあってきたことになります。

いまここに角川ソフィア文庫として再刊する書物は、二〇〇四年に五月書房という出版社から刊行されたものが元になっています。研究室と自宅で、ゼミの学生を前に行った講義録です。当時話題になっていたアントニオ・ネグリとマイケル・ハートの『〈帝国〉』（水嶋一憲他訳、以文社、二〇〇三）に言及しながら、いまマルクスをどう読んだらいいかを語ったものです。

つまり、マルクスの主要著作を現代的視点で読むとどうなるか、が本書の課題です。もちろん、単行本刊行時より一〇年以上が過ぎ、現実は大きく変容しました。

この講義を始めたときは、ちょうどアメリカ軍がイラクを攻撃し、勝利した直後でした。そしてアメリカの〈帝国〉としての揺るぎない地位が、世界に印象づけられたときでもありました。

〈帝国〉以後の世界へ

しかしアメリカと、アメリカのまわりにいる日本を含めた資本主義の先進国は、二〇〇八年のリーマン恐慌によって大きく変化しました。なんといっても、世界の警察官を任じていたアメリカの陰りが、明確に見え始めたことは大きい。二〇〇四年は〈帝国〉アメリカの絶頂期だったのかもしれません。その翌年からアメリカでは不動産バブルが弾《はじ》け始め、二〇〇八年九月に世界へ衝撃が走ったのです。二〇〇八年は、冷戦終焉《しゅうえん》後に「歴史の終わり」である、と覇権を握ったことに誇らしげだったアメリカ資本主義の歴史が終わった、とでもいえる大きな衝撃の年でした。

一九二九年以来、起こらないと言われていた恐慌が再び起こった。人々は、恐慌という言葉を避けるため、危機やショックという言葉で表現を濁らせ、必死に大恐慌ではないと主張しました。しかし、あれは大恐慌以外のなにものでもなかったといっていいでしょう。あれから九年がたちますが、世界経済は長期停滞といった状況です。

　ここから脱出するために、アメリカを中心とした先進国は、ロシアや中国といったBRICs諸国のバブルに期待を掛け、そこに膨大な資本注入をしてきました。しかしその結果、世界経済が立ち直る以上に、ロシア、中国の地位が高まっていったわけです。〈帝国〉といった最強の資本主義の陰りに乗じて、ロシアや中国といった、かつて冷戦の敵であった旧社会主義国が反転攻勢に出てきたのです。こうして先進国の権威はゆらぎ、もういちど世界の再分割が始まった、とでもいえる現象が起きています。先進国連合、つまり〈帝国〉という世界はもはや十分に機能していない、といっていいかもしれません。

　グローバリゼーションの勢いに対して、反グローバリゼーションを求める声も高まっていきました。それまであった「世界をフラット化する」資本主義という、バラ色のイメージは薄れました。グローバリゼーションは、世界に工場を移転し、国内の労働者の失業と賃金格差を生み出すもの、というイメージに先進国では変貌《へんぼう》しています。後進諸国においても、経済発展の代償として労働強化や搾取を生み出すもの、というイメージに変化しています。バングラデシュのダッカ近郊で起きたラナプラザ・ビル倒壊と、そこで働く労働者の悲惨な現状、それらへの同情は象徴的でした。バラ色と思われたグローバリゼーションの現実は、一気に悲観的なものへと変わっていきます。

　近年のイギリスのEU離脱、アメリカやフィリピンの大統領選挙での保護主義的人物の当選は、この変化を反映しています。

深刻な資本主義の危機が到来した

フランスのピケティが書いた『21世紀の資本』(山形浩生、守岡桜他訳、みすず書房、二〇一四)は、現在の資本主義の停滞は格差の広がり、もっと明確にいえば、利潤と労賃の配分の格差、その広がりが原因だと述べたことで、大きな反響を各地にもたらしました。ピケティ旋風が吹き荒れたと言えます。

資本主義社会のグローバル化は、われわれに豊かさを与えるのではなく、むしろ貧困をもたらすのだという事実は、漠然と資本主義のグローバルな展開がもたらす「資本の文明化」作用にそれまでは酔いしれていた人々の酔いを覚ましてしまいました。

グローバリゼーションを支援していた人々には、資本主義礼賛論者のみならず、社会主義者もいました。公論の世界や知識人の世界では、グローバリゼーションが右も左もとらえていたと言えます。そのため、グローバリゼーションに反対する者はもはや誰もいない、という状況に長いことありました。彼らの多くは、世界の人々の経済水準がグローバル化によって上がり、さらにそれらの国の人権や民主主義が進むことで、人間社会は世界中で高い方で均衡化するだろう、という考えでした。つまり、グローバリゼーションが社会を上位均衡化させるだろう、という楽観的なものだったのです。しかも、所得上昇が中産階級化を生み出し、それによって世界中でプロレタリアが消え、中産階級化が世界中に普及、そして社会主義や共産主義といった亡霊は消えうせ、資本主義的民主主義が普及するだろうとさえ、考えられていました。

しかし実際に起こったことは、その逆です。

資本主義国ではプロレタリアがなくなるどころではなく、それ以上に悪い失業、半失業、または低賃金労働が増えました。後進諸国では膨大なプロレタリアが生まれたことで、人権や民主主義を下支えするはずの中産階級が減少し、先述の議論は形骸《けいがい》化しました。結局、上の方で豊かになるのではなく、下の方で貧しくなるという、反上位均衡化、すなわち下位均衡化が現実になってしまったのです。

そこで、多くの庶民の批判は知識人、政治家、資本家といった既得権益をもつ人々へと向けられ始めます。その批判の対象には、資本主義的保守政党だけでなく、社会民主主義政党も含まれます。こうして人々の批判の先頭に極右と極左が立つという、これまでには考えられることさえなかった事態が出現します。議会制民主主義の中で社会主義を目指していた、かつてのドイツ社会民主党の議論を嘲笑《あざわら》うかのように、革命を起こしたボルシェヴィキの出現のときのような大転換の様相が出現してしまったのです。

焦ったアメリカおよび先進国は、TPP（環太平洋戦略的経済連携協定）やTTIP（環大西洋貿易投資パートナーシップ協定）などの手で自由貿易圏構想を打ちたてます。また、NATO（北大西洋条約機構）などの軍事同盟を強化し、中国やロシアといった周辺資本主義国へ封じ込め作戦を展開し始めました。先進国は、中国やロシアといった国々の人権状況や民主主義弾圧を批判し、その状態を破壊することが民主主義の実現だと謳《うた》い、資本のなりふりかまわない利潤追求の口実にするようにもなりました。

皮肉なことに、アメリカやフィリピンなどで誕生した保護主義的大統領は、ロシアや中国に対して好戦的ではなく、むしろ友好的だということです。グローバリゼーションによる人権と民主主義の拡大を展開していた人々の方が、そうした国々にむしろ好戦的で、ポピュリズムだと批判された人々の方が友好的であるというのは、なんとなく不思議な光景です。

〈帝国〉から再び帝国主義へ？

〈帝国〉の時代は、終わった。いや、変わったのかもしれません。〈帝国〉には、先進諸国だけでなく、その周辺国も加担しました。それに抵抗する勢力はマルチチュードといった、ありとあらゆる人民の結合集団でした。しかし今は、民衆およびいくつかの周辺国が〈帝国〉と対抗しているという状況です。言い方を変えれば、〈帝国〉と戦うよりも、グローバル化を阻止するという動きが出てきたのです。

もっとも、〈帝国〉という議論が盛んだったときでさえ、結局この議論も帝国主義そのものだと述べた人々は多くいました。つまり、資本主義の基本的構図は何も変わっていないということです。資本主義が利潤を求めるときには帝国主義化するのであり、その形式に変化などはない、と。私が監訳したメーサロシュの『社会主義か野蛮か』（こぶし書房、二〇〇四）はその良い例で、〈帝国〉議論に真っ向から反対していました。

メーサロシュは、資本主義はつねに外部をつくり、そこから収奪せざるをえない。その限り、外部の収奪である帝国主義は資本主義にとって必然的形式であり、変化することはないと述べるのです。

〈帝国〉という、もはや外部を失った資本主義であろうと、未《いま》だ外部をもつ帝国主義であろうと、いずれにしても、この二つの議論に共通していることは、資本主義のもつ他者からの収奪という発想です。裏返せば、外部からの収奪ができない状況の出現は、資本主義の終焉を意味します。帝国主義や〈帝国〉が行き詰まるということは、資本主義が立ち行かなくなるということです。〈帝国〉あるいは帝国主義が危機であることは、資本主義にひとつの限界が見えてきたという、大きな問題提起でした。

本書でとりあげるマルクスの解釈は、資本主義国家が外部から収奪できなくなったとき、資本主義はどうなるのか、という問題意識の上で書かれています。

マルクスの生きていた時代には、当然ながら地球上には多くの非資本主義という外部がまだ存在していました。地球環境に対する危機意識もなく、素朴に生産力は無限に増大できると思われ、新製品はつねに生まれていました。資本主義の発展は、たとえ一時的には止まるとしても、永遠に発展するように見えていました。その限りでは、資本主義の恐慌もたんなる景気循環のひとつであり、過剰生産、過少消費、過剰資本などのような現象も、一時的な循環過程の問題、ある時期における問題に過ぎなかったともいえます。

しかし、現在われわれが直面しているのは、資本主義の終焉の問題だといえます。あくなき利潤追求のシステムであった資本主義がその外部を失ったとき、拡大再生産をこれ以上続けることができるかどうかという問題が出現するからです。

未来社会を読むために、マルクスを読み直す

先進資本主義国はリーマン恐慌によって一気に下がった利潤を求めて、周辺国への労働支配を強めつつあります。そうした現在、マルクスが再び読まれるとすれば、まず国内の労働者の賃金と周辺国の労働者の賃金が下位均衡化しているという事態にどう対処するか、という点から読まねばなりません。下位均衡化はいいかたを変えると、先進国の労働者の賃金も後進国の労働者の賃金も下がり、先進国では中産階級の崩壊が起こり、後進国では搾取が増す、ということを意味しています。この問題は、初期マルクスの言葉でいえば労働疎外の問題であり、先進国と後進国の労働者の対立、疎外の問題でもあります。世界の労働者がどう団結するかは、『経済学・哲学草稿』の疎外論、労働論からも十分読み取ることができます。

続いて、国際的な労働者の連帯と世界革命といった問題は、まさに『共産党宣言』から明確に理解できます。グローバル化によって生まれる、世界の労働者の国際的連帯を初めてするどく分析したのは『共産党宣言』です。

資本主義国家を超えた未来社会を読むためにも、『フランスの内乱』は読まれるべきでしょう。ここでは、既存の国家そのものを解体せよと述べられています。

そして資本主義の体系である、経済学そのものの解体は『資本論』の射程です。価値と

いう概念による世界における差別化と収奪。これを乗り越えるには、われわれの頭の中にある価値や価格といった資本主義的世界カテゴリーを、払拭《ふっしょく》しなければなりません。

世界資本主義に対しては、世界革命しかない

現在において、資本主義社会を乗り越えるということは、一国の資本主義を乗り越えることに留《とど》まるのではなく、世界資本主義を乗り越えるということでなければなりません。もはや一国でどうこうという時代は終わりました。あれやこれやの社会主義国家を建設するという時代が崩壊したのは、グローバルな資本主義に対抗できなかったからです。

だから、資本主義を乗り越えるものは、明確に世界資本主義を乗り越えるものでなくてはなりません。一気に資本主義的世界を乗り越えるような、地球環境を維持する低成長と均衡の世界に戻るような、システムの構築が今まさに求められているともいえます。

ただ、資本主義がどうやって新しいものに変わるかという点においては、ネグリが前提としたように、あるいはメーサロシュが前提にしているように、グローバル化がとことんまで進むことによって起こることではないかもしれません。世界のブルジョア対プロレタリア（マルチチュード）といった図式よりも、意外とレーニンの時代のような国家間競争の形をとるかもしれません。

徹底的にグローバル化が進み、そこで徹底した抗戦と廃墟《はいきょ》が生まれるより前に、徹底化の過程のなかでいったんそれに反対する作用が起き、抵抗が強まり、対抗する国家連合が

生まれ、周辺国との闘争に火がつくかもしれません。その意味では、先進国と後進国の結節点に帝国主義の矛盾があるという、レーニンの有名なテーゼも否定できないかもしれません。二〇〇〇年代の最初の一〇年に起きた〈帝国〉の段階から、いまの時代が大きく変化してきていることを認識しなければなりません。

そうした時代の変化を留意しながらマルクスをもういちど読む、という本格的な仕事に私はいどんでいます。まだそれは完成していませんが、資本主義全盛であった二一世紀はじめの「〈帝国〉の時代」においてすら、資本主義後の世界を考えたマルクスの思想が持っていた意味をまずは理解していただきたいと考え、本書を再び送り出します。皆さんが「〈帝国〉以後の時代」を考えるうえで、本書のマルクスの読み方が叩《たた》き台となることを願っています。

付記

本書でのマルクスの引用は、すべて著者が翻訳したものである。多くはドイツ語版『マルクス・エンゲルス全集』（ＭＥＷ）によっている。しかし、編集問題に難点のある『ドイツ・イデオロギー』は、廣松渉編『ドイツ・イデオロギー』（河出書房新社、一九七四年）のドイツ語版によった。また、『共産党宣言』は著者が刊行した『新訳共産党宣言』（作品社、二〇一〇年）の引用であり、それは一八四八年ドイツ語初版からの翻訳である。最後に、『哲学の貧困』は一八四七年の仏語初版から翻訳したものである。

目次

第二部　〈マルクス〉の著作を再読する

第一部

現代思想と〈マルクス〉

一章　アントニオ・ネグリの「帝国」の概念

なぜ〈帝国〉が問題となったか

最近、日本ではアントニオ・ネグリがたいへんに高く評価されて評判になっていますが、ネグリの『〈帝国〉』[1]がよく売れた背景にはアメリカの出版界の事情とそれをふまえた仕掛けがあったわけです。『〈帝国〉』はネグリとマイケル・ハートの共著ですが、[2]これが『ニューヨーク・タイムズ』の書評に採り上げられ、さらにはテレビのトークショーにハートが出たりしたのです。そんなこともあって、この種の学術的な書物にしては信じられないほどの売れ行きを示しました。そうしたアメリカでの動向を受けて、ネグリが一部の新聞を通じて日本に紹介され、さらには『現代思想』だとか『情況』だとかいった思想雑誌に採り上げられて広まりました。

しかし、もちろん、日本でネグリが受け入れられたのは、『〈帝国〉』自体が意義をもったものであったからです。一般的な読者にとっては、ここでネグリが言っている〈帝国〉というのは、アメリカのことだと受け取られ、だからこそ、アメリカ人がある種の自尊心をくすぐられた、ということもあったと思いますが、実はネグリの言う〈帝国〉とはアメリカのことではないし、いかなる具体的な国家のことでもなくて、一つのシステムのことなのです。

しかし、現にアメリカのような巨大な世界的資本制システムをそなえている国家がほかに見当たらないということから、〈帝国〉＝アメリカととらえられてしまうのも無理はないとは言えます。

システムとしての帝国

そうではありますが、しかし、やはりネグリの〈帝国〉は巨大な資本制システムそれ自体としてとらえたほうがいいのです。そのシステムは、国家や国民という枠を超え出たものです。〈帝国〉というのは、一種の機械装置だと考えたらいいのです。この機械装置の中には、命令を出す頭脳のようなものがあるわけではない。この機械装置は、動き出したらいつまでも動きつづける。それを停止させる中枢の頭脳もなければ、末端の制御装置もない。これがネグリの〈帝国〉というものの大きなポイントだと思うのです。

なぜかというと、このような形に発展した資本制システムというものは、これまでとらえられてこなかったからです。これまでとらえられてきた資本制システムとは、ある国家が資本と合体して、その国家の侵略が資本の侵略でもある、国家が侵略をすれば資本も豊かになるという、もちつもたれつの関係だったわけで、国民国家[3]というものが主体的な頭脳をもって資本制を制御している形だったわけです。

ここで主体的な頭脳というのは、国民国家は民族としての自らの誇りを得るために対外侵略をするのだし、その結果国民意識が高まるというわけで、その意味で、そこには日本人だとかアメリカ人だとかいう主体というものが明確にあると言えるからです。だから、国民国家の中心である大統領や首相は、そうした国民の願望を代表するもので、そこには統一した体系が形づくられているわけです。一方、その国民国家の中に包摂され、それと合体している資本制システムにおいても、会社の社長だとか経営者という形で資本の中に主体があるわけなのです。そして、そこには、資本の運動を制御する頭脳も実体的に存在するのです。

ウェストファリア体制の崩壊

ところが、そうした主体性をもった国民国家は、そのままでは、ほかの主体性をもった国民国家とどこかで戦わなくてはならないわけです。これをなんとか阻止して、おたがいが食い合わないで協調して共存するシステムが必要になってきます。そのようにして形成されたシステムを、ネグリはウェストファリア体制と呼んだのです。

すなわち、一六四八年、三十年戦争の講和条約としてウェストファリア条約[4]が結ばれたわけですが、この条約によってつくられたヨーロッパの体制は、国民国家の原型によって形づくられたものになるわけです。それ以前は、封建諸侯がヨーロッパ各地を分割して所有していたのですが、それがいまのフランス、イギリスなどの原型である国家というものに再構成されるようになった。そして、それぞれの国家は独立して不可侵である、たがいに侵してはならない、ということになります。このようにして、ヨーロッパ内部には国際法秩序ができて、国際的な均衡関係が成立します。これを延長すると、私たちがいま知っている国連というシステムにつながってくるわけです。

そして、こうしたシステム、ウェストファリア体制というものはもう終わったのだ、というのがネグリの認識なのです。

主体的システムとしての国家

このようなシステムには、大きな問題点があったのです。その問題点は、このシステムの下では、ヨーロッパは均衡関係を維持でき、ヨーロッパ諸国はたがいに戦争しないことが可能だったのですが、その枠の外にあるアジア、アフリカへは、ヨーロッパ諸国はそれぞれに国際法(5)に拘束されずに侵略することができるという点でした。

実は、これが、ヨーロッパにおいてそれぞれの国民国家がたがいに致命的な戦争をすることなく資本制システムを維持できた根拠でもあったわけです。アジア、アフリカなどヨーロッパの外部で、それぞれの国家がそれぞれにいわば好き勝手に収奪できたからこそ、ヨーロッパの資本制システムは、国民国家同士の戦争に至ることなく維持されえたのです。たとえばフランスはアフリカのある地域に植民地をもって宗主国になる、イギリスはアジアのある地域に植民地をもって宗主国になる、という具合に、そこに搾取と収奪からなる生命循環をつくりだして、それが一つのシステムをなすようになったわけです。

資本制システムは、それ自体拡張し侵出する性質をもっています。そうした資本の運動のはけ口を国民国家が植民地に求めることによって、ヨーロッパの資本制システムが維持されていたわけです。ところが、やがて植民地がこれ以上拡大できなくなってきます。そうすると、おたがいの植民地を取り合う事態が生まれてきます。これがレーニン(6)が帝国主義の世界再分割と呼んだ事態です。そして、それが世界再分割戦争としての帝国主義戦争に結果していくことによって、国民国家同士の戦争に至ることなく維持されていたシステムが破綻していったわけです。

ところで、資本制システム自体は、もともと国民国家がもっている主体的頭脳のようなものを欠いていたわけです。資本というのは、無限に拡大しようと動くだけであって、いかなる力もこれに抵抗することはできない。したがって、資本はただただ拡大していくわけですが、それにつれて、植民地と宗主国という関係を破壊せざるをえない。そうした関係を破壊してどういう方向に行ったかというと、資本がフランスとドイツといった国民国家にまたがるような方向に行ったのです。多国籍企業という形態がそれにあたるわけです。

このような方向に資本制システムが動いていくことによって、本来、たがいに均衡関係を保つ単位であった国民国家が、それらをまたぐような形態の進展によって乗り越えられ包摂されてしまって、均衡関係が崩壊していくことになるのです。ですから、国連という機関も機能しなくなっていく。国際法も意味を失っていく。

〈帝国〉の出現と階級闘争の変化

そうした事態の典型が、現在のアメリカのような形での〈帝国〉の出現である、ということになります。ですから、この〈帝国〉はもともと主体を欠いているのです。つまり、この〈帝国〉の心臓部にニューヨークもしくはワシントンがあり、そこでごく一部の資本家たちが毎日大統領ブッシュ[7]に会って、今後の〈帝国〉の方針について話し合って決めている、ということではないわけです。そういうような世界はもはやないのです。ここでは、資本は個別国家の優越性を見せつけるために機能しているのではない。国家の首脳たる大統領にしたところで、このシステムの一コマでしかない。これがネグリのいう〈帝国〉の大きなポイントなのです。

そして、このような形で資本制システムが全面的に開花した〈帝国〉においては、プロレタリアートがブルジョアジーと対決して闘うという構図は、事実上もはや通用しないのです。

国民国家においては、ブルジョアジーと国家権力は完全に一致していたわけです。国民国家の国家権力は、民族、言語を共有することを通じて国民という意識を束ねることで、その国の民族資本と利害が一致していたのです。資本も民族国家の中に市場をもち、さらに植民地から利潤を吸い上げるという枠の中にあったかぎりにおいては、ブルジョアジーのほうも国民国家の国家権力と利害が一致していたのです。

したがって、ブルジョアジーと国家権力に搾取・収奪されるプロレタリアート、また両者を含めた総合体としての国民国家によって搾取・収奪される植民地プロレタリアートは、ブルジョアジーと対決せざるをえないし、そこにおける階級対立と階級闘争というものは、システムに対する破壊的要素という意味をもっていたわけです。ですから、国民国家において主体が明確であり、その主体がブルジョアジーであることが明確になっているかぎりにおいては、その主体に対して武器をもって立ち上がればいい、という発想が成り立つわけです。

このような構造の下では、レーニンに至るマルクス主義の階級闘争の原理が、少なくとも以上のような意味においては妥当していたということになります。

ところが、いま、ブルジョアジーが資本制システムの中心にいて舵《かじ》を取っているという姿が見えないわけです。資本は、ブルジョアジーをも客体として包括する形で動いてしまっているがために、ブルジョアジーは資本制システムの主体ではなくなってきたわけです。

マクドナルド、スターバックスといった巨大な資本が動いて搾取・収奪していることは事実です。しかし、これらの巨大資本がブッシュ政権とどのように関わり、イラク戦争からどのように利益をえようとしたか、ということになると、それが明確な構造にはなっていないのです。そうであるがゆえに、すなわち一方のブルジョア階級の姿が資本制システムの構造の中にはっきりとは見えなくなっているがために、それに対抗してきたプロレタリア階級の姿も見えなくなってきたわけです。

だから、ブルジョアジーに対してプロレタリアートが意識的に結集して闘うということができなくなってきた。これが〈帝国〉において特徴的に現れてきた事態なのです。こうして、〈帝国〉においては階級が消滅してしまったように見えるわけです。

ブルジョアジーが資本制システムという機械の中の一構成要素になってしまったのなら、これに対抗する要素も、もはやかつてブルジョアジーと階級対立してきたプロレタリアートということにはなりません。具体的なブルジョアジー対具体的なプロレタリアートとの間の階級闘争によって、このシステムの帰趨《きすう》が決せられるということにはならないのです。

マルチチュードとは

それでは、このシステムと闘うにはどうしたらいいか。そのためには、このシステムを破壊する内在的な要素、内在的な力がいったいどこにあるのかということが問題になってきます。これをネグリは「マルチチュード」[8]という形で提起したわけです。

さきほど、今日の資本制システムを機械のようなものだと言いましたが、これはスピノザ[9]風の言い方をすれば、どこにも頭脳と身体のような関係がないということです。頭脳が身体を規定しているのでもなければ、身体が頭脳を規定しているのでもない。それ自体が蠢《うごめ》きながら流れていくような、そうした存在であるわけです。もし、頭脳が身体を規定しているような有機体を考えるなら、それと闘うためには頭脳を攻撃すればいいわけです。

ところが、そういうものではない以上、どこをどう攻撃すれば、その蠢いているシステムを変化させたり停止させたりすることができるのか、ということが大きな問題になってきます。そして、そこから、「マルチチュード」という発想が出てきたわけです。

主体のないブルジョアジーという概念が問題になってくるなら、そこには主体のないプロレタリアートという概念も問題になってくるわけです。主体のないプロレタリアートというのは、かつて考えられていたような具体的な工場労働者のようなものではもはやないのです。しかし、また、工場労働者ではなくてサラリーマンがプロレタリアートになったのだ、ということでもありません。そのようなものとはまったく性質が違う存在に着目しなければならないということなのです。

このシステムに順応して動いている存在は、ブルジョアジーであれプロレタリアートであれ、対立が不分明な世界になっているわけです。それでは、こうしたシステムを破壊するような存在の可能性はどこにあるのか。それが問題になってくるのです。

ところが、このシステムを破壊する存在は、具体的に誰々であるという形ではつかめないのです。あるときはこういう人たちであり、またあるときは別のこういう人たちであるという具合に、その場合その場合に応じて特定はできても、一般的には特定できない。しかし、確かなことは、システムの中でつくられながら、そのシステムの中から排除されていくような人たちは常にいるということです。こうした人たちの総体を、ネグリはとりあえず「マルチチュード」と呼んだのです。

だから、ある状況の下においては、アメリカ合衆国に移民労働者としてきているメキシコ人やプエルトリコ人が「マルチチュード」と呼ばれうるかもしれないけれど、一般に移民労働者というものが「マルチチュード」である、というわけではないのです。移民労働者は、もう少し抽象的に言うと「ノマド」[10]ということになりますが、いま世界中で膨大な数の人口が動いています。この中にはエリートもいますし、非エリートもいますが、こうした人口移動の状況の中で、こうした「ノマド」にはシステムの中から生み出されながらシステムから排除されていく可能性が含まれているわけです。このような可能性をもつものを、ネグリは「マルチチュード」と言っているのです。

「マルチチュード」というものは、ですから、具体的な移民労働者のことではなくて、システムを破壊する要因としてのもっと抽象的なものとしてとらえられているのです。

マルチチュードの可能性

そして、あとであらためて述べますが、この「マルチチュード」は、システムから排除されながら、やがて新しいシステムの中心になっていくという逆転の論理をはらんだ存在でもあります。

マルクスにも同じようなパターンの逆転の論理があって、弾圧されたプロレタリアートがなぜブルジョアジーに対して対抗できるのかというと、プロレタリアートが搾取され収奪されたものとして奪われたものを取り返す当然の権利があるからではない。プロレタリアートがすべてを奪われているということそれ自体に逆転の論理がはらまれているととらえられるわけです。つまり、すべてを奪われているがゆえに、一人では生きていけない。だから、たがいに手を組んで連鎖のように生きている。このような形で生きている人間は、非常に強い根をもっている。このような人間たちこそが、本来人間がもっていた根を壊してしまうようなシステムに対して、対抗していかざるをえない。そして、本来の人間のあり方に沿って手を組み合って、根を壊すシステムを崩壊させていく。そういう論理なのです。

彼らは、搾取された剰余労働を自分のものに取り戻そうとか、それを通じて豊かな暮らしを実現していこうとか、そういうことのために連帯するのではなくて、むしろ豊かな暮らしを追い求めるというあり方が彼らを苦しめたのだから、そういうものを追い求めるのではなくて、人間関係、連帯を強くすることのほうが財産なのだ、と考えて連帯するのです。そういう価値の転倒を行っているわけです。

それと同じように、「マルチチュード」の場合も、移民労働者を考えてみればわかるように、何ももっていないわけです。そして、この場合も、何ももっていない存在は、連帯しなければ生きていけない。そこに、何ももっていないことによる連帯ができる。

これに対して、「帝国」のシステムの最大の問題は、それが個々人を寸断していくところにあるわけです。個々人を機械の一コマに固定して連帯させないようにする。こうしたシステムに対して、総体的に全体を見ようとするような反システムが、何ももたないがゆえに連帯せざるをえない「マルチチュード」の中に育まれていく、というわけです。

このように、「マルチチュード（multitude）」というのは、その言葉の通り、「一なるもの」に対立する「多様なるもの」であり、多様なるものの集合体として、絶対的に差異化されたものの集合なのです。また、それは、それ自体が多様なものであると同時に、多様なものを獲得できる存在でもある、という意味ももっているわけです。

階級闘争の変化

このような中にあって、旧来のブルジョアジー対プロレタリアートの階級闘争というものは、もはや明示的な形では展開できなくなっているのです。ブルジョアジー対プロレタリアートの闘争がなくなったわけではありません。しかし、ブルジョアジーが変化することによって、プロレタリアートも変化せざるをえなかったのです。

ブルジョアジーというものは、かつてのように生産手段を所有することによって力をもつものというだけではなく、情報を含めて本来人々が共有しなければならないものを獲得している全体がブルジョアジーとみなされなければならなくなったのであり、ブルジョアジーはそういうものに変化したわけです。そして、その中には、かつてのプロレタリアートも入っているわけです。それに対して、このようなシステムから排除されていくプロレタリアートこそが「マルチチュード」になっているのです。

言語についてもそうです。国民国家の中で、その国民国家の支配権力の一つである言語をもっている人たちはブルジョアジーになる。そうした言語をもっていない人たちにとっては、対抗すべき相手になります。このように、財産を奪われ、土地を奪われ、言語を奪われ、国籍を奪われ、何もかも奪われている人たちこそ、現代においては、かつてのプロレタリアートの概念に近くなるわけです。

ですから、階級がなくなったのではなくて、それが本質的に変化しているのだということ、したがって階級闘争が形を変えて闘われているのだということ、その変化した形を見ることが重要だとネグリは言っているのです。

そういうふうに、〈帝国〉というのは従来の国民国家の実体とは区別されなければならないのですが、実際にはアメリカ合衆国というのは、〈帝国〉を理解する際のモデルになりえます。それはなぜなのか。

ネグリによると、アメリカが〈帝国〉でありうるのは、アメリカが国民国家としての要件を初めから欠いていたからだ、というわけなのです。というのは、彼らが国家形成の際に原理として何より主張したのは、自由と民主主義であり、そして、この自由と民主主義というものは、いかなる国民国家をも超越する性格をもっているからです。

そういう性格の国家形成の原理とは、自由と民主主義を正しいと認めれば、どんな人種、民族、言語の人間であっても自動的にその国の国民になれるという原理です。自由と民主主義というアメリカの国籍試験にパスさえすれば、原則的には、誰であろうとアメリカの国民になれるということです。

もちろん、これはあくまで「原理的には」ということであって、アメリカ国家は具体的にはネイティヴ・アメリカン[11]を弾圧したり、黒人[12]を弾圧したりということはやってきたわけですが、原理としてはそういうことになるわけです。そういう意味では、アメリカが国家の目的、国是として立てた原理は、国家それ自体を揚棄するものだった、ということになります。

このような特殊性によってアメリカは、ヨーロッパのウェストファリア体制とは異なった体系をつくる方向にいき、アメリカ自体が国連の代わりになるような、アメリカ自体が世界になるような方向に進んでいったわけです。ヨーロッパは、国民国家の集まりとしての世界を形成する方向にいったわけですが、アメリカはそうした国民国家による区別を含まない人々の全体としての世界を志向したわけです。

皮肉な言い方になりますが、二つの世界があって、一つはヨーロッパが志向した国民国家の集合としての世界、もう一つはアメリカが志向した国民国家の概念を突破してしまうような世界で、前者は一九九〇年代まで主流であったけれども、後者はそれ以降台頭してきている、そしてその典型はアメリカで、アメリカという国はもともとそういうものであった、ということになります。

外部なき〈帝国〉

したがって、いま問題になっている〈帝国〉は、植民地を持ってその植民地から収奪するという構造になっているのではない。植民地の人間を自国民にしてしまい、彼らを民族や国家の違いという形で差別するのではなくて、もっと「合理的」[13]に差別するのです。つまり、能力がなければ貧困でもしかたがない、という形で「合理的」に差別するわけです。

能力がないのはなぜかといえば、教育を受けていないからだ、教育を受けていないのはなぜかといえば、そこには差別が厳然としてあるからではないかという問題が当然出てくるのだけれども、資本制システムは、そういうふうな形で問題を遡及《そきゅう》させることをしないところに特徴があるわけです。だから、人々をモラルを含む基準で判断するのではなくて、あくまで「合理的」な基準で判断するのです。

このようにして、「なぜか」に遡《さかのぼ》ることなく、能力という明示的な基準で判断がなされるわけです。

このような、自由と民主主義を原理にすることによってすべてを自らの内に取り込んでいく〈帝国〉は、どんどん世界を包摂していくわけで、それがヨーロッパの志向した国民国家の集合としての世界を吸収してしまうのではないか、という事態が、この二〇〇二年から三年に現れはじめているように思われるわけです。これこそが、国連の衰退とアメリカの一国主義[14]の台頭という事態に示されているものにほかなりません。

これは、多分に予想されたことなのです。というのは、国連というものが、単独国家が不可分なものとして存在し、民族と言語によって区別されて、独立して機能するという前提に立って組織されているものだとするならば、そのようなウェストファリア体制に連なる体系は、資本が国民国家を超え、商品が国家を超え、労働力が国家を超える時代にあっては、このような流動を包み込む世界を構成できなくなっているからです。むしろ、アメリカのように外に開いてあらゆるものを取り込んでいくような世界構成のほうが適合的なのです。

外部たるソ連社会主義圏の崩壊

これを決定的にしたのがソヴィエトの崩壊であったということも事実なのです。さきほど述べたように、国民国家の集合体としてのヨーロッパ型のウェストファリア体制に対してアメリカ型の「帝国」が存在したわけですが、それと同時に、やはりヨーロッパ型とは異なりながら、アメリカ型の「帝国」に対してアンチとして立つ、もう一つの「帝国」が存在したのです。それがソヴィエトを中心とした東欧、中国などを含む社会主義圏だったわけです。

これは、その圏内において国民国家というものを認めていたというかぎりではヨーロッパ型に通ずるところがあり、アメリカよりは古いタイプに属します。しかし、思想的には自由主義・民主主義に対して社会主義・共産主義という理念によって構成する世界を構築したという点では、アメリカと類似していました。

すなわち、これは、資本制システムに対して、これと対抗するアンチ資本制システム（資本主義後という意味でポスト資本主義とも言える）を立てたものであり、資本制システムを超えたところに新しい世界をつくろうとしたものであったわけです。

この社会主義世界体制が資本制システムと対抗しつつアメリカの「帝国」にブレーキをかけている以上、アメリカは同じ資本制システムの下にあるヨーロッパ諸国のウェストファリア体制と共同して、これに対抗しなければならなかったわけです。アメリカは、もともとヨーロッパ型国民国家というものを尊重しているわけではないのだけれど、巨大な社会主義世界体制と対抗するには、ヨーロッパ型のウェストファリア体制と協調せざるをえなかったのです。

それだけ大きな力をもっていた社会主義世界体制が、ソヴィエトの崩壊を通じて瓦解《がかい》していくにつれて、どうなったか。もう一つの帝国が崩壊したということです。理念によって結び合う国民国家群というものが、たとえそれが幻想だったとしてもあった。その典型は社会主義国家群であり、ここにおいては、コミンテルン⑮以来、理念による結びつきというものが非常に強かった。共産党という党を中心としてマルクス主義という基本理念を共有し、それによって国民国家の境界を超えて結び合うという性格を社会主義国家群はもっていたのです。そういう思想によって国民国家を超えるという点では、社会主義圏はオープンな性格をもっていたと言えます。

理想国家としてのアメリカとソ連

ですから、社会主義圏が崩壊したとき、理念によって結び合っていたという各社会主義国民国家のあり方というものは、アメリカのような自由と民主主義によって結びつくというあり方と、意外に呼応しやすかった、ということが言えるのです。ですから、東欧諸国は、それぞれが民族主義的な偏狭なものを一方でもちながら、普遍的な理念に対する憧《あこが》れをもちつづけ、その憧れを体現しえたのは古いヨーロッパではなくてアメリカであったわけなのです。

たとえば東欧諸国がヨーロッパに入れば、ドイツ人やフランス人が優位に立つけれども、アメリカに入れば、ハンガリー人でありチェコ人であるということより自由と民主主義の理念のほうが、たとえ幻想的ではあったとしても、優先されることになり、東欧諸国はそこに吸収されていくということになっていったのです。

そして、アメリカは、資本制システムの中に、かつて社会主義圏がもっていたシステムを飲み込むことによって、ヨーロッパに対する、ひいては国民国家の集合としてのウェストファリア体制に対する包囲網を形成したわけです。これによって、ウェストファリア体制を世界規模で継承した体制である国連というシステムは、ますます先細りになっていったのです。

ソヴィエトが崩壊するとともに、ヨーロッパが衰退し、アメリカの独り勝ちという状態が生まれています。普遍的理念によって結びついていた社会主義体制が、ソ連の崩壊後、システムとしては異なってはいたけれどもイデオロギー的には同じく普遍的理念を体現しているアメリカに吸収されていくことによって、ヨーロッパの衰退が生まれたのです。そして、このことが、結果的には、とめどなく拡大していく資本制システムを野放しにすることにつながっていったわけです。

資本は最初から世界全体に広がることを前提にしていますから、社会主義圏にも広がろうとしていたし、広がる力ももっていたわけで、それを抑えていたソ連という存在が崩壊することによって、その拡大の潜勢力が一気に解放されたわけです。資本制システムが、まさに猛威をふるう形で市場を開拓していきました。そして、これを通じて、資本制システムの本来の姿をさらけだしていったのです。

資本制システムの本来の姿というものは、民族、国家、国民などにはまったく関心をもたない、自らの飢えた胃の腑《ふ》を満たすために、ひたすら破壊していくだけの姿です。それは、地球を覆い尽くすまで止まることがないのです。それを押し止めていた堰《せき》が切れたことによって、その過程が急速に進行したというのが、一九九〇年以降の事態だったわけです。そして、それはアメリカの〈帝国〉化という形で現れたのです。

ここにおいて、それまで世界にかかっていたセキュリティの枠が外れてしまったわけです。そのセキュリティとは、ソ連を中心とする社会主義体制による資本制システムに対する歯止めであったと同時に、それだけではなく、社会主義体制の影響の下に特にヨーロッパの社会民主主義政権を通じて資本制システムに導入されていたさまざまなノウハウも、もう一つのセキュリティとしてあったわけですが、こうしたセキュリティがソ連の崩壊とともに効力をもたなくなっていったのです。

かくして、資本制システムは、セキュリティなき収奪を通じて、巨大な貧富の格差をつくりだしていったわけです。

メーサロシュの批判

このような収奪の構造は、それ以前の南北問題とは異なったものでした。これについては、いろいろな議論があります。私が翻訳しているメーサロシュの『社会主義か野蛮か』[16]という本がありまして、これはネグリの本とほぼ同じころに書かれたものですが、この中でメーサロシュは、ネグリの言うような「帝国」というのは格別新しい概念ではない、もともとヨーロッパ型の帝国主義がもっていた本質が拡大しただけのものなのだ、と言っています。基本構造は同じだというわけです。

メーサロシュは、このような社会システムについて、「社会物質代謝システム」[17]という規定をしています。つまり、人間の身体と同じようなモデルを立てて、人間の身体においては物質の代謝によって生命が維持されているように、社会システムにおいては、「社会物質」が代謝されることによって生命が維持されていると考えるわけです。

そこにおいては、バランスがどう保たれるかが重要であるわけですが、資本制システムにおいては、資本がどんどん集中していくにつれて労働者の収奪を強めていくのだけれど、その収奪がある程度を超えると均衡が崩れてバランスが保てなくなる。そのようにバランスが保てなくなる要因を宿命的に内包しているのが資本制システムというものなのです。にもかかわらず、いままでバランスが保てていたのは、植民地の存在、あるいは地球上の未開拓地域の存在などによって、延命されていたからにすぎないのです。しかし、資本の市場が完全に世界全体に拡大された段階においては、もはや資本は、その限定された世界の中で収奪をより強めるしかない。かくして、資本制システムは、バランスを失う地点に到達せざるをえない。

これは、レーニンの『帝国主義論』[18]の段階より発展しているとはいうものの、本質は変わっていない。だから、「帝国主義」という概念で充分であって、それを別の新しい概念で説明しようとするのは疑問である。メーサロシュは、おおよそこのように論じているわけです。

ここでメーサロシュは、図らずも、資本制システムが一種の機械であることを認めているわけです。ホッブズ[19]が国家をリヴァイアサン[20]という旧約聖書に出てくる怪獣にたとえたけれど、いまや資本は、国家というリヴァイアサンよりもさらに巨大な怪獣であり、この怪獣はあらゆるものを食いつくし、国家をも食いつくしていき、そのようなものが、やがてあらゆるものを食いつくした結果、崩壊していく――こういうふうにとらえる点では、ネグリとメーサロシュの間では大きな違いはないのです。そして、資本を主体のない機械のようなものとしてとらえて、この機械のようなものと闘うにはどうしたらいいのか、と考えている点も共通しています。

マルクス主義に対する課題

このように今日、マルクス主義にとって、資本制システムというものをシステムとして分析することが不可欠になっているわけですが、それではマルクス主義者は、いつから、こうしたシステム社会(21)という発想、システムとしての資本制の機能というものを問題にするようになったのか、ということが問題になります。

かつてマルクス主義者たちは、資本制システムを分析する際に、それをさきほど言ったような機械装置のようなものとしては考えていなかったわけです。資本主義社会が機械装置のようなシステムを生み出していること、そういう機械装置をどのように変えていくのかを考えることが重要だということ、そういう発想を可能にした思想は一般的に「構造主義」と呼ばれるものでした。

構造主義者たちは、この世界というものの構造がシステム化されていると考えたわけです。構造がシステム化されているというのは、その構造を批判する思想も、批判する運動も、システムを崩壊させるものとしてではなく、システムをより活性化させるものとして、システムの機能の中に組み込まれてしまっているということなのです。

労働運動もしかりです。かつては構造と対決するものだった労働運動が、システム化された社会の中では、そのシステムに組み込まれてしまった。労働者の資本に対する反対は労働者の権利としてシステムに組み込まれ、むしろその反対行動をガス抜きとしてメーデー[22]などのようにときどき華々しくやらせることによって、労働者を明日から充分に搾取に耐えうるようにリフレッシュして、システムの中に馴化《じゅんか》していっているわけです。あるいは人間の自由を求める思想と運動についても、同じようにシステムの機能の中に組み込まれてしまっている。

このようなシステム化された構造こそが、最も重要なものであって、こうした構造を分析することなしには、社会批判、革命などというものは無意味だ、という議論が現れてきたわけで、そういう議論を担ったのが構造主義者と言われている人たちです。

そうした構造主義の淵源《えんげん》としてレヴィ＝ストロース[23]の名前が挙げられるでしょうが、私はここで、マルクス主義の従来の議論を転覆して大きなショックをあたえた思想家として、フランスのルイ・アルチュセールを採り上げて考えてみたいと思います。

（1）Antonio Negri, Michael Hardt, *Empire*, Harvard University, 2000. アントニオ・ネグリ（一九三三―）、マイケル・ハート（一九六〇―）『〈帝国〉』水嶋一憲他訳、以文社、二〇〇三。

（2）二〇〇一年七月二四日にチャーリー・ローズショーのゲストとしてハートが出演した。

（3）国民国家（Nation State）は一九世紀後半、ヨーロッパに成立した同一言語、同一民族を中心とした国家共同体。

（4）ウェストファリア条約とは、一六四八年三十年戦争を終結させた条約。これによってヨーロッパの国民国家の原型が作られた。
（5）グロチウス（一五八三―一六四五）の『戦争と平和の法』によって一般化したヨーロッパ間の国際秩序を守る法体系。
（6）レーニン（一八七〇―一九二四）。ロシアの革命家。一九一七年ロシア革命でソヴィエト政権を樹立した。主要著書に『国家と革命』（一九一七）、『帝国主義論』（一九一六）などがある。
（7）ブッシュ大統領（一九四六―）。アメリカ合衆国四十三代大統領。
（8）Multitude とは多数者をあらわす言葉。
（9）スピノザ（一六三二―一六七七）。オランダに住んだユダヤ系哲学者。主著に『エチカ』（一六七七）がある。
（10）Nomade とは遊牧民を指す。
（11）ネイティヴ・アメリカンとはかつてインディアンといわれたアメリカの先住民族。
（12）黒人は最近ではアフロ・アメリカンといわれている。
（13）合理的差別とは、階級や肌の色による差別ではなく、文化や教育レベルによる差別をいう。
（14）一国主義（Unilateral）とはアメリカのブッシュ戦略について使われていた言葉で、国家間の調整を経ないで、一国で決定することも意味する。
（15）一九一九年ソ連共産党によって組織された世界共産主義組織。第三インターともいう。
（16）メーサロシュ。ハンガリー出身で、イギリスのサセックス大学名誉教授。主要著書に『マルクスの疎外理論』（一九七〇）（三階徹、湯川新訳、啓隆閣、一九七五）、*Beyond Capital*, 1995 がある。『社会主義か野蛮か』（二〇〇一）（的場昭弘監訳、こぶし書房、二〇〇四）。
（17）Social metabolic control とは、自然界における生産と消費の均衡システムのこと。資本主義はこれを制御できていないという。
（18）レーニンの『帝国主義論』の中では、主要帝国主義国による世界の再分割が語られている。この段階では植民地と帝国主義国ははっきり分離していた。

(19) トマス・ホッブズ(一五八八―一六七九)。イギリスの政治哲学者。一六五一年に『リヴァイアサン』を出版した。
(20) リヴァイアサンとは聖書に登場する怪物のことで、国家(共同体)の権力を意味する。
(21) パーソンズ(一九〇二―一九七九)から始まったシステム論。社会を自己制御システムととらえること。『社会体系論』(一九五一)(佐藤勉訳、青木書店、一九七四)。
(22) 五月一日のメーデーのこと。一八八六年のシカゴの労働者への弾圧、ヘイマーケット事件から由来している。
(23) レヴィ＝ストロース(一九〇八―二〇〇九)の理論を通じて一般化された理論。社会を規定する要因を社会構造と見る理論。

二章　アルチュセール・ショック

一九七〇年代の読まれ方

アルチュセール(1)の思想は確かに独創的なものですが、そうであるとしても、それは突如として現れてきたわけではなくて、当然それまでの議論、たとえばルカーチ(2)だとかフランクフルト学派(3)だとか、そうした二〇世紀のマルクス主義者たちのさまざまな議論をふまえて、それまでのマルクス主義の伝統をそれなりに媒介して、それを自らの裡《うち》に保持しながら打ち出されてきたものであったわけです。しかし、その点は認めながらも、アルチュセールがマルクス主義に対して非常に大きなショックをあたえたということは強調されてしかるべきです。

アルチュセールは、一九六〇年代に大きな書物を二つ書きました。一つは『マルクスのために(4)』という表題の本で、もう一つは『資本論を読む(5)』、ともに一九六五年に刊行されました。これら二つの著作は、一九六八年のフランスの五月革命(6)、さらには各地に飛び火して高揚していく学生運動に対して、大きな影響をあたえました。とは言っても、アルチュセールのこの二つの著作を、当時、私たちが充分に読みこなして、マルクス主義に対する新しい視点をほんとうの意味で受け入れていたかというと、実は疑問と言わざるをえません。実態として、当時の学生運動は、アルチュセール・ショックの中身をほんとうには理解できないまま、ショックを受けていたにすぎなかったと言えます。

アルチュセールを読んでその何に関心をもったかは、それぞれの国によって違うでしょうが、日本の場合は、当時、私たちは、次のような形で理解しました。

第一に、アルチュセールが、マルクスの思想を初期マルクスと後期マルクス(7)に分断したということ。その分断の最大のポイントは何か。マルクスは、一八四五年から六年にかけて書いた『ドイツ・イデオロギー』(七章参照)の中で、それまでの自分の思想を変えるような新しい段階に進んだのだというわけです。この段階の違いがどこにあるか、という中身がもちろん重要なのですが、当時の私たちにとっては、初期マルクスと後期マルクスを画然と分けて、その初期マルクスと後期マルクスはまったく別物だ、とするとらえ方に大きなショックを受けたのです。

当時、日本では、初期マルクス研究が盛んで、疎外論から物象化論(8)へ、という廣松渉《ひろまつわたる》さ(9)んの議論のように、マルクスの思想をとらえるためには、初期の疎外論ではなくて後期の物象化論の視点が必要だということが言われていたわけです。ですから、それに対して、アルチュセールの著作は、廣松説を半ば補強できるようなものとして、あるいは初期マルクスは未熟で『資本論』の成熟したマルクスこそほんとうのマルクスである、というような正統派的見解を半ば補強できるようなものとして、受け入れられたのです。[10]

アルチュセールの本来の問題

さて、問題なのは、断絶の中身、つまり初期マルクスと後期マルクスの違い、その内容にあるわけです。マルクスは一八四五年以降に新しいマルクスになったというが、どう新しくなったのか。アルチュセールは、その違いをどのような点に見ていたのかというと、マルクスはここで時代を半ば飛び越してしまったのだ、とアルチュセールは言うのです。それまでのドイツ観念論哲学[11]なかんずくヘーゲル哲学[12]を前提にして思想を展開していたマルクスが、ここで大地に足をしっかりつけて立ちなおした、ヘーゲル哲学を逆さまにしたものではなくて、自分の足で立ったんだ、と言うのです。

もともとマルクスの哲学はヘーゲルからの借り物だった。ヘーゲルにおいて観念論的に転倒している弁証法[13]を唯物論的[14]に正立させればいい、という発想だったわけです。中身はヘーゲルからもってくればいい。そういうものとしてとらえられていたわけです。しかし、一八四五年の転換で、マルクスはヘーゲルを棄てた、と言うのです。つまり、後期マルクスは、ヘーゲルを継承していない、ということは、そこには弁証法はない、ということなのです。

「マルクスには弁証法はない」という、これまでの常識をまったく覆す非常にショッキングな結論が、ここに出されてきたわけです。アルチュセールは、マルクスは唯物論者であることは間違いないけれど、弁証法は採用しなかったのだ、と言うのです。それまで、マルクス主義と言えば唯物弁証法ないし弁証法的唯物論[15]、いわゆるdiamat《ディアマート》がマルクスの方法だ、ととらえられていたのですから、これは根本的なマルクス観の転換にほかなりません。

このようなきわめてショッキングなことが、実際に、『マルクスのために』、あるいは『資本論を読む』の中で語られているのです。けれど、私たちは、その当時、それを読み取れなかった。いや、読み取るのが恐かったのかもしれません。

それでは、弁証法を否定したマルクスは、その代わりにいったいどのようなことを提起したのか。弁証法の否定は階級闘争史観[16]の否定につながります。弁証法を否定することによって、社会構成体は、そこに内在する矛盾の展開の現れとして起こる諸階級の階級闘争によって発展してきたという史観が否定されます。ヘーゲルの『精神現象学』における絶対精神の自己展開、それが弁証法的な過程として進行するという世界のとらえ方を、唯物論的に改作して、物質の自己運動、階級闘争の弁証法というもので歴史をとらえればいいのだ、ということにはならない、というわけです。

スピノザの理解

それでは、一八四五年のマルクスの転換とは何だったのか。マルクスは、実にここでスピノザに戻ったのだ、とアルチュセールは言うのです。[17]マルクスはユダヤ人で、やはりユダヤ人であるスピノザの哲学に非常に深い関心をもってきたのですが、いったんヘーゲルに近づきながらも、このスピノザの論理を棄てることができず、ここではっきりとスピノザに戻ったのだ、というわけです。

スピノザは、一七世紀に、それよりずっと先の時代の方法を見つけてしまったのです。ところが、一七世紀には、その方法を表す言葉がなかった。新しい方法を見つけた人間は、その時代にはその方法を説明する言葉がないがために、その方法を書くことができないわけです。

マルクスは、それと同じ問題に直面して、一八四五年以降、悩みに悩むわけです。新しい方法を現在の言葉で書こうとして苦闘したのです。ですから、そこに書かれているその時代の言葉をその時代の方法を表すものとして読んでしまえば、マルクスはその時代の方法によっていたのだ、つまりマルクスはヘーゲル主義者だったのだ、ということになってしまいます。しかし、マルクスは、実は、その時代の言葉で語りながら、一世紀先の方法で論じていたのです。

同じように、スピノザは、一七世紀の言葉で書いたものだから、その時代の方法によるものにすぎないと見なされて、長い間埋もれていたわけです。そのスピノザの言葉のほんとうの意味が理解されるようになったのは、二〇世紀になってからだと言ってよかったのです。たぶんマルクスの言葉も、そのほんとうの意味が理解されるのは、二一世紀、あるいは二二世紀になってからになる可能性があります。そういう意味では、マルクスによって書かれたテクストは、そのような観点から読み換えてみる必要があるのです。その読み換えの必要性を最初に堂々と宣言したのが、アルチュセールであったわけです。

私たちがアルチュセールの著作からそこまで読み取ることができれば、きわめて甚大なショックを受けたに違いなかったのです。ところが、残念ながら、私たちは、一九六〇年代の子、七〇年代の子として、これを読み落としてしまった。私自身も、実際、そのように読み取ることができませんでした。これに比べて、アルチュセールは、マルクスを遥《はる》かに先の言葉で読んでいたといえます。そして、この遥かに先の言葉に、いまやっと現実が近づいてきた。近づいてきたがゆえに、ようやく見えてきた言葉があるわけです。

私たちには、アルチュセールがたんに初期マルクスと後期マルクスを断絶してとらえたとしか見えていなかったのですが、いまになってようやく、実は、従来マルクスの方法論だと考えられていたものがそうではなくて、マルクスはそれとはまったく違う、根本的に新しい方法論を用いていたということなのだ、ということが見えてきたわけなのです。

弁証法

弁証法というのは、事物に内在するものです。内在的な世界の問題であるわけです。ある決められた枠の中で、外部の影響を受けないで、自己展開していくものです。この自己展開というのは、一種の内燃機関の運動のようなものです。こういう意味での弁証法的発展によって事物の変化をとらえる見方に対して、事物は外部から働きを受けないかぎり変化しない、という見方があるわけです。

実際、ヨーロッパの歴史を見てみますと、内部の展開だけで社会が変化していったように見える時代というのは短いものでしかないわけです。さきほど述べたウェストファリア条約以降の時代というのがそれにあたるわけで、このわずか二世紀ばかりの歴史をもって、それにもっぱら依拠しながら歴史の発展法則をじょうずにまとめて書いたのがヘーゲルであったわけです。

しかし、これもすでに述べたように、この内部の展開だけで発展していったかのように見える近代ヨーロッパの世界にしたところで、実は、その発展は、外部に植民地をもってそこから膨大な収奪を行うことによってこそ発展しえたものだったのだ、ということは明らかなわけです。だから、内部の展開だけで発展したように見えるものでも、実際は外部のインパクトによって動いていたのです。

けれど、これまでの歴史叙述を見ますと、ヨーロッパの歴史は、古代ギリシア・ローマ以来、ヨーロッパに内在する動因で自律的に展開してきたかのようにとらえられていたわけです。このような自己運動的な歴史観は、現代の歴史学の中ではほとんど意味をもたなくなってきています。その無意味さは、ヨーロッパの外部から見たら一目瞭然《りょうぜん》に見えてくることです。しかし、一九世紀までのヨーロッパの歴史のとらえ方は、自己運動的な歴史観に基づいていましたから、そこに歴史の弁証法を見出《みいだ》すのはたやすかったわけです。

外部の衝撃

ところが、外部からの働き、外部のインパクトを動因として見なければならないということになると、歴史の弁証法ということを言うのがむずかしくなってくるのです。そして、マルクスの方法というのは、本来、内部の弁証法によってではなく、そのような外部からの働き、外部のインパクトから資本主義の変化をとらえるものだった、とアルチュセールは言うのです。

『資本論』においても収奪による資本蓄積が資本主義発展の前提になっているわけです(本源的蓄積)[18]。資本の運動は、自己展開ではなくて、常に裏に別のものをかかえながら、それとの相互関係において展開していくものだ、ということです。そういう観点をぬきにして『資本論』を読むと、純粋の自己展開のような世界が見えてきてしまうのです。これは階級闘争についても同じで、ある国家内部での階級闘争のみならず、植民地との関係をも組み入れた複雑な階級闘争としてつかまなければならないわけです。

このような観点から見てみますと、私たちの世界は常に外部からの刺激によって動いていて、外部からのインパクトなしには変化しないのだ、ということがわかります。そして、このように外部を前提にして事物の変化を考える方法の典型がスピノザの方法だったわけです。

スピノザについては、三章であらためて論ずることにしますが、彼は、人間というものは永遠に死なない(19)、と言っていたわけです。人間は内部においては死ぬ要因がない、と言うのです。人間の身体は本来、自己循環するようにできている。それなのに、人間が死ぬのはなぜか。外部からのさまざまな圧力によって、この自己循環を全うできないからだ、と言うのです。内部において、たとえば胃と腸とが相互に内部矛盾を起こして、それによって死ぬわけではないのだ、ということです。

これが科学的に正しいかどうかは別として、このような事物のとらえ方、変化のとらえ方がスピノザの方法だったわけです。ですから、スピノザの世界は、外部の圧力がないかぎり永遠不滅なのです。いったん動き出した物体は空気抵抗や摩擦などがないかぎり永遠に動きつづけるという慣性の法則のようなものです。

このようなとらえ方に基づくと、どの社会も本来は変化しない、定常状態を保つのだ、ということになります。そのままでは定常状態なのだけれど、一方で、どの社会も外部と接触していますし、その接触は常に働いているのですから、その圧力によって変化が強いられる、というふうにとらえられるわけです。しかし、外部というものがなくなれば、もはやそういう形では変化が起こらない。ここではじめて内部の弁証法というものが問題になるわけです。

ネグリの「帝国」概念に戻りますと、資本制システムがそこまで発展して、外部が消滅するようになって、初めて資本制システムの内部の弁証法が問題になる、ということになるわけです。外部がない閉じられた世界が現出したときに初めて弁証法が純粋のモデルとして展開されうるようになるのであって、それまでは、常に外部との闘争のほうが激しくて、社会は外圧によって変化するのだ、ということです。

マルクスの新しい読み方

このような方法の視点からマルクスの著作を読み直してみたら、どうなるのか。これをやってみますと、思わぬところでいろいろな問題が出てきます。そこで出てきた問題をとことんまでつきつめようとしたのがアルチュセールだったのです。アルチュセールは、『資本論を読む』のいくつかの章を自分の弟子たちに書かせていますが、その中で、このようなスピノザ的方法を、充分生かし切れていないところはあるにしても、使っています。しかし、当時これを読んだ私たちには、その意味がほとんど理解できなかったのです。

スピノザと『資本論』について書いているマシュレ[20]という人物がいます。この人はスピノザの研究者で膨大な『エチカ』論なども書いているのですが、このマシュレが、『資本論を読む[21]』の中で、『資本論』の弁証法」というものはないのだ、と書いているのです。しかし、私たちは、それを当時読んでも、よくわからなくて、読みすごしてしまった。たいへん大きな問題を提起しているのに、読みすごしてしまったのです。あるいは、あまりに大きな問題を提起しているので、無視しようとする心の傾きが働いたのかもしれません。

そこには、これまで言われていた「弁証法的・史的唯物論」といった定式化を全面的に否定する見方が含まれていたわけですから、本能的にそこまでふみこむのをやめようとしたとしても無理はないとも言えます。

そうすると、マルクスの方法というのは、いったいどういうものなのか、ということになります。ここから、いままでのマルクス研究、マルクス解釈が根本から揺らいでいくわけです。しかし、ただ、方法論だけを論じ合っていても、それはおそらく結局のところ水掛け論に終わるしかないでしょう。それに、問題はただたんに方法の問題として提起されたわけではありません。もし、方法の問題としてだけ提起されたのなら、そういう考え方もできるかもしれないが、それは解釈の問題だとして、すれ違いのまま終わっていたかもしれません。けれど、問題はそれ以上のものとして提起されていたのです。

アルチュセールの問題提起は、マルクス主義にとって新しい領野を切り開くものになっていたのです。いまやマルクス主義にとって日常言語のようになっている「国家イデオロギー装置[22]」という言葉にしても、アルチュセールが、その独特の含意をこめて最初に使ったものであったわけです。「認識論的断絶[23]」「徴候的読解[24]」「重層的決定[25]」「最終審級[26]」。これらの言葉も、みんなそうです。これらは、マルクス主義だけではなく、一般にごく普通に使われるようになり、現代思想の基本用語にまでなっています。

それだけではなく、より重要なことは、これらの言葉がバラバラにあるのではなくて、それらが一体になって指し示しているところに、現代思想の新しい領野が切り開かれている、ということなのです。

たとえば国家論の分野で「国家イデオロギー装置」という概念が果たした役割、「重層的決定」という概念がカルチュラル・スタディーズ(27)やフェミニズムに果たした役割などを見ていきますと、アルチュセールをどう読んだかがそれぞれの社会運動の新しい展開と深く関係していたことがわかります。

理論的にはこれといった新しい成果を上げられないできたイギリスの場合が典型かもしれませんが、アルチュセールの翻訳がよく読まれて、この中からカルチュラル・スタディーズなどが出てきたわけです。アメリカの場合も同様で、アルチュセールの著作が読まれることを通じて、新しい学問分野が生まれ、新しい社会運動の潮流が現れてきたのです。

これほどまで広く深い、根強い影響をあたえたマルクス研究というのは、ほかにはなかったろうと思われます。

重層的決定

アルチュセールが創り出した新しい概念は、もちろんマルクス理解を大きく変える役割も果たしました。ここでは、「重層的決定」という概念を採り上げてみましょう。

唯物史観の公式では、生産力の一定の発展段階に照応した生産諸関係が土台にあって、その上に法的・政治的制度や社会的意識諸形態などの上部構造が載っている(28)、土台は上部構造を基本的に規定していて、土台が覆ることによって上部構造が変革される、というふうにとらえられていたわけです。そして、この土台による被拘束性というのは基本的に絶対なんだという発想がありました。

これに対して、アルチュセールは、マルクス、エンゲルスの著作を精査した上で、マルクスもエンゲルスも、こうした定式化を明確に打ち出しているわけではない、ということをはっきりさせました。上部構造が土台に大きな影響をあたえることは、事実として、いくらでもあるわけです。ただし、最後の段階において、つまり最終審級として決定的なのは、やはり生産力に照応した生産諸関係である、ということもアルチュセールは言っているわけです。

最終審級（instant《アンスタン》）ということは、最後の瞬間ということですから、逆に言えば永遠にない瞬間ということでもあるのです。ですから、言葉を換えて言えば、たいていの場合は、土台が一義的に上部構造を規定することはなくて、あるとすれば最後の瞬間だけだ、ということになります。つまり、たいていの場合は、土台と上部構造がおたがいに載り合って動いているんであって、よっぽどのことがないかぎり、土台が上部構造をがっちり拘束してしまうようなことはない、ということです。

ということになると、どういうことになるか。ここでアルチュセールは、こうした解釈を「最終審級」という言葉を用いて語ることによって、さまざまな文化がどのような形で社会関係と関わり合っているか、を明らかにする課題を私たちに課したわけなのです。

ここで「文化」というのは、言語でありイデオロギーであり、そういうものが私たちの社会を構造的に包み込み、私たちの社会を見えなくしているわけです。それは、資本家たちが社会の真相を見せないように欺瞞《ぎまん》のヴェールを被《かぶ》せている、という意味ではありません。そこにはコミュニケーションの構造という問題が介在しているわけです。

このコミュニケーションの構造(29)によって社会が見えなくなっているという問題をぬきにして、何かが見えるとかわかるとかいうことを語ることはできない。これがアルチュセールが提起した問題であったわけです。

これは当時一九六〇年代に新たな展開を見せていた言語学の問題(30)とも関わっていたわけで、アルチュセールは、こうした問題を媒介することによって、それまでの基本的に経済決定論的なマルクス主義のとらえ方に対して、経済の問題は一つの問題にすぎず、もっと重層的な構造を見なければならない、ということを打ち出していったのです。

ただ、これは日本のマルクス主義には充分伝わらなかったのです。私たちの経験を言いますと、経済学をやっているかぎりはマルクスをしっかりやっていると評価されるのですが、文化論などをやっているとマルクス主義とは違うのではないか、と言われたりしたわけです。なにしろ、マルクス主義文化論というと、文化は生産関係が規定しているという前提に立っていたわけですから、問題は生産関係だということにしかならなかったのです。だから、経済学をやればいい、というわけなのです。非マルクス主義の現代思想などを採り入れながら文化論をやっていたりすると、評判がよろしくなかったわけです。

しかし、現代のマルクス主義を世界規模で見てみますと、むしろ、こういう点にこそ、こういう新しい領野での貢献にこそ、良質なマルクス主義が達成した成果、残した遺産があったと言えるのです。

認識論的断絶

さきほど、一八四五年を転機に初期マルクスと後期マルクスが断絶的に分けられるということを言いましたが、その問題をめぐって、アルチュセールは、ガストン・バシュラールの言葉から由来する「認識論的断絶」という概念を打ち出しております。これは、たんに初期マルクスと後期マルクスが区別されなければならないという意味での断絶ではなくて、いわばパラダイムの転換、それまでの発想が全面的、根本的に変わることを意味しています。そこには明確な切断面、相互に何の関係もない二つを截然《せつぜん》と分ける境界が現れるわけです。それが認識論的断絶ということです。

一八四五年にマルクスは、そのような意味での認識論的断絶を行ったというのが、アルチュセールの考えです。これは、マルクスが逆立ちしていたヘーゲルの弁証法をひっくり返して正立させたというようなことではないのです。それでは認識論的断絶とは言えません。そうではなくて、まったく新しいものが生まれているのです。そのまったく新しいものとは何か。それまでマルクスの中に地下水脈のようにあったスピノザの方法が、ここで大きく表面化したのだ、このスピノザ的方法がまったく新しいものを生み出したのだ、とアルチュセールはとらえているわけです。

このような認識論的断絶を踏まえてマルクスを理解するには、これまでのようなマルクスの読み方ではだめなのだ、としてアルチュセールが打ち出したのが「徴候的読解」という読み方でした。

私たちは、ある著作を読むときに、その著作が書かれた時代の言葉を丹念に探りながら、著者の言おうとしていることを理解しようとします。これは、普通の読解のしかたです。しかし、著者は、自分の言いたいことをすべて文章で表現しえているわけではありません。自分がほんとうに言いたいことをなんとか理解してほしいと、それを行間に込めているのですけれど、読者の能力が低いと、それが理解できないのです。しかし、賢い読者は、この徴候的に示されている著者の意図を察して、ほんとうに言いたいことを理解するのです。これが徴候的読解です。

ただし、これは徴候的読解の初歩的段階で、ここまでなら、ある程度の頭脳をもった人間ならできるわけです。徴候的読解のもっと高い段階では、著者が文章にも書いていないし、行間にも込めていないことを、読者が読み取るという行為が成り立ちうるわけです。文章にも書いていないし、行間にも込めていないことを、読者が著者に代わって著者自身のほんとうの意図として理解してしまう、ということです。

これまでのアカデミックな研究をふりかえってみますと、その作品の書かれた時代の状況をよく調べて、そうした知識を背景にしながら、著者の言いたいことをできるだけ丹念にたどるという読み方は充分になされてきたと思います。また、徴候的読解の初歩的段階の読み方というのも、ある程度はなされてきたでしょう。

けれど、問題は、いまそれだけではすまなくなっている、ということなのです。一七世紀の著者は、一九世紀のことはわからないで書いているし、一九世紀の著者は、二〇世紀、二一世紀のことはわからないで書いている。それに対して私たちは、もしその著者がいま生きていて、現在の状況を知っていたら言いたかったであろうことを、その著作の中に読み込んでやらなければならないのです。

つまり、私たちは古典的な著作に対して、著者が知らなかった新しい道具を使って、著者になり代わって、著者の発想を汲《く》み取りつつ、著作の内容を作りなおしてやるという、高度な徴候的読解を行わなければならない、ということです。

これは解釈の域を超え、捏造《ねつぞう》になりかねないではないか、という議論はあります。しかし、著者は、当時の、いまから見れば古い道具立てを使って、現在にも通用する根底的なことを言おうとしているのだ、ととらえるなら、この高度な徴候的読解は許されるものだし、むしろなさねばならぬものなのではないでしょうか。

マルクスのために

この作業をマルクスに関して一所懸命にやったのがアルチュセールだったのです。だからこそ、アルチュセールは、自らのマルクス論にPour Marx《プール・マルクス》、すなわち「マルクスのために」という表題をつけたのです。なぜ、このような奇妙な題名がつけられたのか。自分は、マルクスになり代わって、マルクスのために、マルクスの著作を高度な徴候的読解によって現代的に読み解いて、マルクスがいま生きていたら言いたいだろうに当時では言えなかったことを汲み取ってやるんだ、というアルチュセールの姿勢が、この表題に表れているのです。

これは、どこからヒントをえているかというと、スピノザなのです。スピノザには優秀な弟子がいて、スピノザをみんなに理解してもらおうと、非常に骨を折ったわけなのです。(31)これは、ヘーゲルに対するマルクスの関係にも重ねることができます。マルクスも、ヘーゲルの高度な徴候的読解を通じて、ヘーゲルを自分と同時代の人たちに理解させるために骨を折ったのだ、ということができます。

マルクスは、一九世紀の初めに死んだヘーゲルを一九世紀半ばに甦《よみがえ》らせるために、ヘーゲルが言っていないことをいろいろとヘーゲルの著作の中に読み込んで、「ヘーゲルのために」仕事をしたわけです。ところが、マルクスには、そういう高度な徴候的読解をほどこしてくれる人間がいない。カウツキー(32)も、レーニンも、ルカーチも、誰もやってくれなかった。それなら、自分がやってやろう、ということだったのだろうと思います。それが、アルチュセールの『マルクスのために』だったのです。

ですから、この著作で、アルチュセールは、二〇世紀のいま、マルクスが言いたくても言えなかったことを、マルクスにとって代わって言うことによって、新しい地平を切り開こうとしたのだと言えます。こうしたアルチュセールの営為こそが、マルクスを生きたマルクスとして、その生命力を現代に甦らせていく上で、最も大きな貢献をしたものと言えるでしょう。

ネグリの登場

そして、この流れの中に出てきたのがネグリなのです。

ネグリは、一九七〇年代にイタリアの「ポテーレ・オペライオ」[33]という組織に拠《よ》りながら、アウトノミア運動[34]（労働者自治運動）を展開するのですが、パドヴァ大学教授のとき、「赤い旅団」の元首相モロ誘拐暗殺事件[35]に関与したとして逮捕され、やがてフランスに亡命します。そして、アルチュセールやドゥルーズ[36]たちと親交を結びます。ネグリは、おそらく、フランスにおいてマルクスの思想の革命的な息吹を最も継承しているのは誰だろう、ということから、アルチュセール派に注目して、彼らに接近し、そこから親交を広げていったのだろうと考えられます。

ネグリは、アルチュセールのいたパリ高等師範などで講義をして、それを『マルクスを超えるマルクス』（一九七九[37]）という本にまとめています。その後には、『異常な野蛮』（一九八二）、『破壊的スピノザ』（一九九二）といったスピノザ研究の著作を出しまして、スピノザ研究に没頭していきます。このスピノザ研究の最初に大きな影響をあたえたのは、アルチュセールだったでしょう。それから、アルチュセールの弟子のマシュレ、そしてドゥルーズの影響を受けていったと考えられます。

ネグリは『〈帝国〉』をはじめとしてアルチュセールの名前をほとんど挙げていないので

すが、ネグリのフランス亡命以後の新しい理論展開の最初のきっかけをつくったのは、アルチュセールだったと思われます。ネグリは、アルチュセールの方法論、とりわけ彼が再発掘したスピノザの方法とモンテスキューの方法に大きな影響を受けています。また、アルチュセールのマキアヴェリ論にも影響を受けています。ネグリが書いた『構成的権力』（一九九二）[38]というマキアヴェリ論はアルチュセールの「マキアヴェリの孤独」（一九七七）等の影響を受けたものだと考えられます。

日本では、アルチュセールはその後、一九八〇年の不幸な事件[39]の影響もあって、ドゥルーズ、ガタリなどの陰に隠れて半ば忘れられたような観があるのですが、現代におけるマルクスの再生という点での基本的な論点が大きくアルチュセールによっていることは間違いありません。そして、それでは、そのアルチュセールの基本的な論点は誰によっているのか、ということになると、ここにスピノザという存在がクローズアップされてくるわけです。

(1) アルチュセール（一九一八―一九九〇）。フランスの哲学者。主要著に『マルクスのために』（一九六五）（平凡社ライブラリー、一九九四）、『資本論を読む』（一九六五）（ちくま学芸文庫、一九九七）がある。

(2) ルカーチ（一八八五―一九七一）。ハンガリーのマルクス主義者。主著に『歴史と階級意識』（一九二三）（白水社、一九九三）がある。

（3）フランクフルト学派。フランクフルト社会研究所に集った思想家たちの集団をいう。ホルクハイマー（一八九五―一九七三）、アドルノ（一九〇三―一九六九）など。
（4）『マルクスのために』は一九六五年出版された。アルチュセールの名は本書をもって高まる。
（5）『資本論を読む』はアルチュセールが執筆、編集した。そこには弟子のマシュレ（一九三八―）やバリバール（一九四二―）なども書いている。
（6）五月革命とは、一九六八年五月フランスで起きた学生と労働者による全国的運動のことをいう。これによりドゴール大統領（一八九〇―一九七〇）は退陣し、新しい六八年世代という言葉が生まれた。
（7）通称、マルクスの著作を初期と後期に分けるとき言われる言葉。『共産党宣言』（一八四八）前後を中心として初期と後期に区分する場合が多い。
（8）「疎外論から物象化論」へとはマルクスの初期の思想を疎外に対する批判ととらえ、その行き詰まりを打破するために、物象化へと進んだというもの。
（9）廣松渉（一九三三―一九九四）。日本のマルクス研究者。廣松は初期マルクスに関する多くの書物を書いた。『廣松渉著作集』全十六巻（岩波書店）がある。
（10）正統派とは、日本共産党を中心とするマルクス主義者に対して言われる言葉。日本のマルクス研究者は正統派の力に大きな影響を受けていた。
（11）ドイツ観念論哲学とは、カント（一七二四―一八〇四）からヘーゲルまでの観念論哲学を意味する。
（12）ヘーゲル（一七七〇―一八三一）哲学とは、ベルリン大学教授ヘーゲルの哲学を指している。マルクスに関係する書物は、とりわけ『精神現象学』（一八〇七）、『法哲学』（一八二〇）である。『ヘーゲル全集』岩波書店を参照。
（13）弁証法とは、相対立する矛盾を乗り越えて新しいものが展開するという理論。この理論は常に内在する対立物を必要とする。
（14）唯物論とは、観念論の反対語。観念以前に世界が与えられているという考え。

(15) 弁証法的唯物論とは、スターリンによって提唱されたマルクス主義の理論。弁証法と唯物論が合体することによって、すべてを物的な弁証法的運動と理解するようになった。
(16) 階級闘争史観とは、歴史の発展をすべて階級闘争の結果として考える方法。
(17) マルクス(一八一八―一八八三)。ドイツのトリーアで生まれた思想家。ロンドンで生涯を終えた。
(18) 本源的蓄積とは、資本主義に発展する以前に蓄えられた資産を意味する。それは海外での収奪を含んでいた。
(19) 『エチカ』第三部、定理四「いかなる物も、外部の原因によってでなくては滅ぼされることができない」(畠中尚志訳、岩波文庫、上巻一七六頁)。
(20) マシュレ(一九三八―)。パリ第一大学の教授。スピノザの研究者。スピノザの『エチカ』に関する克明な注解を出版している。*Avec Spinoza*, 1992 などの書物がある。
(21) マシュレの論文名は「『資本論』の叙述過程について」である。
(22) 国家イデオロギー装置とは、国家が支配階級のイデオロギーを押しつける役割を担うという意味。
(23) 認識論的断絶とは、マルクスの初期と後期を分ける分水嶺のこと。
(24) 徴候的読解とは、著者の時代を超えて理解すること。
(25) 生産力によって規定されるというマルクス主義の図式はやや単純で、その決定過程はときに複雑であるということ。
(26) 社会を決定する最終要因。
(27) 支配的なカルチャーに対抗する文化の研究。
(28) マルクスが『経済学批判』序文で述べた言葉、これが俗に唯物論と言われている。
(29) フランクフルト学派のハバーマス(一九二九―)が議論した概念。対話を通して正義が確立するというもの。
(30) 雑誌『テルケル』を中心とした言語学運動。ロラン・バルト(一九一五―一九八〇)などがいる。
(31) スピノザ死後にスピノザの主要著作は編集された。その後もスピノザ主義は批判の対象であり、執拗な攻撃の中で身を守ってきた。
(32) カウツキー(一八五四―一九三八)。ドイツ社会民主党の理論的重鎮。マルクス、エンゲルス死後のマルクス主義を支える論客といわれた。
(33) 労働者権力という意味のイタリアの労働運動。アウトノミア運動の前身となる。
(34) 工場労働者を中心とした自治組織をつくる運動。一九七〇年代後半イタリアで盛り上がる。
(35) 一九七八年五月九日ローマでイタリア元首相モロ(一九一六―一九七八)が赤い旅団によって誘拐の末暗殺された事件。
(36) ドゥルーズ(一九二四―一九九五)。フランスの哲学者。ポストモダニズム時代を代表する哲学者。主著に『千のプラトー』(宇野邦一他訳、河出書房新社、一九九四)などがある。
(37) 『マルクスを超えるマルクス』はパリ高等師範での講義ノートである(清水和己他訳、作品社、二〇〇三)。
(38) 『構成的権力』(杉村昌昭、斉藤悦則訳、松籟社、一九九九)。
(39) 一九八〇年一一月一六日アルチュセールは妻を殺害した。

三章　スピノザ革命

マルクス主義の基本原理への疑問

マルクス主義におけるアルチュセール・ショックと呼んでいいものがあります。その最大の契機になったのがスピノザの新しい解釈であったわけです。それ以後のマルクス研究は、このスピノザの新しい解釈をぬきにして語ることはできません。それでは、スピノザのどのような解釈が、どのようにマルクス主義に影響を与えたのでしょうか。

スピノザは唯物論の哲学者だと考えられています。ですから、唯物論という点ではマルクスと同じなのですが、その唯物論の意味がかなり違っているわけです。

かつてのマルクス研究において、すべての研究者が共通して前提にしていた点が少なくとも三つあったと考えられます。これらの点については、ほかの点でいくら見解が異なっていても、誰もが否定することなく認めていたと言っていいと思います。それは、次のような点です。

第一に、階級闘争史観です。

すべての歴史は階級闘争の歴史であり、これが資本主義社会においてブルジョアジーとプロレタリアートの階級闘争に至り、最終的にはプロレタリアートが勝利する、という歴史観です。この典拠として『共産党宣言』が挙げられるわけです。そこでは、二つの相異なる階級が闘争して、その結果として二つのいずれとも異なる階級に変化していく、ととらえられています。したがって、ブルジョアジーと闘って勝利したプロレタリアートは、プロレタリアートではない新しいものに変化していくということになります。そして、こうした階級闘争史観には、社会の中に相対立し矛盾する二つの要素が存在する、ということが前提になっているわけです。

第二に、歴史の発展段階説です。

すなわち、階級闘争によって動き変化してきた社会は、原始共産制社会、古代奴隷制社会、中世封建制社会、近代資本制社会という段階を踏んで発展してきて、これがやがて社会主義社会を経て共産主義社会に至る、というふうに、一つの段階的発展として歴史を見る見方です。そして、これらの諸段階のうち、資本制社会までの諸社会は、それぞれがたがいに敵対する階級に分かれていて、その社会に内在する矛盾を通じて変化していく、ととらえられていたわけです。

その上で、このような発展段階は、最終目的に向けて合目的に進行していくかのように、すなわち基本的に直線的に、また目的論的に《テレオロ-ギッシュ》「存在、生起のすべてが目的に規定されて」発展していくかのようにとらえられていました。

第三に、唯物弁証法ないし弁証法的唯物論です。

この概念は、もともとマルクスが用いたものではなく、これを表すdiamat《ディアマート》という言葉はスターリン(1)がよく使ったものでした。スターリンはエンゲルス(2)が『自然弁証法』でまとめた弁証法の三つの法則を受けて、一九三八年に、これを『弁証法的唯物論と史的唯物論』という有名な論文で定式化しております。これによって、マルクスは、「唯物論」「弁証法」という言葉は使っても、「唯物弁証法」とか「弁証法的唯物論」とかいう言葉は使っていないにもかかわらず、スターリン以後、このようなとらえ方が一般化したわけです。

しかし、唯物論と弁証法はもともと別個の概念である以上、唯物論なき弁証法、弁証法なき唯物論というものは、当然考えられるわけで、マルクスと言えば唯物弁証法ということで済ませるのではなく、唯物論および弁証法とマルクスの関係はどうなのか、ということを問題にしなければなりません。

スピノザ的に読み返す

さて、以上の三点について、スピノザの立場を見てみますと、スピノザの場合は、弁証法なき唯物論でありまして、したがって社会において内在的な矛盾というものを認めません。だから、社会内部の階級闘争によって社会が動いていくというふうにも考えませんし、当然、直線的で目的論的な発展段階といったものも否定します。要するに、階級闘争史観、発展段階説、唯物弁証法のいずれをも否定する立場なのです。ですから、従来のマルクス解釈からするなら、スピノザはマルクスと一八〇度違うということになります。スピノザ主義とマルクス主義は正反対である、ということになってしまうわけです。

（1）スピノザは、しかし、唯物論の立場に立っていまして、この世界に実在しているものがすべてであって、観念は、実在しないかぎりにおいて不完全なものである、という考えです。この点では、マルクスと共通しています。けれど、実在するものがどのように変化し発展していくかという点では、矛盾の展開による変化・発展を認めないわけです。それでは、何によって変化するかというと、外部の力によってしか変化しない、ととらえるのです。人間なら外部環境の圧力、社会なら外敵の侵入といったものによってのみ変わるのだ、ということです。世界にはシステムが違うさまざまな社会がありますから、あるシステムの社会が別のシステムの社会に遭遇したとき、別の社会のインパクトによって、その社会のシステムは変わるのです。

そして、アルチュセールから始まった一九六〇年代の新しいマルクス解釈は、こうしたスピノザの立場をマルクスの中に読み込もうとしていくのです。

そうすると、階級闘争自体の存在は認めても、階級闘争史観は否定されることになります。つまり、社会の中に階級があって、階級の間の闘争があることは認めても、その階級闘争によって社会が変化していくというのではなくて、外部からのインパクトによってのみ社会は変わっていく、というとらえ方がされていくことになります。内在的矛盾によって社会が変化していくときがあるとすれば、それはちょうどネグリの言う〈帝国〉のように、外部がなくなった社会の場合です。世界大に拡大することによって外部がなくなった社会になってはじめて、内在的矛盾による社会の変化を語ることができるのです。

ですから、スピノザの観点からマルクスを読み直せば、マルクスが言っていた階級闘争による社会の変革とは、資本制システムが世界を覆いつくして、資本主義社会の外部がなくなり、ブルジョアジー対プロレタリアートの対立が純粋な形で現れるとき、はじめてその姿を見せるのだ、ということになります。

しかし、マルクスの時代も、私たちの時代も、まだそこまでは全然到達していない。その意味では、階級闘争による社会の変革はまだ展開できないということになります。アメリカなりの〈帝国〉が資本制システムを全世界くまなく拡大したときにはじめて、真の意味での階級闘争が起こるだろう、ということになるわけです。

（2）発展段階説についても同様です。スピノザの歴史観は、歴史を基本的に発展しないものとしてとらえる歴史観です。社会は、ほかの異質なシステムと遭遇したときに変化するのみであって、そこには発展もなければ、当然のことながら目的論的な直線的方向性もありません。発展ではなくて、変化なのです。変化というのはfractal《フラクタル》なもので、外在的な要因に対応して変わるものですから、そのときそのときで方向が違いますし、したがって直線的な発展でも目的論的な発展でもないわけです。

そこから見れば、古代奴隷制から中世封建制へ、中世封建制から近代資本制へ、というような「発展」は、後読みすればそう読めるというだけであって、そういう「法則」があるわけではない、ということになります。実際は、外在的な偶然性によって変化してきたにすぎない、偶発的な要因によってふらふらふらふらしながら歴史は流れていくのだ、というふうに見るわけです。

（3）こう見てくれば、唯物弁証法が成り立たないのも自明なことです。事物には内在的な矛盾があって、その矛盾が揚棄されることによって、その事物が新しい段階に発展する、というふうには見ないわけですから、そこには弁証法が成り立っていません。それでは、どういう哲学が考えられるかというと、弁証法なき唯物論です。スピノザの哲学は一般的には汎神《はんしん》論だとされ、実際、スピノザはすべての実体は神であるととらえていましたが、それを唯物論として読み込むことが可能である、と考えるのです。そこにあるのは、物体が、蠢《うごめ》きながら、なんらかの外的原因に出会って変化するまで、それ自体で存立する、という世界です。

すなわち、スピノザにあっては、「実体は、その本性上、その変状に先立つ」（『エチカ』(3)の第一部定理一）（岩波文庫、上巻三九頁）し、「一つの実体は、他の実体から産みだされることはできない」（同定理六）（同四一頁）のであって、「実体の各属性は、それ自身によって考えられねばならぬ」（同定理一〇）（同四六頁）ということになるのです。これは、すべての実体は神であるという把握と相即しているのですが、それを唯物論として読み込むことが可能なのです。

このような弁証法なき唯物論からマルクスの体系を解釈してみたら、どうなるのか、というのが大きな問題になるわけです。かつてのマルクス解釈が前提にしていた三つの命題、階級闘争史観・発展段階説・唯物弁証法をすべて否定してしまうのですから、それでは、いったい、どういう体系として解釈できるのだろうか。この困難な課題に取り組んだのが、アルチュセールであり、それは、残念ながら、未完のまま終わってしまい、依然として大きな課題として私たちの前にあるわけです。

スピノザの体系

そこで、まずスピノザの体系自体がどういうものであったのか、を考えてみる必要があります。

もちろん、マルクスの時代にすでにスピノザ研究が示していたスピノザの体系というものがあって、マルクスがそれによって影響を受けた、というものではありません。世に通説として流通しているスピノザ哲学なるものをマルクスが採り入れて自分の道具にしたというようなものではないのです。

マルクスは、まだ著作を発表していない一八四〇年代の初めに、スピノザの『神学・政治論』(4)の詳細な研究を行って、ノート(5)を残していますが、それはマルクスがそれまでのヘーゲル的あるいはヘーゲル左派的な観点からスピノザを読みながら、そこにマルクス自身の主体的立脚点の構築を追究していくというスピノザ読み込み＝自己の立脚点構築という作業だったのです。マルクスが読み込むことによってスピノザが変わり、またその変わったスピノザを受け入れることによってマルクスが変わっていく、という相互作用がそこに成り立っていたのです。そういうものとしてスピノザの哲学を吟味してみなければなりません。

また、今日のスピノザ再評価にしても、アルチュセールらが、今日の状況にどう対応するかという問題意識の下に、マルクスを読み直し、読み込み直していく過程の中で、それに相即してスピノザを見直し、解釈し直していくという作業の結果、生まれてきたものです。これまた、現代におけるスピノザ哲学研究の通説をアルチュセールらが受け入れたという性格のものではありません。彼らの主体的問いかけがスピノザ解釈を変えていったわけなのです。

ですから、私たちも、このマルクスによるスピノザの読み込み、アルチュセールらによるスピノザの読み込みにならって、現代における状況、それに相対している私たち自身の問題意識からスピノザを読み直していくということでなければならないわけで、スピノザの体系がどういうものであるか、ということも、あくまでその観点から再構成されるものでなければなりません。

システム論

スピノザの体系の特徴は、社会のような構成体を一つの機械、一つのシステムのようなものとしてとらえるところにあります。そして、存在するものを全面的に肯定するのです。存在する実体の中に矛盾を見ないで、それが存在するかぎり丸ごと肯定されるべきものとして見るのです。存在するものは、すべて必要なものなのです。そして、存在するものは、すべてが、それぞれシステムとして完全な機能を果たしているということになります。小さな石ころも、小さな虫けらも、なんらかの形でこの世界を構成する要素として機能しているし、それぞれの内部においても均衡を保っており、一つのシステムとして完全である、ということです。だから、石が自然に爆発することもないし、虫が何もしないのに死んでしまうこともない。そのままなら永遠に存在する。爆発や死が起こるとすれば、それは外部原因によるものなのです。

ですから、存在するものすべての中に必ず均衡があり、それがいつも保たれているととらえられるわけです。人間を考えますと、内臓ですとか血管網ですとかリンパ網ですとか、そういうものがバランスよく配置されていて、相互に矛盾することがないのです。このようなものをスピノザは「自動機械」(6)と形容しています。これをいまの言葉で言えば「システム」ということになります。存在するすべてのものはシステムとして完全で、そのままなら永遠に正しく機能していく、というのがスピノザの考え方なのです。

ここで構成体としての人間を採ってみますと、一つの構成体としての人間にとっては、もう一つの構成体としての他の人間が存在します。この複数の人間相互の間に均衡がとれるかどうかというのは国家・社会の問題になってきます。当時の言い方で言えば「共同体」(7)の問題です。この共同体は、それ自体としては、なんら矛盾を含んでいないわけです。共同体の中で、その構成員としての人間同士の存在が矛盾しているということはない。

構成と均衡

とは言いましても、ある全体を構成している部分は、それ自体が一つの構成体である以上、常に、他の構成部分に対して拒否反応を示します。これは、一つ一つの構成体にとっては他の構成体が外圧になるからです。その外圧によるショックによって構成が変化します。人間の場合、それは特に感情というものに現れます。しかし、そのようにして現れる共同体という上位システム内部の不均衡は、けっして共同体を破壊する方向に向かうのではなくて、均衡を回復する方向に向かうのであって、そこには常に、いわば不均衡の中の均衡が支配していくのだ、とスピノザは考えているのです。

この「不均衡の中の均衡」という考え方は、マルクスが言う「傾向的法則」(8)と共通するところがあります。ここには、マルクスは、社会における法則というものを自然科学的な法則と同じようなものと考えたかどうか、という問題が関係しています。自然科学的な法則というものは、検証可能でなければなりません。その法則が指し示す条件の下で実験してみれば、常に、その法則が示す結果が出る、というものでなければなりません。ところが、マルクスの言う法則には、そういうものよりも、「傾向的法則」と考えられるものが多いのです。

いちばん有名なのが、利潤率の傾向的低落の法則です。本来なら、すなわちそれだけを純粋に取り出すなら、利潤率は低落していく。しかし、一方で、その利潤率の低落を阻止する要因も働くわけで、それによって、一時的に元に戻っていくということはある。しかし、大きく見るならば、傾向として利潤率は低落していくんだ、というのがマルクスの言う利潤率の傾向的低落の法則であったわけです。マルクスは、こういう種類の「傾向的法則」をずいぶん使っています。

スピノザの「不均衡の中の均衡」は、この「傾向的法則」と同じものであって、均衡へと向かっていく傾向はあるけれど、一時的には不均衡になることもある、ということです。ある一時的なスパンを採ったとき、不均衡が均衡に戻るか、不均衡が不均衡のまま続くか、を決定するのは、状況によるわけです。人間関係が、摩擦を起こした後、おたがいに信頼し合える関係に戻ることもありますし、おたがい同士が不信の中に陥ってしまうこともあります。これは、喜びと悲しみの問題として、あとで述べることにします。

人間と人間との関係は、一時的には不均衡になることはあります。これをあえて矛盾と言えば、一時的には矛盾することがあるのです。しかし、均衡に向かう傾向が常にあるということから、傾向的な法則としては、人間と人間との間に矛盾はない、ということです。これがスピノザのとらえ方です。

ですから、社会が、人間同士の闘争によって破壊され、別の社会が生まれる、ということはありえない、ということになります。人間も社会も、それ自体としては、まったく矛盾をはらむことなく、常に均衡に向かっていっているのです。これを社会の自動性と考えることができます。したがって、私たちが生きている資本制社会にしても、それ自体としては矛盾をはらんでおらず、一時的な不均衡は生まれても、常に均衡に向かっていき、永遠に存続していこうとしているのだ、ということになります。

自動調節機構

マルクスの利潤率低落の法則が成り立っているなら、資本制社会はとっくの昔に崩壊しているはずなのですが、それが崩壊しないで、いまも存続しているのは、利潤率低落によって生まれる不均衡に対して、国家機構や諸ヘゲモニー装置[9]が均衡を回復するように働いて、自動的に安定を確保しているからなのです。

これは、ブルジョアジーが国家機構や諸ヘゲモニー装置を使って、強引に自らの階級的利害を貫徹しているというようなものではなくて、自然にそうなっているのだ、均衡を保つシステムが内在的[10]に備わっているのだ、と考えるべきなのです。いわゆるビルト・イン・スタビライザーが社会に埋め込まれている、ということです。資本制社会に対する価値判断がどうあれ、それがいままで存続しているということは、資本制社会には「真理」があるということです。資本制社会は、それ自体、完全な存在である、ということです。

実は、マルクスも、このことは前提にしているのです。マルクスは、資本制システムがいかに均衡を保ったシステムなのか、ということをまず明らかにしようとしたのです。このシステムの中に不均衡を実現するためにはどうしたらいいか、ということを明らかにするために、まずいったん、それがいかに均衡を保ったシステムなのかを、『資本論』で分析して、明らかにするわけです。

だから、『資本論』をいくら読んでも、資本制社会が崩壊する道は見えてこないのです。つまり、存在するものは、それ自体均衡して存立しつづけるものですから、その均衡のありさまを指し示すことが必要である、とマルクスは考えたわけです。

当時の社会主義者たちは、社会というものはいつも矛盾をはらんでいる、具体的には資本制社会は大きな矛盾をはらんでいる、と考えていました。だから、社会主義の実現のためには、その矛盾を指摘すればいいのだ、と考えていたのです。マルクスの同時代の社会主義者は、みんなそうです。しかし、それに対してマルクスは、あえてそのような発想を捨てて、現に存在しているシステムは、それ自体としては矛盾をはらむことなく永遠なのだ、この永遠に存続するシステムをまず分析しなければならない、と考えたのです。だから、マルクスが書いた著作は、資本制社会がいかに完璧《かんぺき》なものであるか、ということを叙述するものになっていったのです。

しかし、完璧であるということが即、それが崩壊しないということではありません。それ自体として永遠であるということは、現実に永遠であるということではありません。必ず崩壊するのですが、ではどのようにして崩壊するのかは、その完璧で永遠とも思えるシステムをいったんつかまないことにはわからないのです。つかんだあとで、ではどう崩壊するか、ということについては、実は、マルクスは十分には説明していないのですが、このともかく、均衡に向かって進むシステムとして、資本制システムは完璧なシステムである、ということがマルクスにおいては前提にされているのです。

スピノザは、このような自動的なシステムを完璧にするような制度は民主主義だと考えています。逆に見て、私たちにとっては、民主主義を実現していく経済的システムは資本制システムだと考えられるわけですから、スピノザは事実上、資本制システムを考えていたことになり、その資本制システムは、民主主義によって完璧なものとなり、崩壊することはない、と考えられていた、ということになります。

心身二元論

次に、スピノザがスピノザたる由縁である心身二元論について考えておかなければなりません。二元論という言い方にはやや問題があるのですが、あえて心身二元論と規定しておきたいと思います。鶏が先か卵が先かという議論と同じように、精神と肉体とどちらが先かという議論があります。このどちらが先かという問題を避けて、精神と肉体との二つに分けて考えて、最後にこの二つを統一するというやり方をスピノザは採るのです。

一般に唯物論者は、精神的なものは物質的なものに規定されて発展していくのだ、というふうに考えます。そうすると、私たちの精神の中にあるさまざまな観念が歴史をつくるということはなくなるわけです。そうすると、皮肉なことに、唯物論的社会主義者が考えてきた社会主義のユートピアは、すべて砂上の楼閣で、けっして実現することはない、ということになります。物質的な過程は、唯物論の原則によれば、精神的なものの影響を受けないのですから、頭の中で考えられた社会主義なんて実現するはずがないことになります。これが、実は、ユートピア社会主義者たちが直面した最大の問題だったのです。

この問題をどう解くかということが、デカルトからヘーゲルへの流れを受けたマルクスの最大のポイントになるわけです。デカルトからヘーゲルへの観念論の流れにおいては、悟性から始まり、意識、自己意識、そして精神へと展開していく発展という形でつかまれていたものを、唯物論的に転倒して、現実の社会の過程としてとらえかえしたのが、『経済学・哲学草稿』から『ドイツ・イデオロギー』に至るマルクスであった、というふうに従来言われてきたわけです。しかし、そうすると、いろいろな問題が生じてきてしまいます。

ヘーゲルの場合は、それでいいのです。ヘーゲルは、精神の問題を頭の中の世界としてとらえているわけですから、それが現実と違っても、問題はないわけです。現実というのは、精神とは別のものなのですから。ところが、マルクスが、そのヘーゲルの弁証法を現実の中で展開されるものとしようとしたとするなら、そこには、精神と現実との切断面をどう扱い、精神と現実との関係をどうつけるかという方法論が必要とされてくるわけです。

にもかかわらず、この方法論の問題をぬきにして、ただたんに観念論を唯物論に転倒させるというようなことで済ませるなら、さきほど述べたように、頭の中で考えたものは現実に存在するものになんらの影響をあたえないというのが唯物論の前提なのですから、おかしなことになってしまうのです。そこには、唯物論と観念論の接点は生まれてこないのです。

この矛盾を解く鍵《かぎ》を握っているのが、まさにスピノザなのです。精神というものは、この実在する現実の世界を変えうる大きな力になりうるのだ、ということをスピノザは示したのです。

主体の力

精神的なものが現実の世界を変えることができるという考えは、スピノザの『エチカ』の最後の部、第五部で展開されています。スピノザは、神から始めて、精神を説明し、感情を説明し、そして、第四部で、人間は、この世界に対してなんら主体的な働きかけをもすることなく従属しているのだ、ということを説明します。そして、第五部で、そのように従属しながら、しかし、人間が主体的に歴史をつくっていくことができるという、逆説的に見える結論に私たちを導いていくのです。

ここがいちばんのポイントで、ネグリの議論についても、この点を理解できるかどうかが分かれ道になってきます。つまり、完璧なシステムとして動いている〈帝国〉は、放っておくしかないのか。破壊しなければならないのだとしたら、誰がどのように破壊するのか。その破壊の主体はなんなのか、という問題です。その主体はマルチチュードだと言うけれど、それは、かつてのプロレタリアートに比べると、実体がないではないか、主体が見えてこないではないか、ということになります。これは、スピノザの『エチカ』の第五部の問題と同じ問題なのです。

身体

この問題を、もう一度、心身二元論に戻って考えてみます。これは、私たち人間に当てはめれば、頭と身体の問題です。もちろん脳も身体の一部であり、私たちの思考も肉体の変容と考えることができます。私が、いまスピノザについて考え、しゃべっているのだって、脳が電気分解を起こしているにすぎないのだ、と言えます。このような問題に最も鋭い問題提起をしたのが、ミシェル・フーコー[11]だったのです。

すなわち、フーコーは、身体的訓練を体系的に行っていくような社会が一八世紀に出現したことを問題にして、これによって支配システムが変化してきた、というのです。それまでは、人間は暴力によって社会を支配してきた。ここで言う「暴力」とは、端的にヴァイオレンス violence です。

それに対して、politics というのは「力」であり「権力」であり「政治」なのです。一八世紀より前の時代に、その politics がどこに求められたかというと、violence に求められたのです。そのような社会であったわけです。

ところが、このような暴力によって支配される社会が崩壊して、民主主義社会が興った。この社会においては、politics はどこに求められたか。経済力だったという言い方もできるでしょう。けれど、たとえ経済力によって支配されたとしても、人間はなぜ規律正しく、この社会に順応したのか。そこに、フーコーは、規律社会というものの誕生を見るわけです。

この規律社会というものは、私たちの身体の中に、自ら納得して受動的にこの社会に従っていくようなソフトをインプットするのです。人間の身体を動かすソフトですから、それは当然頭に植えつけられる、と考えられがちですが、フーコーは、そうではなくて、身体のほうを訓練によって変えたのだ、と考えたのです。頭が洗脳されて、それに従って身体も動くというのではなくて、身体を訓練して自動的に動くようにすることによって頭も変えたのだ、ということです。

それをフーコーは、一八世紀から学校と軍隊で始まる体力測定、身体検査に典型的に見るわけです。身長、体重、身体能力を細かく測ることによって、身体を管理し、よき軍人、よき国民をつくっていくわけです。権力は、よき国民づくりを精神からではなく、身体から始めていったのです。私たちの身体は、本来、均衡がとれていて、完全に発達するはずです。それなのに、身長が伸びないとしたら、それはバランスが悪いからです。ですから、身体を管理してバランスよく発達させる措置が採られるわけです。そして、この理想的な身体を維持するためには、どのように生きたらいいか、という形で順応のノウハウが注入されるのです。

人間の身体がバランスを失していれば、この社会に対して不満をもったり怒りをもったりします。いつも身体のバランスがよくて、喜びにあふれていたら、この世界に対して怒りをもったりしません。だから、怒りをもたないような身体をつくることが基本なのです。このようにして、規律正しく生きる人間をつくっていくのです。そのような規律正しい自動機械のような人間が集まった社会は、暴力を用いなくても、自己規律的にうまく動いていくのです。

これは、どういう身体観に基づいているのか。私たちの身体は、脳髄を含めて物質である。それは、統一された形で完璧に自律的に存在している。その中で突出して発達していくのが脳である。これは、もちろん身体の変容の一つであるわけですが、それが脳の自律性をつくっていきます。基本は身体の延長線上にあるわけです。けれど、それが意識、自己意識、精神と発展していく。この発展のモデルは何かというと、神です。神をモデルにして、現実に存在しないものを抽象し、獲得していく。それは神によって獲得されたものなのです。けれど、この神というものは身体をもたない。抽象でしかない。

身体の延長としての精神

これは奇妙なことです。この世界に実在する物質をつくった張本人である神が形をもたず、抽象でしかないというのは、奇妙なことです。実在をつくった張本人が抽象なら、この実在の中から抽象が生まれることがいったいできるのだろうか、という問題が生じます。

けれども、それができるのです。実在でしかない物質の中から、神と同じ抽象の域にのぼっていく可能性を秘めてしまったのが、人間という存在なのです。人間というのは、ですから、神から最も遠い位置にいて、しかも神に最も近いと思うようになってしまった存在なのです。

人間は、神からますます遠ざかりながら、神の似姿になっていくのです。そこに身体と精神のアンバランス、倒錯が出てくるわけです。本来、抽象的なものから実在的なものを創ったのは神のみであるのに、人間は、実在的なものから抽象的なものをつくってしまったがゆえに、逆に、私たち人間の精神がこの実在の世界をつくったかのように思い込んでしまうからです。神がなしたことを自分がやったかのように錯覚してしまうのです。

実際はそうではなくて、私たちが抽象的に考えていることも、もともと神の知性であって、神は先刻ご承知であるのに人間はそれに気づいていないだけなのです。さまざまな知識、たとえば万有引力の法則とかいうものも、すでに神がつくっていたことであって、神のものなのに、ニュートン[12]がつくったかのように考えてしまう。このような錯覚が、私たち人間の抽象的イデオロギーが実在を変えていくのだという錯覚を産み出します。

そして、こういう錯覚が近代科学、近代学問の発展をもたらしたのです。近代学問の発展とは、身体から離れて精神が独り歩きをすることを通じてもたらされたものです。だから、デカルト(13)が近代科学、近代学問の偉大な出発点になりえたのです。

なぜなら、デカルトが、人間の精神が、あたかも神のようにこの世界を創ったかのごとく見せかけてしまったわけですから。これがイデオロギーというものです。頭で考えられた、ありもしないことを現実であるかのように錯覚して取り扱うことをイデオロギーというのです。

イデオロギーの最たるものが観念論です。精神的なものがこの世界を創ったのだ、という考えです。現実の世界が精神によって創られたはずはないのだけれど、観念論哲学を見るかぎりは、完璧に美しい理論をもって、そういうことを説いているわけです。

そして、いままでのマルクス解釈、マルクス主義というのは、そういう完璧に美しいヘーゲルの理論を理論としてはそのまま受け容《い》れながら、それをたんにひっくりかえしていこうとするものでした。観念論は逆立ちしていると言って、それをまた逆立ちさせただけの、逆立ちした観念論にすぎなかったのです。神に対して傲慢《ごうまん》になった観念論をそのまま受け継いで、それを応用したものだったのです。

唯物論の意味

しかし、逆立ちしているからいけないのではなく、観念論が間違っていたのです。その体系がいかに美しくて完璧でも、観念論自体の中に誤りが含まれていたのです。どう間違っていたのか。人間の頭脳がつくりあげた幻としてのイデオロギーは、身体の変容の延長線上でとらえるべきなのです。人間の頭脳で考えたことによって、この世界を自由に変えられると思い込んでいるのは、神の知性に思い至らず、神を忘れた人間の、自信過剰の傲慢さの現れにすぎないのです。

だから、神の知性を知れば、人間がいかに思い上がって、自分ができもしないことをやろうとしていたかがわかるのです。人間は、身体の変容の延長線上のことしかできないのです。そのことを知らなければならない。それを教えてくれたのがスピノザです。スピノザは、人間において、身体と精神が分離していくのだけれど、それが身体に統一されていくのだ、ということを明らかにしたわけです。

しかし、精神と身体の分裂と転倒の中で、精神はある力をもっていく。ここがポイントなのです。この「ある力」によって、人間は身体を含めて現実を変えられる。その「ある力」はどのようにして獲得できるか。人間が神の力を認め、世界の変革は神にしかできないことを認めた上で、私たちが知識を非常に豊富にし、知性を極限にまで増進させて、神が創造の際に前提にしたことを自ら体得したならば、そのときに、頭の中で想像されたものを現実に移し、完全な世界を実現する可能性が生まれる、ということです。

だけど、私たちはまだ知性が足りなくて、レベルが低いから、そこまではいけないのです。それなのに、足りない知性で頭の中で考えたありもしない幻想を現実に実現できるかのように考えてしまっているのだ、ということになります。

内在の哲学

次に絶対的な存在について考えてみます。

絶対的なものを立てるということは、一つのモデルをつくることだと考えたらいいでしょう。ドゥルーズ[14]が、スピノザというのは、それまであった哲学を統一した哲学者だと言いましたが、これまでの哲学者が、それぞれの前提からつくりあげてきたモデルが、それぞれに不完全なものであったのに対して、スピノザが考えたシステムというのは、ほぼ完璧なモデルからなっていたわけです。スピノザは、自らに内在的なものをすべてに応用できる枠組みをつくりあげています。その点では、革命的な哲学者です。

このような枠組みというのは、グランド・セオリーとも考えられるわけですが、その枠組みに入らないようなものが出てくると、どうしても崩れていかざるをえない。ところが、スピノザの体系では、そのような不都合な要因が生じないように、最初の前提というものをきわめて少なくして、準拠枠はほんのいくつかの言葉で済んでしまうぐらいにしぼられているわけです。これが、非常に画期的なことだったのです。

いわゆるプラトー[15]、つまり内在的領野、一人の哲学者なり思想家なりが自分の裡《うち》につくりあげた領分というものを考えてみますと、哲学者の場合は、巨大な思考のエリアがあるわけです。このプラトーが哲学者によってそれぞれ違えば、相互に話が通じなくなります。それはそれでいいとも言えるのですが、これらの諸哲学者のそれぞれの内在的領野をまとめることができる可能性をもっていたのがスピノザの体系だったのです。

それは、体系の前提が非常に少ないからです。ルールが非常に少ないゲームには、誰でも参加できるのと同じように、前提が非常に少ない体系には、誰もが関わることができるのです。複雑なゲームは、書くと分厚い本ができるぐらいのたくさんの規則があって、それではなかなか参加できないわけです。ところが、スピノザのシステムの前提というのは、「神」と「延長」そして「思惟《しい》」、これだけです。これなら、原則としてどんな哲学者でも参加できます。

スピノザがつくったゲームの最大のポイントは、絶対的な神を前提にしたところにあります。私たちの世界は、外部にある神がつくった、ということです。そして、その神がつくった世界の内部に投げ出された私たちは、勝手に生きることになっているわけです。ということは、つまり、この世界は神がつくったものなのに、それに関わりなく、まるで自分たち人間がつくった世界であるかのようにふるまって生きていけばいいのだ、ということです。そこには神が決めた道徳はありません。ルールはただ一つ、気持ちいいか、気持ち悪いか、それだけです。

心が喜びを感じるか、悲しみを感じるか、これだけを基準に生きていけばいいのです。これは人間だけではありません。生物すべてがそうです。生物は、気持ちよく喜びを感じている間は、すくすくと育ちます。心地よく生きていないと、歪《ゆが》んだ育ち方になります。基本はそれだけなのです。だから、スピノザの言う「エチカ」［ラテン語で倫理ないし道徳］とは、人間としての道徳を問うことではないのです。

喜びと悲しみ

スピノザは、快と不快、喜びと悲しみということだけで、人間の社会をほとんど説明し尽くしてしまうのです。喜びは、どのようにして生じるか。身体が外部のものとぶつかることによってです。それによって変容が起こります。

これをスピノザはaffectio《アフエクテイオ》［ラテン語で「感情」「愛情」といった意味］と言っています。この変容は、風が吹いたのを感知して、気持ちいいなあ、と感じたなら、よい変容、快への変容なのです。寒いなあ、いやだなあ、と感じたなら、悪い変容、不快への変容なのです。

このように、変容には二種類しかないのです。気持ちいいか、気持ちよくないか、この二つしかない。これは人間だけではなくて、動物にも当てはまります。植物もそうだし、鉱物のような無生物も、みんな、そのような変容の中で生きている、というか存在しているのです。

もちろん、そうした変容のあり方には、人間特有のものがあって、人間のみがその変容の形態を高度に展開することができたのです。動物のように快・不快が意識の低いレベルにとどまるのではなくて、人間のみが知性をもつことができるようになったわけです。

しかし、大事なことは、このような人間の知性にしたところで、あくまで身体の変容の延長線上にあるものであって、快・不快の原理に統合されている、ということです。私たちの思考能力は、喜びと悲しみ、快と不快の延長線上でしか働いていないのです。それ以上の知性は人間に与えられていないのです。

人類何十万年の歴史の中で、人間がつくってきた、いかに高度な数学であろうと形而上学であろうと、気持ちいいか気持ちよくないか、その上にしか成り立っていないのです。私たちが頭の中に、喜びでも悲しみでもない、快でも不快でもない表象を思い浮かべることができるとしたら、それはおそらく神か宇宙人でしょう。ですから、基本的に、精神は身体の中に包摂されるということです。

けれど、私たち人間は、自らの精神において快を追い求める中で、この世界の外部にあってこの世界を創造した神に到達するわけです。快の追求の中で人間は、この人のことを考えると幸せになるというものを考え出したのです。それが神です。神のことを考えると、身体の変容が大きな快に高まるから、それで人間は神を最高の存在とするようになったのです。

ですから、宗教が世界中のどの地域においても生まれ、繁栄しているのは、宗教家が私たちをだましているからではなくて、神のことを考えると心がなごむからなのです。なぜ心がなごむかというと、それはおそらく、神がこの世界をつくったときに、人間がいつか神を知ることになるように仕組んだのでしょう。だけど、その目的を教えると、人間は、神なんかいないよ、俺たちは勝手にやっているんだよ、と不快になって神を拒否しますから、神は自分を現すことなく、快を通じてじょうずに人間を神のもとにいざなってきたのです。

そして、人間は、よくわけがわからないことを一切合切すべて神に託することによって、喜びを感じてきたわけです。神は、神話的なものとか奇蹟《きせき》とか、人間の知性の及ばない領域のものを、すべて引き受けてくれて、それによって、人間はなごやかな喜びを享受することができたのです。

そういう神を大事にするために、神学や哲学が盛んになり、それによって、現実とはなんの関係もない抽象的な思考が不快ではなく、快に通じるものになっているのです。ですから、私がいまやっているように、抽象的な話を何時間にもわたって喜びをもって話すことができるわけです。

このような知性の喜びを神は私たちに授けてくれたのです。現実から抽象したものによって頭の中に理想の状態をつくりあげて、それに喜びを感じることこそ、人間に許された喜びの最大のものなのではないでしょうか。

内在的原理

このような基本原理をふまえるなら、私たちの社会がどういうシステムをとるべきなのか、ということは、ほぼ明らかなわけです。喜びが最大限に解放された社会が最もすばらしい社会である。悲しみが最大限に満ちた社会が最も悲惨な社会である。ですから、私たちのつくっていくべき社会は、喜びを最大化する社会であり、社会というのは、それ自体としては、喜びの増大の方向に向かっていくはずなのです。

　そういう社会においては、人間の身体の構成がうまく均衡しているのです。悲しみに満ちた悲惨な社会で抑圧されている人間なら、早く死にたいと思います。喜びに満ちたすばらしい社会なら、もっともっと生きたいと思います。スピノザが生きていた時代には、喜びを解放するような社会は存在していなくて、さきほど言いましたように、暴力によって支配する社会のみがあったのです。これは悲しみの社会です。

　そこで、スピノザは、均衡が支配する社会、喜びの社会を望むわけです。そして、それが民主主義社会だったのです。その民主主義社会を何が、どうやって実現するのか。それがスピノザの政治論になるわけです。

　この民主主義社会を実現するものが、実は、資本制システムだったと私は思うのです。ですから、資本制システムというものは、それが合理的で、それ自体としては矛盾なく均衡に向かっているというだけではなく、その中で生きていることに喜びを感じられる社会だと思うのです。常に均衡に向かっていき、喜びを最大化する方向にいっているからこそ、個々の問題はあっても、資本制社会は壊れることなく存続しているのです。

　喜びが最大化する方向に向かって均衡を保とうとしていっている社会に対しては、私たちは、あえてそれを変革する必要はないわけです。新しい社会を設計して、それを実現しようとすることなど必要がなくて、システムの流れに従って受動的に生きていけばいいのです。悲しみが支配している悲惨な社会で、受動的に生きていけば不幸です。しかし、うまく機能している社会では、システムに順応して受動的に生きていくほうが幸せなのです。そして、本来、基本的には、人間は受動的であるほうがいいし、幸せなのです。

けれど、人間が受動的にシステムの流れに乗っていれば均衡が保たれ、喜びが最大化される方向に行くというようなシステムはまれにしかないわけです。そして、いまあるシステムがそのようなシステムでないとすれば、何らかの形で、それを変革する必要が出てきます。そのシステムを国家として考えますと、私たちの国家の構成関係の中に喜びをもてる関係をつくるには、どうしたらいいだろうか、ということが問題になります。それには、民主主義の原理にのっとって、人々がのびのびと政治に参加し、のびのびと政治を行うことができればいいのです。

しかし、スピノザの時代には、そういう国家はないわけです。それでは、そういう国家をつくるために、どうしなければならないか。

危険な哲学

そこに至って、スピノザは、安全な順応の哲学者から、危険な反抗の哲学者に移っていくわけです。ヘーゲルが『法哲学』(16)で言ったように、現実的なものが理性的なものであり、理性的なものが現実的なものであるなら、現実のシステムに従って受動的に生きていればいいのだけれども、現実的なものが理性的ではなかったとしたなら、というところまで踏みこんだところに、スピノザの革命性があるわけなのです。

つまり、人間は本来、受動的であるほうがいいし、幸せなのですが、能動的にならなければならない場合があるのです。それは、どういう場合かというと、システムを構成している関係が私たちにとって不快であった場合です。システムが私たちに不快をもたらすなら、それを快にするためには、システムに対して能動的に関与しなければならないのです。能動的に関与することによって、システムを変革していかなければならないのです。

これは矛盾しているように見えます。システムというのは、どんなものでも矛盾なく構成されているという。それなのに、それが不快なシステムだということは、そこに矛盾があるということではないのか。それから、システムというものは、常に外部原因によってしか変化しないのではなかったのか。それなのに、内部から能動的な関与によって変革するというのはおかしいではないか。そういうことになります。実は、ここが、大きなポイントになります。

国家というシステムを考えてみますと、国家の政体を変えるには、外在的なものとの接触、すなわちほかの政体の国家との接触しかないわけです。でも、その国家が絶対主義国家で、ほかの国家も絶対主義国家なら、相互に矛盾しませんから、それと接触しても、政体が変わるということは起こりません。それでは、ヨーロッパにおいて、みんな絶対王政の国家ばかりだったのに、そこにどうして民主主義国家が生まれることができたのか、ということになります。

一六四八年のウェストファリア条約において、ヨーロッパの絶対王政国家同士が、おたがいを国民国家として認め合って、侵し合わない体制をつくったわけです。ところが、それから四〇年後の一六八八年には、イギリスに名誉革命が起こって、翌八九年には、権利の章典(17)が承認され、ヨーロッパ絶対王政国家群から離脱して、民主主義国家へと移行していきます。そして、これがやがて、一八世紀になってから、アメリカ、フランス、と波及していくわけです。

外部としてのアメリカ

ここで問題なのは、アメリカなのです。ヨーロッパに民主主義国家ができていくのは、一七世紀のヨーロッパのシステムとはまったく異質なアメリカというシステムがヨーロッパの外部にできて、それがヨーロッパのシステムにとっての外部原因となって、各国のシステムの変化をもたらしたのだ、と考えられます。アメリカの民主主義システムをお手本にして、ヨーロッパ各国が、「傾向的」に民主主義へと向かっていったのです。

なぜ向かっていったかというと、そのような方向に向かうことが、より快を増すと考えられたからです。前に述べたような不快を避け快を求める身体の変容に裏づけられて、民主主義が快を増大させ、喜びを最大化するシステムであるからこそ、そこへ向かって傾向的に進んでいった、ということです。このように、民主主義のモデルはアメリカだったのです。

ですから、ヨーロッパの国家が民主主義国家になったのは、フランス革命のように内在的矛盾の爆発によって階級闘争を通じて民主主義が実現されたというケースはほとんどなくて、ほとんどの場合は、その国で人々が長い間ずっと傾向的に向かってきた快の方向が、アメリカという外圧を契機にして進展し、なるべくして民主主義政体になる、という形をとったのです。

だからこそ、同じ民主主義と言っても、それぞれの国家によって多様な形態をとるようになったのだ、と言えます。それぞれが、それまでのシステムの内部矛盾によって変化していったのではなくて、より快なる方向へと不定形に蠢《うごめ》きながら、新しいものを選択していって、次第に民主主義を実現していく形をとったのです。だから、多様な形態になったのです。国家というシステムは、このようにして変化したのです。

しかし、ここで、このような新しい政体へと動かしていく革命的な運動体を旧国家システム内部に見つけるという作業をあえてしなければならないわけです。封建諸侯に対してブルジョアジーが闘って政体を変えたというのではなくて、プロレタリアートが闘って政体を変えたというのではなくて、そういったものではない、政体変革の主体を考えなければならないのです。それは、階級ではなくて、快なる方向に向かって、喜びをもって進んでいく人々の能動的関与なのです。

それは、封建諸侯を否定するとか、ブルジョアジーを否定するとか、そういう否定的な力、否定的な主体ではなくて、喜びを増大していくような、快を追い求めていくような肯定的な力、肯定的な主体なのです。あくまで、悲しみやマイナスではなく、喜びやプラスが指標なのです。

この世の中に存在しているものはすべて正しいわけですから、正しいものを残す形で、封建諸侯も否定しない、ブルジョアジーも否定しない、農奴も否定しない、何者も否定しないでシステムを蠢《うごめ》くように変えていくのです。どう変えていくかというと、不快なものを淘汰《とうた》し、それを取り除いていくという形においてなのです。否定ではなくて、淘汰なのです。ですから、階級は、どれ一つとして消え去ることなく、すべて存続させられながら、変化していったのです。

変革の可能性

問題は、変革の力のありようです。能動的関与が変革の力になる、その態様とはいかなるものであるのかということです。これは、potentia《ポテンティア》［ラテン語で might ; efficacy ; ability などの意］、英語でいう potential《ポテンシャル》すなわち「潜勢力」として考えることができます。簡単に言えば、絵に描いた餅《もち》なのです。想像力の中に力があるのであって、それを取り出して見ることはできないのです。

Potential というのは、どういうものか。たとえば労働力というものも potential です。これが労働力ですと、取り出して見せることはできない。労働時間という媒体を通してしか見ることができないわけです。だから、労働力は労働時間によって測られるしかないのです。広げて考えれば、能力一般が潜勢力だとも言えます。入学試験のようなもので測られるしかないわけですが、その試験の結果と能力とは一致しないのです。この一致しないというところに、能力というものの最大のポイントがあるのです。

権力というものにしても、そうなのです。政治権力の中に、これが権力である、という形で具体的に取り出して示せるものはないわけです。暴力にしても、あるものが外的に現れたものにすぎないのであって、それをふるうことができる内的な力は見ることができません。人間関係に宿っている目に見えない力がpotentialであり、potential powerなのです。この目に見えない力を、私たちは変革の力にしなければならないのです。

Potentialというものは、想像力の中にあるものであって、頭の中の産物です。これを現実に移すということはできません。百メートル十何秒で走れる力、五〇キロの荷物を運べる力といったものは、たいした力ではありません。それは動物にもある力で、人間よりもっと秀でた力をもっている動物がいるわけです。人間よりもチータのほうがはるかに速いわけです。

ところが、人間のpotentialの最大のものは、頭の中にしまってある広大な世界の潜勢力なのです。この潜勢力については、私たちに勝っているのは神しかいないでしょう。これは、表象の世界であり、抽象の世界です。これを頭の中にもっていることこそが、人間の最大のpotentialなのです。

しかし、この頭の中で描いた世界というもの、この表象の世界、抽象の世界は、永遠に現実の中に移すことはできないのです。ライオンに追いかけられているときに、頭の中に描いた機関銃を撃ってライオンを退治することはできないわけです。それは、存在しないものなのです。それなのに、潜在能力としてものすごい力をもつというのは、どういうことなのか。それは、絵に描いた餅をどう現実のものにするのか、という問題なのです。私たちが頭に思い描いたものを現実へと変化させるには、夢を現実にするには何が必要なのか、ということです。

これを追求したのが近代なのです。近代というのは、頭に思い描いたことが現実にならなければならないのだ、と信じ込んで邁進《まいしん》した時代なのです。頭の中に思い描いたことに頭の中で満足していれば足りるなら、教会に行って祈っていれば済むわけです。頭の中に描いた豊かさを現実のものにしなければならない、というところから近代が出発するわけです。そして、近代は、そのための手段を探し求めていったのです。

共同精神と変革の可能性

しかし、このような手段を追い求め、頭に思い描いたことを現実に移そうと努力すればするほど、私たちは神にしか許されていなかった領分を侵していくことになり、神に背いていくことになったのです。そして、本来神にしかできないことを人間がまねて行っても、それは必ず失敗するはずです。

実際にそうだったわけです。人間は生半可な知識で近代化を始め、巨大な生産力を発展させることによって豊かさをつくりあげようとした。けれど、いつのまにか、その発展した生産力によって、自分たち自身が翻弄《ほんろう》されていったわけです。それは、神にしかできないことを人間がやろうとしたために、必然的に起こったことなのです。ですから、近代化の結果というのは、一口に言って、神に背いて、人間が神のごとくふるまったことによって招いた悲惨な状況にほかならないのです。

そこで、いま、そういう近代の帰結である悲惨な状況をとらえかえして、そういうものではなくて、この国家というシステム、あるいは社会というシステムの中に、喜びをもてるような関係をつくるには、どうしたらいいだろうか、と考えることが私たちの課題になるわけです。そして、それには、民主主義社会の基本原理である、人々がのびのびと参加し、のびのびと政治を行う関係をつくればいいわけです。

しかし、近代がもたらした悲惨な状況の原因である、自分たちが頭の中に思い描いたことを現実に移していこうとするやり方を、私たちがあいかわらず生半可な知識によって練り直してみても、結局は同じような結果しか得られないでしょう。

もともと人間の知性が足りないわけですから、その足りない知性で練り直してみても、結果は同じです。頭の悪い人間が、いくら計算をやり直してみても、また間違えてしまうのと同じことです。社会主義革命とか、共産主義社会の実現とかいう夢は、その意味で、人間が生半可な知識で近代を練り直してみたものにすぎず、それもまた、悲惨な結果をもたらすものでしかなかったわけです。確かに、それはより優れた知能によって練り直されたものだったかもしれませんが、所詮《しょせん》、人間の知性の限界を超えるものではなかったのです。

ですから、これらの歴史的な経験から言えることは、現段階における人間の知性は、頭の中で思い描いた potentia を現実に移す上では、あまりにも稚拙なものでしかない、ということです。

だから、マルクスが『資本論』の中で言いたかったことは、いま社会主義者たちが、一所懸命になって近代の失敗をいじくりまわしているけれど、そんなことをやるよりも、現実に存在している近代社会のシステムが、いかにしたたかで完璧なものであるかということを知ることが先決である、ということだったのです。

そのかぎりにおいては、マルクスが経済学を優先し、経済学的分析を重視したのは正しかったと思うのです。そういう分析によって、現実に存在するこの完璧なシステムを把握したら、そこで、はじめて、私たちの表象の力、思い描く力が問われるのだ、ということです。

そこではじめて、想像力を現実の力に変えることができる前提が生まれるのです。その想像力を現実の力に転化することができないなら、革命というものはできないわけです。私たちが生半可な知識でいくら想像をたくましくしても、それは革命のためには何にもならないわけです。そんなことをするくらいなら、この社会に受動的に順応していったほうがましである、というのがスピノザの考えであり、それをマルクスも受け継いでいると思うのです。

といっても、私たちは、自分の頭に思い描いたことを現実に移そうと努力することが必要です。そうすることによって知性を磨くことができるからです。そういう努力を通じて、知性を磨きに磨き、高めていくことによって、ひょっとすると、私たちは神の世界創造のモデルと同じものに到達できるかもしれないのです。少なくとも、そのモデルと同じようなものに私たちの抽象的なイメージを高めることができるのではないか。

それは非常に困難だと思いますが、それこそが人間の課題になるのではないでしょうか。そして、私たちが資本制システムに対する受動的順応から能動的関与に移行するときがあるとすれば、それは人間の知性が相当程度に高まったときのことになるだろう、と考えられます。それは、たんに知識を貯《たくわ》えるということではなくて、神の偉大さを知るということを含んでいます。

ですから、バーチャルに考えられたユートピア的な社会のイメージが実現できるかどうかという問題は、そもそも問題設定自体が間違っている、ということです。抽象的な世界というのは、それがどういうものであれ、それ自体としては実現不可能なのです。頭で考えられたものは、現実には存在しないのですから、理想化された世界でしか通用しないのです。

そういうものがイデオロギーと呼ばれるものであって、マルクスが『ドイツ・イデオロギー』で語ったのは、人間がどのようにしてそのようなイデオロギーに翻弄されることなく、事象を生身の現実の状態の中で理解するか、ということであったわけです。私たちが知性で考えたことは、どんなものでも、すべてイデオロギーなのです。

だから、バーチャルな potentia を現実のものにするには、絶え間ない努力と絶え間ない運動しかない。そういう知性の努力と試行の運動をくり返しくり返しやらないかぎり、人間が最も喜びを感じる世界を実現することはできないのです。

すでに何度も述べましたように、社会というシステムは、常に矛盾をもたず、それが変化する契機は外部にしかないわけです。そうなると、問題なのは、その外部が消滅したらどうなるのか、ということなのです。そうすると、システムとしての社会が変化する契機がなくなるわけです。

内在化と歴史の終焉

私たちの社会というのは、小さな共同体に始まり、国家が形成され、次第に大きくなってきたわけですが、村には他の村があり、国には他の国があって、常に外部があったわけです。だから、他の村、他の国との接触によって、村のシステム、国のシステムが変化していくことができた。ところが、いまや資本制システムがグローバル化することによって、地球上すべてを一つのシステムが覆い尽くすようになり、外部が消滅しようとしているのです。

確かに、現在地球上にあるのは必ずしも一つのシステムとは言えず、むしろ純粋資本制システムを採っているところはほんの一部であって、社会主義システムを採っているところもありますが、これらは資本制システムの亜種にすぎませんし、世界は傾向的に純粋資本制システムに向かって進んでいるのです。これがグローバリゼーションということの意味にほかなりません。

そして、このグローバリゼーションの進展の究極において、純粋資本制システムが外部をもたなくなる事態が考えられます。

今日のアメリカ、ヨーロッパ、日本のような先進資本主義国は、自らにとっての外部をもつことによって、そこからの膨大な収奪によって発展し生き延びてきたわけです。それによって、内部に、スピノザが言うような完璧なシステムをつくりあげてきたのです。ところが、そのような外部をもてなくなったら、どうなるのか。この外部なきシステムが、ネグリの言う〈帝国〉であるわけです。ここにおいては、神以外には外部がない。システムは外部原因でしか変化しないのだから、外部がなくなれば、歴史が終焉するしかない。まさにアレクサンドル・コジェーヴ[18]が言う「歴史の終焉《しゅうえん》」が現実のものになるのでしょうか。

しかし、ここに内部の矛盾がシステムにあるのならば、まだまだ歴史は続くわけです。そして、そこでは、ヘーゲルが言うように内在的な矛盾の展開によって変化が起こり、システムは変化し発展していくのかもしれない。それを認めないなら、歴史は終焉に到達してしまう、と考えるしかないわけです。

〈帝国〉の後の闘争

ここで、いよいよマルクスが登場しなければならないわけです。

マルクスが「階級闘争」と言ったのは、実は、これまでのことではなくて、これからのことだったのではないか。これから、すなわち〈帝国〉においてこそ、言い換えれば資本制システムがグローバル化した時代においてはじめて、マルクスの言う階級闘争が起こるのではないか、とも考えられるのです。

マルクスとエンゲルスの『共産党宣言』の第一章「ブルジョアとプロレタリアート」の冒頭に、「人類の歴史は階級闘争の歴史であった」(九章参照)と書かれています。みんな、これをもって、マルクスは、これまでの社会も階級闘争によって動いてきた、と言っていると考えてきました。

しかし、その少し後に、マルクスとエンゲルスは「けれども」と言っているのです。ここが大事なところなのですが、「けれども、われわれの時代すなわちブルジョアジーの時代の特徴は、階級対立を単純にしたことである。全社会は敵対する二大陣営に、直接対立する二大階級にますます分裂しつつある」と言っているのです。ここをきちんと見なければなりません。

純粋な形で階級が分かれたのは、資本制社会しかない、ということです。それまでの封建制社会は、階級が明確な形で分かれていなかったのです。封建制社会では、封建領主や家臣やギルドの親方や職人、農奴など、いろんな階級があり、それらの階級がまたいろいろな階層に分かれていたわけです。純粋な形で階級が対立したことは、それまではなくて、資本制社会になってはじめてそういう階級対立が現れた、ということです。そして、これが階級闘争というものを考える上での、大きなポイントなのです。

そして、マルクス、エンゲルスは、資本制社会においては、「昔の地方的・一国的な自給自足と隔絶のかわりに、全面的な通交、諸民族の全面的な依存関係が現れる」と言っています。つまり、共同体や国家を超えて、グローバルな規模で新しい社会関係が発展するということです。そして、この過程の中で、中間階級は没落してプロレタリアートになり、またより小さなブルジョアはより大きなブルジョアに食われてプロレタリアートになっていくことによって、プロレタリアートはますます増えていくわけです。

こうして、地球規模でのブルジョアジーとプロレタリアートの二大階級の対立が現れるわけです。地球全体でこの二つの階級しかなくなる。そうなってはじめて、プロレタリアートのブルジョアジーに対する階級闘争が問題になるのです。理論のレベルで論理的に言うならば、階級闘争の意味というのは、実は、この段階でしか出てこないのです。〈帝国〉の段階に至って、日本にもプロレタリアートが析出されてきて、台湾にも、インドネシアにもプロレタリアートが析出されてきて、ともに横に手を組むしかないという状況がはじめて現れるのです。

それ以前、たとえばいまの状況では、日本のプロレタリアートと台湾、インドネシアのプロレタリアートとは手を組めません。それは、日本のプロレタリアートのほうが、台湾、インドネシアのプロレタリアートよりも比較にならないほど豊かだからです。そして、日本のプロレタリアートは台湾のプロレタリアートを搾取し、台湾のプロレタリアートはインドネシアのプロレタリアートを搾取していますから、これらのプロレタリアートは、相互に連帯することはできないのです。

ところが、世界にシステムの境界がなくなって、すべてが単一の資本制システムで覆われるようになりますと、日本のプロレタリアートも台湾のプロレタリアートもインドネシアのプロレタリアートも中国のプロレタリアートも、みんな同じ存在になります。だから、おたがいに手を組むことができるのです。こうして、全世界のプロレタリアートが手を組むことによって、ブルジョアジーとの階級対立、階級闘争が現実のものになるのです。

このブルジョアジーと純粋な形で対立するようになったプロレタリアートは、いままでのような亜種を含んだものではなくて、純粋なプロレタリアートです。そして、ここにおいてはじめて、システムの中に内在的矛盾が姿を現すのです。

最後の選択

これは、スピノザの方法論では説明できない歴史的段階です。スピノザが考えなかった、システムに内在的矛盾が現れる段階が現出するわけです。このように内在的矛盾がシステムに現れるのは、歴史上、これが最初であり、また最後です。これまで現れることがなかったし、これからも現れることがない一回限りのものなのです。そして、この矛盾を克服できずに世界が破滅するか、克服することによって、スピノザが言っていたまったく矛盾のないシステムが全地球規模で実現し、完璧な地球システムが稼働しはじめるか、その二つのうちのどちらかであるというところに、私たちは立たされているわけです。

以上のようなビジョンが一つの可能性で、もう一つの可能性として、外部のない世界において、人間の知性がきわめて高まって知性が行き届くことによって、〈帝国〉の中で資本制システムの改良が進み、システムが完璧になって、内在的矛盾が生まれないまま、資本制システムが超えられるという可能性があります。

しかし、この場合、難しいのは、資本制システムというものは資本が収奪を行うことによって成り立っているシステムですから、どうしても収奪できる外部を必要とするという点です。そのときに外部がなくなるなら、外部からの収奪に代わって、内部のプロレタリアートからの搾取をより強めざるをえない。そうすると、ブルジョアジーとプロレタリアートとの階級対立が生まれ、内在的矛盾が発動してしまう、ということになるわけです。

ですから、ここで内在的矛盾が生まれないようにするためには、民主主義システムが資本の利潤を最小限に抑えるような規制をして、純粋民主主義国家を地球規模で実現していくしかないと思います。いま、ヨーロッパが半ばそれをめざしている観がありますが、実際には非常にむずかしい。しかし、いまの国民国家を乗り越えて、EUのような地域国家が、そのような民主主義国家を実現していけば、外部がなく内在的矛盾もない安定したシステムができる可能性はあるのです。

これらはいずれも理論的可能性ですが、私はおそらく前者、すなわち内在的矛盾が発現する方向に行くだろうと見ています。しかし、そうすると、ここでは階級闘争が闘われるわけですが、そうなると世界はいったいどうなるのだろうか。

もともと人間の社会は、スピノザが言うように、内在的矛盾がなく、闘争のない世界ですから、それ自体が過渡的に調和であり、また傾向的に調和に向かっていくシステムです。一見矛盾が起こっているように見える場合がありますが、それは矛盾ではなくて、不均衡な状態にすぎないのです。そして、システムは、常に均衡を実現する方向に傾向的に働くのです。

ですから、矛盾が起こっているように見えても、それは均衡に向かう不均衡の過程的な状態にすぎないのであって、たとえ過程的に若干の不均衡が生じていても、必ず調和に向かっていきます。そして、それがそのまま進んでいけば、未来の世界は完全な均衡の世界になるのです。

それでは、近代は、均衡に向かっていたか、ということが問題になります。確かに、人間は心が喜びを感じるか、不快を感じるか、これだけを基準に生きていけばいいのだという、さきほどから言っている前提を認めるなら、私たちが快を求めて、豊かな生活をつくっていったことは正しかったということになります。

しかし、その一方で、かつて人間は神が創造した自然の中でそれと調和して生きていたのに、近代には人間は頭だけが肥大化して、その頭で考え出したものを通じて世界を自ら変革していくという、生産力の魔力にとらわれていったわけです。そして、このように生産力の際限ない発展によってこの世界を変革していくというのが近代の夢であったとしたら、それは神の意図と食い違い、神に背いていくものであったわけです。

これに対して、この方向を進めながら、豊かさの分配を公平にするというのが社会主義、共産主義であるとするなら、近代社会をそのまま進めていけばいいわけです。しかし、この方向を元に戻して、自然と調和する方向にもっていくのが社会主義、共産主義であるとするなら、それは近代の延長線上にはないということです。

ところが、資本制システムは、これまでの社会主義システムをも自らの亜種として含む形で、近代の方向を推し進めるものとしてあったわけです。自然から富を無限に搾り出していくシステムだったのです。そして、資本制システムにしても、その亜種である社会主義システムにしても、それが人間が頭の中で考え出したシステムである以上、現実性がないのです。

現実性がないのに、現実性があるかのように錯覚されて動いているのが資本制システムであり、これまでの社会主義システムだったとすれば、それらのシステムが調和のある世界を実現することはないのです。その極致が〈帝国〉であって、これは終焉に向かう道にほかならない。

中世かポスト現代か

これを拒否するなら、中世に戻るしかないわけです。モダンを拒否してポストモダンを求めるなら、結局、中世の共同体に戻るしかないのです。中世に戻るというのは、人間が身体としてのみ生きて、頭によって生きないということです。知性は知性としてだけで楽しめばいいのです。知性を現実に移してこの世界を変えていく行為をやめることです。

そう考えるなら、プロレタリアートのブルジョアジーに対する階級闘争の終極の目的は、ブルジョアジーから富を取り返して平等に分配することにあるのではなくて、富を得ようとする行為自体を廃止し、プロレタリアートのプロレタリアートたる由縁である無所有を身体で生きる地点に戻っていくことにあるのです。これは、中世のような過去に戻ろうとするロマン主義的な運動です。そういうロマン主義的な過程がたどられなければならないのです。

人間が頭の中で考え出したシステムをやめて、自然の中に戻っていき、「貧しき人間」の世界、清貧の世界に向かっていくしかないのです。

欲望というものは人間の頭によって肥大化するものであり、また欲望にも私たちにとって快である欲望と不快である欲望があります。この快なる欲望は、生産力を増大させることと結びつきますから、ただ快なる方向を求めていけば、自然から搾り取り自然を破壊する方向に行ってしまいます。ですから、ただ快なる方向に進むのではなくて、快なる欲望と自然のメカニズムとの接点を探し出し、それを自然を破壊しない方向にシステムとしてどう方向づけるか、ということが問題になるのです。

つまり、快なる欲望の制限、人間の快、喜びを限定的なものにすることができるかどうか、ということが問われているのです。これが最大の問題です。

ここまで来てしまうと、もうスピノザの領域をはるかに超えてしまっているわけです。スピノザの時代には、人間の快、喜びを最大化することが自然を破壊するとは考えられていなかったのです。まだ人間の生産力は、そんな水準にはまったく達していなかったし、達することがあるということすら考えられなかったのです。だから、他の人たちに不快をあたえないかぎり、自分の快、喜びを最大に追求してもかまわない、ということが前提にできたわけなのです。

しかし、いまや、そのようなことは前提にできなくなっています。しかも、たとえ不快であっても、そのまま動いてしまうのが、近代社会のシステムであったわけです。ですから、私たちは、スピノザが直面していなかった問題に直面しているのであって、そこから考えるなら、スピノザを受け継ぎながら、そうした現代的な課題に直面している思想家から示唆をえていかなければならないのです。

そして、そのように見てくるならば、このスピノザの観点から読み直してみるとき、マルクスには、いままで見えていた顔と別の顔が見えてくるのであって、その新しいマルクスは、私たちに大きな示唆をあたえ、大きな可能性を指し示してくれるのです。

（1）スターリン（一八七九―一九五三）は、ソ連の独裁者として権力をふるったのみならず、多くの著作によってマルクス主義に大きな影響を与えた。
（2）エンゲルス（一八二〇―一八九五）。『自然弁証法』はエンゲルスの死後残された未完成の草稿で、リャザノフ（一八七〇―一九三八）が一九二五年にロシア語版、一九二七年にドイツ語版を出版した。
（3）『エチカ』は、人間世界を神の創造物と置き、やがて神がなくても自動的に展開する世界を理論化する。
（4）『神学・政治論』（畠中尚志訳、岩波文庫、一九四四）は、古代社会の予言者から政治世界が分離すべきことを解いている。
（5）マルクスは、博士論文を提出する過程で、スピノザのノートを丹念に取った。
（6）「自動機械」とはなんらの主体的命令を受けないで動いていく機械のようなもの。
（7）共同体とは国家の意味でもある。Commonwealth という言葉がその意味をもっている。
（8）マルクスは利潤率の傾向的低落の法則という言葉を使う。この場合の傾向的というのは、それに反する現象をもちながら、最終的にはそうならざるをえないという意味である。これは科学法則と違う。
（9）ヘゲモニー装置とは、権力維持装置のこと。
（10）ビルト・イン・スタビライザーとは安定化装置のこと。
（11）フーコー（一九二六―一九八四）。二〇世紀後半を代表する哲学者。『知の考古学』、『狂気の歴史』（一九六一）（田村淑訳、一九七五）等がある。
（12）ニュートン（一六四二―一七二七）。イギリスの物理学者。万有引力を数式化した。『プリンキピア』（『自然哲学の数学的基礎』）（一六八七）が有名。
（13）デカルト（一五九六―一六五〇）。フランス出身で生涯放浪した哲学者。「われ考える。ゆえにわれあり」『方法序説』（一六三七）（谷川多佳子訳、岩波文庫）が有名。

(14) ドゥルーズの『哲学とは何か』(一九九二)(財津理訳、河出書房新社、一九九七)。
(15) プラトー (plateau) とは地平のこと。
(16)『法哲学』の序説にこの言葉はある。
(17) 権利の章典によって王権の制限と議会の優越が確立した。
(18) アレクサンドル・コジェーヴ (一九〇二―一九六八)。ロシア出身の哲学者・政治家。戦前フランスの哲学者たちにヘーゲル哲学の影響を与えたが、戦後は政治家となった。ヘーゲル哲学に歴史の終焉を読み込んだ。

第二部　〈マルクス〉の著作を再読する

四章　現代社会とマルクス

近代主義的マルクス読み

これまでの話をふまえて、マルクスを読み直す作業に入っていくことにします。そのためには、まずこれまでのマルクスの読み方の基本的な問題点を整理し、そのような読み方ではたちゆかなくなっていることを示して、それではそのような状況のもとではマルクスをどう読んだらいいのか、新しいマルクスの読み方を示していくことにします。

まず、マルクスを読み直す前提として、これまでマルクスがどう読まれてきたのかをふりかえってみます。

二〇世紀にはマルクス主義は大きな力をもっていました。なぜそのように大きな力をもっていたのか。私は、それは端的に、マルクス主義がもっていた近代主義的側面によるものであった、その要素が非常に大きかったと考えます。マルクス主義がもっていた近代主義的側面とはどういうものか。それは、資本制と近代化が産み出した社会を引き継いで、それをさらに発展させていくことによって新しい社会をつくるという考え方です。こうした考え方によって、マルクス主義は近代主義にのっかって、それを徹底させるものとして力をもったのです。これが二〇世紀におけるマルクス主義の基本的な特徴であったと思います。

近代社会がもたらした成果としては、まず第一に、資本制的生産によって物質的豊かさを達成したことがあげられます。

これは、近代の経済的側面とも言うべきものです。しかし、この物質的豊かさというものをより完全なものにしていくためのシステムを近代社会は欠いていたわけです。あるいは、資本制システム自体に、生産力の発展を完成させるような機能が備わっていないというふうにも言えます。

それに対して、マルクス主義は、資本制と近代化がつくりだした巨大な生産力を前提にして、これをさらに徹底的に発展させていけるシステムを提起してきたわけで、このことがマルクス主義が二〇世紀において大きな力をもちえた根拠になっていたのです。

近代社会がもたらした成果には、もう一つ、自由と民主主義の実現ということがあげられます。

これは、近代の政治的・文化的側面とも言うべきもので、近代社会は、その物質的豊かさの達成を前提にして、その上に、人間の自由が実現されていく可能性を大きく切り開いたわけです。また、独立した人格をもった諸個人が市民社会を形成し、そうした諸個人が政治に参加するという近代民主主義のモデルがつくられました。

マルクス主義は、こうした近代社会の政治的・文化的達成を受けて、それをより豊かに発展させるものとしてとらえられたわけです。

もちろん、マルクスはいろいろに解釈されてきましたし、その解釈の中には反近代主義的解釈も存在しました。また、マルクス主義は、革命理論として受け入れられたわけですから、それは近代社会の達成を引き継ぐといっても、そのまま引き継ぐのではなくて、近代社会の矛盾を正面から採り上げ、そこに革命的な変革を介在させることを不可欠とするものであったわけです。しかし、そうした点をふまえながらも、基本的に近代社会の延長線上、近代社会の発展の方向として、マルクスをとらえるという見方が大きな力をもってきたと言えると思います。

生産力の万人への解放

要するに、資本制と近代化が達成してきたもの、その経済的・政治的・文化的な成果を限られた人たちのみが享受するのではなく万人に解放し、また解放することによって徹底的に発展せしめるというのが、マルクス主義の発想である、と考えられてきたと言えます。

なぜ資本制システムと近代社会の下では、そうしたことができないかというと、それは基本的に、資本制システムというものは生産力を制御できない、という点に求められてきたと言えます。

それに対して、社会主義は、生産手段の国有化、銀行の国有化などを通じて、国家という装置を使うことによって生産力を統御し、経済を計画化する、とされたわけです。そして、それによって生産力と生産関係との間の矛盾が解決され、生産力がより豊かに発展する道が開かれる、とされたのです。

生産力を制御しうる装置として国家を使うというこの発想は、一国社会主義が成立しなければならなかったという歴史的事情を反映したものでもありましたが、同時に、基本的にマルクス主義の中にあった発想だと考えることもできるのではないかと思います。また、そこには、資本制システムがつくりだした生産諸力については、これを肯定的に評価して引き継いでいくけれども、資本制という生産関係については、これを否定し変革していくという、生産力と生産関係を分離してとらえる発想も含まれていました。

もともと生産力という概念は、人間労働、労働手段、労働対象という要素から成るもので、生産関係という概念は、その労働手段、労働対象から成る生産手段を誰が所有し握っているかということに関わるものですから、本来、生産力と生産関係は相互に関連し合っているのです。ですから、生産力と生産関係をこのように分離してとらえるとらえ方を誤りだとして批判する考え方は根強くありましたが、実態としては生産力崇拝とも言うべき傾向が支配的だったと言えます。

これに関連して、工場制大工業といった生産形態、あるいは分業によって形成されている生産システムなども、当然、踏襲されていくべきものと考えられていました。ただ、これらの生産手段を誰が握るのか、という生産手段の所有の問題が重視されていて、形態やシステムは同じでも、それを誰が所有するのかによって生産における人間相互の関係が変わってくるとして、その関係が生産関係という概念において問題にされたわけです。

その底には、生産手段を誰が握っているかによって生産関係が決まる、という考え方がありました。そして、生産手段が社会的に共有されれば、社会が搾取者と被搾取者に分かれることがなくなり、生産関係は協働的なものになり、社会全体のための生産が組織される、と考えられたわけです。

さらに言うなら、工場制大工業の発展に必然的に付随する分業についても、分業は価値法則に裏づけられて社会的総労働の配分として成立しているわけですが、この総労働分配の問題を生産手段の所有とは別の問題として、分業を基本的に肯定し、それを生かしながら生産力を上げていくというふうに考えられていたわけです。

マルクスは、『経済学批判要綱』（一二章参照）の中で、商品生産における関係としてのかつての共同体での「人格的依存関係[2]」が、市民社会において「物的依存関係[3]」に変わり、それが「自由な個体性[4]」の段階に至って、高次に再建された「人格的依存関係」が復興されるとしています。つまり、高次の人格的依存関係という形で分業の廃棄を語っているのです。

また、『ゴータ綱領批判[5]』などでも分業をのりこえ精神労働と肉体労働の対立をなくしていく展望を語っています。しかし、にもかかわらず、現実の社会主義国家においては、そのようには進まず、むしろ分業は肯定的にとらえられ、発展させられたのでした。

現実の社会主義国家においては、資本制システムがつくりだした巨大な生産力を基本的に肯定し、それと同様の、あるいはそれ以上の生産力をつくりだし、その生産を行う手段を私的に所有されるものから社会的に所有されるものに移していき、したがってその生産の成果も社会的に配分されていく、という形で生産関係を変革していくことが追求されたのです。問題は所有形態であって、生産力の発展、それを促す生産形態や生産システムは資本制と同じものであってもよいとされたわけです。

そうであるがゆえに、資本主義というシステムでは生産力を発展させて豊かさを実現することができないようなタイプの国々では、資本主義に代わって生産力を発展させ、豊かさを実現するシステムとして社会主義を受け入れるようになったのです。そして、これが二〇世紀においてマルクス主義がもった力の大きな現実的根拠だったのです。つまり、「アメリカのようになりたいという目標を社会主義が実現してくれる」、ということでマルクス主義が人気をえた、ということだったのです。

生産力主義への疑問

これが正しかったのかどうか、ということが、いま、二〇世紀におけるマルクス主義の展開が問われている問題なのです。つまり、生産力が増大することはいいことだ、と無限定に認めたことは正しかったのか、ということが問われているのです。そのように生産力の増大を全面的に肯定する思想においては、生産力を増大させることによってえられる豊かさの負の側面、自然環境の破壊の問題などに、そもそも批判の刃《やいば》が向けられない構造になっていたことが、大きな問題だったのではないか、と思われるのです。

しかも、生産諸力を増大させるメカニズムの点だけでは、むしろ資本制システムのほうが秀でているということが明らかになっていったわけです。生産力増大競争において、社会主義は資本主義に勝つことはできなかったのです。

利潤を極大化させるためのメカニズムのほうが、生産諸力の増大ということだけをとってみれば、より優れていたということです。利潤の極大化という明確な目標を追求するメカニズムのほうが生産諸力を増大させることができるのです。

社会主義がそれを凌駕《りょうが》しようと思えば、利潤極大化に代わるモデルをつくるしかなかったのですが、それができなかった。だから、生産力競争に敗れたわけです。その結果、実現されなかった豊かさに対する失望を通じて、社会主義に対する信頼は失墜し、マルクス主義に対する失望も広がっていったわけです。

マルクスを読み直す

しかし、ここで広がったマルクス主義に対する失望は、マルクスそのものを否定するものだったかというと、ほんとうは、そうではないのです。こういう事態に立ち至ったのは、二〇世紀のマルクス主義が、もともとのマルクスの考え方とは違った方向に発展してきたがためであって、そこには、近代社会のシステムに関するマルクスの認識に対する誤解があったのです。

ですから、ここで、一七世紀における近代社会の出発点に戻って、考え直してみる必要があります。

そこに出発した近代社会の理念というのは、それまでの中世の共同体から個人を析出して、諸個人の集合体としての近代市民社会を形成していくことにありました。したがって、そこで追求される豊かさは、共同体における集団の豊かさではなく、市民社会の豊かさとして集積されていく諸個人の豊かさだったのです。そして、このように、個人が個人として豊かさを追求していいのだという形で、いったん解き放たれると、資本制システムが発展していくことになるわけです。

ここでいう「集団の豊かさ」と「個人の豊かさ」については、一七世紀に議論がありました。この議論の一方の翼がデカルトであり、他方の翼がスピノザであったと考えられます。

デカルトと近代

共同体からの個人の析出を哲学的に基礎づけたのがデカルトです。デカルトは、「我思う故に我あり」という有名な命題から出発して、これで実在を証明された「我」から実在論を展開していくわけですが、この命題は、構造主義的に見れば一種の「自己言及のパラドックス」に陥っているもので、証明が成り立っているとは考えられません。にもかかわらず、近代的思惟《しい》がこの疑いえない命題から出発するかのように考えられてきたのは、近代的思惟にとって「私VS世界」というフレームワークがぜひとも必要とされていたからにほかなりません。デカルトは、それを提供したのです。

このデカルトが提供した「疑いえない我」によって、社会というものについても、あくまで「私」を拠点に考えることができるようになります。つまり、社会から個人をとらえるのではなく、個人から社会をとらえる社会観が成立していくのです。このような社会観はデカルトの哲学からストレートに出てくるのではなく、さまざまな媒介を経て、成立してくるわけですが、その哲学上の出発点がデカルトにあった、というふうには言えると思います。

そのような媒介としては、たとえばホッブズが挙げられます。ホッブズは、実在するのは「物体」(corps)であるという唯物論を採る点でデカルトと異なりますが、そこを出発点に展開される実在論の領域においては、デカルトの見解を祖型として以後のヨーロッパ哲学で形成された数学的で機械論的な自然観と基本的に同じ議論を行っていきます。

そこから、ホッブズは、人間についても、機械論的見方をとりますから、スピノザと同様に、個々の人間にとっては外部の作用によってその内部に生じる快・不快がそれぞれ善・悪となるにすぎないという議論になり、「意志の自由」は否定されるわけです。

それでは、人間にはいっさい自由がないかというと、そうではなくて、善・悪とが快・不快でしかないということによって、かえって、人間相互の関係においては無際限な「行動の自由」が認められるということになるわけです。これが、自然状態において諸個人が自己保存を追求する権利としての「自然権」の考え方につながります。

しかし、諸個人が自らの自然権を個々ばらばらに行使して、おたがいに自らの自己保存のみを図ろうとするなら、「万人の万人に対する闘争」(6)状態が生まれてしまうわけで、そこで、ホッブズは、社会契約という考え方を導入して、諸個人が自然権を第三者に委譲して国家をつくり、国家を通じてコモンウェルスを実現していくという理論を展開したわけです。

スピノザの登場

こうしたデカルト、ホッブズの考え方に対して、「集団の豊かさ」と「個人の豊かさ」について、まったく違った考え方をしていたのがスピノザです。

スピノザの場合も、人間については、前にも見たように、ホッブズ以上に徹底した機械論的な見方ですが、それは唯一の実体は神である、とする立場によって徹底させられているのです。そして、スピノザにとって、自然とはつくられた自然、すなわち所産的自然(natura naturata)ではなくて、自らつくりだす自然、すなわち能産的自然(natura naturans)であって、その能産の内在的原因が神なのです。このような汎神《はんしん》論的な考え方から、人間というものも、そのような自ら産出する自然の一部としてとらえられます。スピノザがしばしばロマン主義的だと考えられるのは、このような内在する能産的自然というとらえ方がロマン主義と通底するものをもっているからでしょう。

ですから、スピノザにおいて人間にとっての自由というものが考えられるならば、それは人間が能産的自然の内在的原因たる神と合一することによって、その精神が能動の状態を獲得すること以外には考えられません。

したがって、スピノザは、自由の問題を諸個人の自由からではなく、内在する超越者との合一という全体的な視点からとらえていくのです。それは、ホッブズの場合のように「意志の自由」と「行動の自由」を分離するものではなく、いっさいが神の必然によって支配されるという徹底した決定論的世界なのです。

こうした視点は、いくつかの媒介を経ながら、集団の豊かさ、社会全体の豊かさから個人の豊かさをとらえる視点につながっていくわけです。ごくごく単純化してしまえば、能産的自然という全体的なものの一部となりえたとき、人間は自由になり豊かになれるということです。このような視点からすれば、人々がまず諸個人の個別の豊かさを求めることは無意味である、ということになるわけです。

また、スピノザは、前に見ましたように、民主政を最高の統治形態と考えていたわけですが、それは近代民主主義のような自然権に立脚した個人の権利によって構成されるものとは異質のものだと考えられます。なぜなら、スピノザにおいては、自然権から構成される民主主義論の前提になっている自由なる諸個人というモデルが存在しないからです。

スピノザは、『国家論』(7)において、自ら提唱する民主政を「国法のみに服し、その上自己の権利のもとにあり、かつ正しく生活しているすべての人々が例外なしに最高会議における投票の権利ならびに国家の官職に就く権利をもつような国家」(岩波文庫、一八九頁)と表現しています。これは一見、「個人の権利」や「法の支配」を認めていて、近代民主主義と似ているように見えますが、本質的に異質なものであることは、これまで述べてきたスピノザ哲学の全構成を考えてみれば、わかることです。

二つの流れ―スピノザとデカルト

このようなスピノザ哲学に発する思想の流れが、ヨーロッパの近世、近代の思想の中に連綿として流れております。そして、これまでマルクスは、デカルトに発してカント、ヘーゲルと流れてきた近代思想の主流の中にいたととらえられてきたわけですが、すでに述べたように、そうではなくて、スピノザに発した流れの中にいたのだ、ととらえることもできるわけです。

マルクスが一時はヘーゲリアンであり、ヘーゲルから強い影響を受けたことは確かです。しかし、そのヘーゲルにしても、一面においては、スピノザ、ライプニッツ(8)以来の汎神論(9)の流れの中にいたのです。ですから、特に『精神現象学』などの著作には汎神論的要素が濃厚なのです。したがって、マルクスについても、ヘーゲルを介しているから、スピノザとは切れている、とは言えないのです。

マルクスは、近代思想の主流の最高の到達点として、それを完成し、同時に別のものに転化した、というふうなこれまでのとらえ方ではなくて、むしろ、近代の伏流水というか底流というか、そういう流れをくんでいるのだ、ととらえることが必要であるように思うのです。

そのようにとらえるなら、マルクスは、近代社会と資本制システムの成果をそのまま引き継いで、これをより発展させることにおいて社会主義・共産主義を構想した、ということにはならないのです。マルクスをそのようにとらえた二〇世紀のマルクス主義は、結局、そのような形での社会主義・共産主義の実現に失敗してしまったわけです。

もし、こういうものだけがマルクス主義なのであるなら、そういうものは、もう二度と復活することはないでしょう。なぜなら、巨大な生産力をつくりだすことにかけては、そのような社会主義よりも資本主義のほうが遥《はる》かに優れていることが実証されたからです。ですから、資本主義の成果を受け継いで、その生産力をより発展させることを目標にした社会主義は資本主義の前に敗北するしかなかったのです。

もちろん、資本制システム自体に問題がないわけではありません。分配の平等が実現できませんし、しばしば過剰生産恐慌や金融恐慌を呼ぶ不安定性があります。それらは依然として大きな問題であって、現在でも可能性のある恐慌の到来に際して、そこで現れた資本主義の機能不全を突いて、資本主義に代わる社会システムが出現してくる余地はまだあるでしょうが、それはこれまでのものと同じような社会主義として出てくることはもうないでしょう。

資本制に代わるシステムは、資本制と同様のダイナミズムをもったものでなければならないし、また、同時に近代市民社会を揚棄する性格をもったシステムでなければならない、と考えられます。近代市民社会を受け継ぐかぎり、それに適合的なのは資本制であって、社会主義システムは、それに適合しないのです。

スピノザの系譜としてのマルクス

ですから、いま、私たちは、マルクスのとらえ方を大きく転換しなければならないのです。スピノザに発する流れをマルクスに読み込んでいくことによって、新しいマルクスを発見しなければならないのです。

その新しいマルクスとは何か。マルクスは、近代をこれまで言われてきたのとは別の形で解釈していたのです。つまり、神が私たち人間を拘束していた、そうした拘束を解いたのが近代である、言い換えれば、神からの自由を近代と言うということです。これまで、この神からの自由を個人の自立と結びつけて、神からの自由即個人の自立としてきたわけですが、これは切り離して考えることが可能な問題なのです。そして、マルクスの場合、この神からの自由を個人の自立ではなく集団としての人間の自由に結びつけて考える見方があったのだと考えられます。

それだけでなく、マルクスには、事物をすべて個別ではなく集合としてとらえる見方があったと私は思います。スピノザは、神が創造した事物すべてには連関があると考えたのですが、マルクスの場合も、それを受け継いで、この地上のものはすべて連関し合って存在しているととらえたのです。そして、このようなとらえ方は、すべてがたがいに連関し合っているなら、それらすべてが共通の目的をもっているはずだという目的論的[10]な世界観につながってきます。神からの自由というのは、この共通の目的が神から解放されたことだとマルクスはとらえたのです。諸個人が解き放たれたのではなくて、集合としての世界が解き放たれたのです。

ですから、神が世界を創造したとしても、近代に至って、その世界は神の拘束を離れて、自然のすべてが自己運動によって世界をつくりあげていくようになったというわけです。そのようなとらえ方からするなら、デカルトに発する諸個人の独立によって近代が出発したという考え方は成り立たない、ということになります。

少なくとも私は、そのように考えています。諸個人は独立していないし、したがって、独立した諸個人によって構成される市民社会というものも成り立っていない、と考えます。諸個人が独立して、その独立した諸個人によって市民社会が形成されている、というのは、デカルト以来の特定の枠組みから社会を見るから、そう見えるにすぎないのです。そうであるなら、市民社会を基盤にした資本制システムというものも実は成り立たないことになる。最大のポイントはここです。

市民社会批判

個人の独立と市民社会の形成という見方からするなら、問題は諸個人の共同体からの独立ということになります。そして、独立した諸個人は利己心に基づいて社会を形成することになります。

しかし、このような利己心に基づいた社会は本来的な人間の社会ではないのだ、ということです。マルクスの考えた社会というのは、ですから、諸個人の独立に基づくものではないのです。したがって、その社会は近代的な個人の人格とか個人の豊かさとかいうものを追求するものではないのです。このように見るマルクスにとって目標にすべき社会とは、近代社会の延長線上に近代社会が実現できなかったものを実現していくというような社会ではないということになります。

近代的な個人の人格とか個人の豊かさとかいうもの自体がデカルト的発想であって、マルクスがめざしていた豊かさとは、そもそも豊かさの意味が異なるのです。マルクスにおいては、個別化された個人がではなく、自然的人間、人間的自然が集合として豊かになることが目指されていたのです。そのためには、近代社会と資本制システムがつくりあげてきた生産力をいったん解体せざるをえないことだってありうるのです。マルクスは、生産力はそのままに生産諸関係を変えればいいと考えていたわけではないのです。

マルクスのものでないソ連

一九一七年にロシアにおいて革命を成功させたレーニンは、生産手段を国家や協同組合の所有に移したり、銀行を国有化したりといった生産関係の変革を急速に行っていきます。しかし、生産諸力をどうするかということについては言及しておりません。その後の社会主義建設は、どこにおいてもそうです。生産関係の変革はされますが、生産諸力はただ発展させればいいという態度です。生産力を資本主義以上に発展させる、ということしか言いません。むしろ、生産力を発展させるために生産関係を変えるのだ、という発想でした。ですから、ソヴィエト型社会主義というのは、資本制システムがつくりあげた豊かさを国家という装置を通じて実現していこうとするものになっていったわけで、その意味では一種の国家資本主義と言っていいようなものになっていったのです。

ソ連の社会と国家をどう位置づけるかについては、マルクス主義の内部でもいろいろの議論がありました。ブハーリン(11)の「過渡期の経済」論、トロツキー(12)の「堕落した労働者国家」論をはじめとして、「官僚制国家資本主義」「資本主義でも社会主義でもない新たな歴史的範疇《はんちゅう》」「赤色帝国主義」などなど、いろいろな規定がなされましたが、私は端的に国家資本主義であり、それも労働者国家の形態を採った国家独占資本主義の究極の形態であったと考えています。

独占資本が国家と癒着したのが国家独占資本主義ですが、共産党を中心とする支配階級が国有企業のオーナーとして、搾取と収奪を国家を通じて、労働者国家の名の下に行うのですから、国家独占資本主義を最も効率的に機能させたのと同じだと思います。こうした形での搾取と収奪を通じて蓄積された富は国立銀行に集積されるわけですが、それはたとえばビル・ゲイツ(13)のような資本家の富より比較にならないほど巨大な富です。これは国家独占資本主義の究極形態と言っていいのではないでしょうか。資本主義の亜種です。これはマルクスが構想した社会とは全然違うものです。

こうした社会主義諸国で行われていたことは第三世界の傀儡《かいらい》政権がやっていたのと同じことです。傀儡政権を構成する資本家や政治家は、国家機構を使って搾取と収奪を行ってきたわけですから。ただ、社会主義国と第三世界諸国とでは、分配の点では違いがあり、第三世界諸国に比べれば、社会主義国のほうが分配の平等さではまさっていました。ただし、この平等は低位の平等であって、平等な貧しさにすぎないものでした。だから、その点では、最低賃金に向かって平準化していく第三世界諸国と同じだったのです。

ですから、第一次世界大戦とロシア革命の後に世界に出現したのは、帝国主義として発達した先進資本主義諸国とその植民地として抑圧されているアジア、アフリカ等の諸地域、そうした帝国主義と民族抑圧に対抗する社会主義諸国、という構図では、実はなくて、実際は、ますます発達していく資本主義諸国と、その下に亜種として組み込まれていく諸国、という関係だったのです。

このようなものしか生まれなかったのは、社会主義というものが生産力の発展を基準にして考えられたからにほかならないのです。そこを、いま、根本的に問い直さなければなりません。

（1）近代主義（モダニズム）とは、建築様式の言葉であるが、経済発展と自由、平等を求めた西欧的啓蒙主義精神を指している。

（2）人格的依存関係とは、封建社会以前にある社会関係で、人間と人間がその人格によって結びついていることを意味する。

（3）物的依存関係とは、資本主義社会の社会関係で、人間と人間が貨幣といった「もの」を通じて結びついていることを意味している。

（4）「自由な個体性」の段階とは、資本主義が揚棄された世界で、人間と人間が人格でもなく、物でもなく自由な諸個人の共同体として結びついている世界。

（5）『ゴータ綱領批判』（一八七五）。一八七五年ゴータで採択された綱領への批判。生存中は発表されなかった。社会主義、共産主義に関する記述がある。

（6）「万人の万人に対する闘争」。ホッブズの言葉。原始状態は、殺戮をくり返す戦争状態であることをこう表現した。

（7）『国家論』（『政治論』）（一六七七）もスピノザの死後出版された。

（8）ライプニッツ（一六四六―一七一六）。ドイツの哲学者。主著に『モナドロジー』（一七二〇）がある。

（9）汎神論。あらゆるものに神があるという思想。

（10）目的論的。目的を先に前提にし、そこに必然的に至るということを説明する方法。

（11）ブハーリン（一八八八―一九三八）。ロシアの革命家。『過渡期の経済論』（一九二〇）によって、ゆるやかな社会主義への道を模索した。スターリンに粛清される。

(12)　トロツキー（一八七九―一九四〇）。ロシアの革命家。スターリン的一国社会主義に反対し、世界革命を主張。スターリンによって暗殺された。

(13)　ビル・ゲイツ（一九五五―）。マイクロソフト社の創業者。

五章　共産主義社会とは何か

──『経済学・哲学草稿』の類的本質

マルクスのどの作品から読むか

マルクスの思想をどの作品から語り始めるかというのはなかなか難しい問題です。一つ一つの概念が一貫しているわけでもなく、思想体系も必ずしも一貫しているわけではありません。初期から始めれば、発達史的に述べるようにも見えます。後期から始めれば、その思想の淵源《えんげん》をつかむようにも見えます。一つの作品の取り上げ方で、すでにその思想家をとらえる断面が見えてしまうとも言えます。

これからマルクスを再読していくわけですが、そうした問題があることを知りながら、あえて初期の作品から見ていきます。といっても、けっして発達史的に見ていくわけではありません。むしろ、それぞれの作品の中の重要な概念の意味を探るというところから見てみます。その意味で、マルクスの著作の細かいコメンタール（注釈）をつくるわけではありません。

マルクスの最初の作品

マルクスの最初の作品は何か。草稿として残されているもので言えば、マルクスの詩集[1]があります。しかしこれを取り上げてもあまり意味がない。次は、父親との書簡[2]ですが、これも無意味です。ギムナジウム［日本の中学・高校の課程にあたる］の卒業試験[3]の答案がありますが、これも当時のマルクスを知るには意味があるが、マルクスの作品とは言えません。

では何が最初の作品か。一般的には、博士論文ということになります。その題名は『デモクリトスとエピクロスの自然哲学の差異』[4]（一八四一）。イエナ大学に提出したものです。これにはノートもありますから、その二つが最初のものでしょう。

確かに学位論文はマルクスらしい筆致で書かれてあり、後のマルクスを知る上においても重要なものです。とはいえ、学位論文の対象は、アリストテレス以後のストア哲学、懐疑派、エピクロス派であり、体裁も学術論文のスタイルをとっていて、マルクス独自の研究というにはまだかなり無理があります。

それ以降[5]『ライン新聞』時代に書いたもの、たとえば、出版法の問題、森林盗伐問題、離婚法問題などは、時論としては興味深いものの、依然としてマルクス独自の思想が出ている作品とも言いがたい。とすれば、大方、どこから始めるかと言えば、マルクスがパリで編集した『独仏年誌』(一八四四)の二論文「ユダヤ人問題について」と「ヘーゲル法哲学批判序説[6]」である。この作品には「宗教はアヘンである」や「プロレタリアート」という言葉があり、マルクスが新しい領野を切り開きつつあることがわかります。

しかしこれも実は充分な展開をしているわけではありません。まとまった形としては、一八四四年に草稿のまま残された通称『経済学・哲学草稿[7]』と言われるものがあります。パリで古典派経済学のノート[8]を取りながら書かれたこの草稿は、出版されてはいないが、マルクスの作品としてまとまった最初のものと言えるでしょう。

この直後にエンゲルスと共著で『聖家族[9]』(一八四五)という初めての書物を出版しますが、この作品以上にマルクスの思想を知るには、『草稿』のほうが重要です。その理由は、『聖家族』がきわめて時論風であるからです。『聖家族』はジャーナリストとしてのマルクスならではの作品です。一八四七年に出版する『哲学の貧困[10]』と並んで、タイトル自体パロディーです。『聖家族』とは慈善的社会主義を主張するバウアー兄弟たちのことですが、当時パリで大流行であったウジェーヌ・シューの小説『パリの秘密[11]』を使いながら批判していきます。

端緒としてのマルクスの問題意識

マルクスはすでに学位論文で、かなり[12]大胆な論理を展開します。ギリシア哲学の中であまり取り扱われなかったアリストテレス以後から、アレクサンドリア哲学[13]までの哲学を問題にするわけです。時代は紀元前五世紀から(14)紀元一世紀に至る時期で、アリストテレス的客観的分析体系は崩壊し、ソクラテス以前への先祖返りをした時代とマルクスは位置づけます。

体系的、分類的哲学から、直感的哲学への後戻りは、人間の意識の意味を再び重要な問題とします。その代表がデモクリトス(15)とエピクロス(16)であるというわけです。エピクロスがデモクリトスのエピゴーネン《継承者》であるとすれば、二つの自然哲学の差異を問題にする必要はないが、ミクロに分析すればそこに大きな違いがある。その違いを自己意識の問題として展開するところにマルクスの大胆な論理があります。

問われるべき問題は原子の運動です。原子はまっすぐ進むという説に対し、エピクロスは必ず曲がると主張します。これをクリナメン《曲がる》(clinamen)と言います。原子がまっすぐ進むことは目に見える現象として至極もっともなことです。曲がるとすればなんらかの要因が働いていることになるわけです。なんらかの要因も働かないのに曲がるということは、虚偽と言うしかない。

ここで自己意識が登場します。目に見えるという事実が正しいとすれば、なるほど原子は曲がらない。しかし見える現象と、真実は同じものではない。目に見える現象は、あくまで経験的なものであり、その証明はそれ自体ではできない。エピクロスは、真実に到達するにはどうしたらいいかという問題をここで問いただしているわけです。

目に見える現象と、真実との乖離《かいり》、乖離がないとすれば、経験によってすべては理解できる。なるほど、デモクリトスは真理を体験として究めるために、世界中を旅した。しかし、エピクロスは真理を究めるのにほとんど動くことはなかった。経験から真理が導出されるとすれば、確かに、デモクリトスが言うように実際に見える現象が正しいことになる。しかしエピクロスはここで経験の陥る問題点を指摘するわけです。

目に見える現象が、真実の現象形態にすぎなかったとしたら、現象は本質とは言えない。本質はあくまでも現象に隠れているのだとすれば、現象の中から真実を捕まえようとする努力が要る。この努力は、主体的な人間の意識によってしかできない。与えられた現象からいったん離れて、真実を見極める作業を意識の自由によって行わねばならないわけです。

エピクロスがめざしたクリナメンとは、真理を見極めるための自己意識の自由を獲得することだったわけです。マルクスは、アリストテレスによって完成したかに見える客観的哲学体系の中に意識の自由によって大きな亀裂《きれつ》を入れたエピクロスを高く評価します。エピクロスはデモクリトスと違ってとことん思弁の世界に沈潜し、思弁の中で本質を探究しようとしたわけです。

マルクスはエピクロスを評価することで、大きな挑戦を決意します。それは、現象として現れる世界への批判を意識の中で再構成することです。後のマルクスを見てもこの挑戦方法は変わっていません。現象として現れる世界への批判は、現象の背後にある真実をとらえようという猛烈な自己意識によって貫かれています。スピノザの第一の認識、すなわち事物をその姿のまま表象する認識がデモクリトスとすれば、エピクロスは第二の認識、すなわち事物の合理性を認識する認識に近いかもしれません。そしてその認識は、第三の神に導かれる認識に到達するわけです。

『経済学・哲学草稿』の類的本質

マルクスの問題意識が最初に明確な形をとるのは、『経済学・哲学草稿』です。『経済学・哲学草稿』はもちろん不完全な草稿です。全体で四つの草稿からなっていますが、特に第二草稿が不完全です[17]。一八四四年四月ごろから七月ごろにかけて書かれたもので、一八四五年にレスケと出版契約を結んだ『政治学・国民経済学の批判』の一部とも言われています。もっともこの作品は書き上げられず契約不履行になっています。

『経済学・哲学草稿』でとりわけ有名なのが第一草稿最後にある「疎外された労働」の項です。国民経済学、すなわちスミス、リカードの経済学を賃労働、資本、地代と分析したあとの総括です。国民経済学が分析の基礎とした私的所有の結果から起こる労働の疎外を四つに分けて分析しています。

その四つとは、(一)労働生産物に対する疎外、(二)労働過程に対する疎外、(三)類的本質に対する疎外、(四)人間の人間に対する疎外です。ここでは特に(三)の類的本質に対する疎外を問題として取り上げます。

マルクスは第三の疎外について語るところで、次のように述べています。少し長いのですが引用します。

「自然は、つまりそれ自体が人間の肉体でない限りの自然は、人間の非有機的身体である。人間は自然によって生きている。すなわち、自然は、人間が死なないで不変の過程にとどまらねばならない、人間の身体である。人間の肉体的、精神的生活が、自然に結びついているということは、自然が自然自身と結びついていること以外の何も意味しない。なぜなら人間は、自然の一部だからである。

疎外された労働が、⑴自然を疎外し、⑵自らの自身を、自らの独自の活動的機能を、その生命の活動を疎外するという点において、疎外された労働は、人間を類として疎外する。疎外された労働は、類的生活を個人的生活のための手段にする。疎外された労働は、第一に類的生活と個人的生活を疎外し、第二に抽象的な状態の個人的生活を、同様に抽象的で、疎外された形態にある類的生活の目的とするのである。

なぜなら、第一に労働つまり生産的生活、生命活動それ自身は、人間にとって、欲求、肉体的存在を維持する欲求の充足のための手段としてのみ出現するからである。しかし生産的生活は類的活動である。それは生活をつくり出す生活である。類(species)としての全性格、その類的生活は、生活活動のあり方の中にあり、自由な意識的活動が人間の類的性格である。生活それ自身は、生活手段としてしか現れないのである」(MEW〔Marx/Engels Werke の略。東ドイツで刊行された『マルクス＝エンゲルス著作集』〕、Bd. 40、五一六頁)

自然との関係

第一パラグラフを見ると、自然と人間との関係が書かれています。自然は人間の身体の一部であると。ここにマルクスの自然観[18]のすべてが見事に表現されています。人間が自然の一部であるということは、心身二元論を否定していることでもあります。精神をもつ人間が、自然に対して対峙《たいじ》するという発想そのものが否定されています。

むしろ人間は自然の身体の一部であり、精神活動も、身体活動もともに自然の中に包括されていて、人間だけが自然から分離するという発想はありません。自然の中の生物は、活動を通じて自然の一部となっているとすれば、活動をぬきにした生存はありえない。人間の場合は労働という言葉になりますが、それも生命活動の一つにすぎない。

マルクスの自然観には、ドゥンス・スコトゥス[19]以来の一義的世界、すなわち自然界に存在するものはすべてなんらかの関係をもつという考えがあります。人間が自然の一部ならば、人間の身体はそのほかのどの生命体とも違いはない。違いがないからこそ、自然の中で生きていける。人間が食事をするということは、生命連鎖の一環であり、労働することもその意味では生命連鎖の一環である。

類的本質[20]、類的存在（Gattungswesen）という言葉は、人間が生命の連鎖の中にいることを表す言葉でもあります。すべての生命体と連関しているという意味で類をなしている。人間類として、人間は自然の中で役割を負う。その役割とは労働することです。他の生命体が労働しないのは、彼らが自然秩序の中で生命を許されているからです。つまり、むやみやたらと類を増やすことはない。食物連鎖の中で数量を維持するのは彼らではなく、自然です。

一方人間は、食物連鎖の頂点に立ったことで、類を増やすことができる。増やせば自然の秩序が崩れるので、人間は自然に対して労働することで再生産しなければならない。その意味で人間は自然から離れてはいます。しかし、離れているがゆえに労働を通じて、自然の一部とならざるをえない。

類からの疎外

類的存在としての人間は、労働を通じて自然の一部となる。しかもその労働は自然を破壊するものではなく、自然を維持するものである。人間は常に類として自然に対峙していて、個々人としてではありません。人間が自然を再生産する大きな力を得たのは、集団の力が大きいからです。集団による牧畜、農耕。これらは一人一人の力ではできない生産力を獲得します。

集団の力はまずは協業[21]として成立します。分業[22]まで発展はしていない。同じ仕事を集団で行う。こうしてすべての人間は自然に対して同等の関係に立つことができます。分業が発展するとこうはいきません。

類からの疎外は、集団の力を個人の力に変化させることを意味しています。分業による労働の変化、それにともなう人間集団の変化。確かに労働においては人間が分業していれば、集団的な力を発揮します。工場労働はまさにそうです。しかし、工場労働も自然と有機的につながっていますが、労働そのものは分割され、その結果労働の生産物は類的労働の成果ではありません。

賃金という形態をとることで、集団的労働は個々人の労働に対する対価へと変化します。問題は賃金の総額が、集団的労働の総額より低いということだけではなく、集団労働が分解することです。この分解こそ類的疎外というものです。

マルクスが類的疎外という概念を使うとき、そこに一つの前提があります。類的労働とは、労働を通じて共同体を作っているということ、したがってそこでは労働においても、収入においても個々人の労働、収入という概念はありません。資本主義社会は、賃金という収入形態をつくりあげることで、類的労働を崩壊させるわけです。

マルクスは類的生活が、個人生活の目的となると言っていますが、それは集団的労働たる類的生活が、個々人の賃金の目的になることを意味しています。賃金形態をとるようになることは、個々人の利己心の世界が実現することです。

類的本質としての共同体

類的本質とは共同体を意味していると言ってもいいでしょう。共同体の生活はマルクスにとって人間社会の原型として現れています。そこは、自由な意識的活動を行える世界です。自由な意識的活動とは、労働がたんに個々人の胃の腑《ふ》の欲望を満たすだけの活動ではなく、自然との調和、人間類との調和を満たす活動であるということです。自然との有機的つながりをもつのが労働であり、労働を通じて人間は自然の一部であるわけです。

マルクスは人間をホモファーバー(23)(homo faber)と考えています。人間が人間であるのは知的であるからではありません。だからホモサピエンス(24)(homo sapiens)ではありません。知性は労働を通じてしか生まれないわけです。労働を遊離した知性はありえない。その意味で心身一元論であると言ってもいいでしょう。身体の比重が高い、身体の延長線上で精神が考えられている。

身体を自然に結びつけているものが労働であるなら、労働の疎外は人間を非人間的にする。共同体はその意味で、人間的な世界そのものと言えます。なぜなら共同体は、共同生産と共同所有の世界です。そこには個々人の世界はない。共同労働は、たんに生活のための労働だけでなく、すべての労働を含んでいます。生活労働、教育労働も、生産的労働も区別はありません。さらに言えば政治的労働も含まれています。そもそも分業による分化というものを前提しない。その意味では、生産と消費にはたいした区別はない。

こうした類的共同体をマルクスはどこから導出したのか。歴史的にこうした共同体が存在していたということか、それとも理論的な概念装置(25)として置いているのか。いずれにしろ、マルクスにとってこの共同体の概念こそ共産主義の原型であり、形を変えることはあるものの、常に原型として出現してきます。

疎外と労働者の解放

疎外の根本的問題は、私的所有にあります。四つの疎外をつくりだしたものは私的所有であり、私的所有には常にこの共同体という原型が批判の材料を提供していきます。私的所有批判の根本は、生産と消費の分離への批判、すなわち生産と消費の分離批判です。生産の社会性と所有の私的性格[26]との矛盾という論点はすでにここでも明確です。この矛盾は二つが量的に矛盾するという意味ではありません。むしろ、分離できないものが分離するという質的側面に強調点があります。

私的所有は、生産の社会性に対する挑戦です。私的所有を通じて、生産は私的世界に限定されてきます。類の生命は個人の生命の維持へと変貌《へんぼう》することで、生産は収入を得ることだけを意味するようになります。収入をともなわない活動は労働ではなくなり、生産ではなくなります。直接的生産のみが収入に結びつくとすれば、間接的な生産は生産的ではなく、労働ではなくなります。

疎外とは、全般的活動としての労働が、収入を得るための活動に限定されることを意味します。賃金をともなう労働はまさに疎外された労働です。労働が人間の自由な意識の表現であるとすれば、その活動が収入に限定されません。あらゆる活動が労働のはずです。

労働者の解放がなぜ重要なのかはまさにその点にあります。労働者が最も収奪された存在だからではありません。労働者が生産のもつ多様な性格を理解しているからです。言い換えれば、その労働がそうした性格を最も奪われているということでもあります。失われた多様な労働の性格を奪還すること、これは奪われている労働者にしかできません。

第二草稿でマルクスは、国民経済学が就業していない労働者を認めない点を批判しているところがあります。国民経済学にとって、労働とは生産約な場面でのみ意味をもつわけです。


「国民経済学は、この労働関係の外にいる限り、就業していない労働者、労働人間を認めない。悪党、詐欺師、物乞い、失業している、飢えている、貧しい、犯罪を犯す労働人間は、国民経済学にとっては存在しない人物であり、他の目、医者、裁判官、墓掘り人、ルンペン狩りなどの目にとってしか存在しない人物である」（ＭＥＷ、Bd. 40、五二三―五二四頁）

マルクスは一貫してルンペン・プロレタリアート(27)を嫌っていますが、それはまさに彼らが国民経済学の範疇《はんちゅう》から排除されているからです。排除されているということは、彼らの労働が資本主義社会の内部に組み込まれていないということで、その意味でルンペン・プロレタリアートは資本主義への批判の勢力になりえないと判断したからです。

さて解放された社会が共同体になるとすれば、それはたんなる先祖返りではないのか。労働が多様な活動の場だとすれば、労働にともなう受苦的な側面はどうなるのか。マルクスに潜むアポリア《解けない問題》、すなわち、労働からの解放と労働の解放、この二つをどう考えるのか。社会の発展は分業を引き戻すことはないし、共同体を再び呼び戻すことがないとしたら、類的存在について語ることは無駄ではないのか。

『経済学・哲学草稿』の疎外論が牧歌的だと言われるのはまさにそんな点にあります。しかし、ここで措定されている原型としての共同体は、あくまでも目標ではなく、批判のための装置です。共同体へ帰れとマルクスは言っているわけではないのです。むしろ素朴で粗野な共産主義を批判しています。資本主義社会が永遠ではないということの証明のための装置であり、その装置が新しい社会の目標ではありません。

「粗野な共産主義」批判

「粗野な共産主義」という言葉は、第三草稿にあります。マルクスは、共産主義について次のように書いています。

「共産主義は、最終的には揚棄された私的所有の積極的表現、第一に一般的私的所有である。共産主義は、一般性の中でこの関係をとらえる点において、共産主義は、

(1)第一の形態において私的所有の一般化、完成にすぎない。共産主義は、このようなものとして二重に示される。第一に物的所有の支配があまりにも大きく、共産主義にとって対立しているので、私的所有としてすべてのものに所有されえたものを、す

べて否定しようとする。共産主義は、才能などを暴力的な形で捨象しようとする。共産主義にとって、肉体的な、直接的所有が生活や存在の唯一の目的として意味を持つ。労働者という規定は、なくなるのではなく、すべての人間に拡張される。私的所有の関係は、物的世界に対する共同体の関係として残る。最終的にこうした私的所有を一般的私的所有に対置させようという運動は、動物的形態で表現される。すなわち、結婚（当然ながら排他的私的所有の形態である）が、女性が共同的な、一般的な所有物となる女性共有が対置される。この女性共有という考えは、まだまったく粗野で、無思想な共産主義の表明された秘密であると言えよう。女性が結婚から一般的売春へと進むように、富の全世界、すなわち人間の対象的本質の世界は、私的所有との排他的結婚の関係から、共同体との普遍的売春の関係へと進む」（ＭＥＷ、Bd.40、五三四頁）

マルクスは共産主義の中でも粗野な共産主義を徹底的に批判します。たぶんこの共産主義は、多くの人々が考えている共産主義社会のイメージそのものではないかと思います。私的所有を全面的に否定し、それを積極的に国有とした場合、それは国家による私的所有となってしまいます。マルクスが言っている粗野な共産主義とはこのタイプのことです。

私的所有という概念は、個人が財を私的に所有するという意味ではありません。もし個人が所有するか、社会が所有するかで問題を立てるなら、個人がもっているものは私的所有であり、県や国がもっているものは公的所有であるということになります。

所有が私的であるか、公的であるかは、所有する主体の問題です。所有する主体が、たとえ全国民であろうとも、それが私的な要素をもっていれば、それは私的所有ということになります。逆に私的要素がなければ、私的な所有でも公的になります。

マルクスがあげた例を見てみましょう。粗野な共産主義者たちによる私的所有の揚棄は、私的所有の普遍化であると言っています。つまり、共産主義者の集団が私的利害の集団であるとすれば、彼らによる所有とは、彼らの私的所有となるわけです。共産主義者の所有欲がそこでは全面に出ています。女性の共有とは、共産主義者が男性であればまさにそうで、男性全員による女性の解放は、男性のための解放であり、そこでは女性のための解放という意識は欠けております。女性は常に主体ではなく客体、他者であります。主体と客体に分かれる以上、主体以外から見れば、そうした所有は私的所有そのものになります。

私的所有で育まれた「ねたみ」「所有欲」がこうした共産主義では再生産されるとマルクスは言っていますが、まさに私的所有によって生み出されたもの、すなわち利己心や所有欲といったものを残したままの共産主義的所有では、所有欲が再生産されるばかりです。

「粗野な共産主義」批判の意味

マルクスがこうした批判を行うには理由があります。マルクスは人間社会の原型として共同体を置きましたが、それはあくまでも概念装置であり、そこに戻ることを意図しているわけではありませんでした。私有財産にすら到達しない社会にあって、共産主義がありえるかという問題がそこで出てくるわけです。マルクスの共産主義は先祖返りではありません。むしろ資本主義社会が共産主義に移行するわけですから、私的所有をいったん通過しなければならない。

「粗野な共産主義」は、共同体のボスの論理とよく似ているわけです。共同体の維持と言いながら、実はボスを含めた集団の利益を確保しているだけという状態を考えてみましょう。共有財産は彼らの私物と化していて、けっして本来の意味での共有財産ではありません。マルクスの批判の意図はそこにあります。

実際当時の共産主義者、とりわけ共有財産を主張している人々のことを考えれば、マルクスの批判がそこに向けられていることはわかります。具体的にはカベー(28)であり、デザミ(29)であります。彼らの共産主義理論は財産の共同体という点にのみ関心があり、共産主義社会における人間変革の問題についてはまったく触れられておりません。マルクスがこうした共産主義者に対して一貫して嫌悪を示すのは、まさに彼らが所有者を変えることだけを目標としているからです。

こう考えると、盛んに国有化をめざしたソ連を含む共産主義国が頭に浮かぶでしょう。かつてソ連を範として国有化論が共産主義の基礎だと考えられていました。マルクスは社会化という言葉を使うのですが、国有化とそれが誤解されたわけです。生産手段の社会化というのは、生産手段を社会的所有にするということですが、社会化というのは国有化ではなく、所有がその地域に属すということです。ですから、営利企業は別としても社会化することが可能である。

その典型的な例が大学です。私立大学は営利企業ではありません。私立大学の発展は資本主義の発展と照応しているわけでもありません。私立大学は教育という公的な目標を立てます。その意味で公的なのですが、出資金が県や国でないというだけで私立大学と言われます。冗談半分、真剣さ半分ですが、かつて社会化という言葉が国有化に取り違えられたのは、帝大出身のマルクス研究者のせいだと言った人(30)がいました。国立大学こそ社会的存在で、私立大学は私的目的のために研究しているんだと言う人はいないでしょうが（多くの場合逆ですが）、すべてが国立大学になることが共産主義社会だと本気で考えていたかもしれません。

真の共産主義とは

粗野な共産主義ではない真の共産主義とは何か。マルクスは、男性と女性との関係がそれを知るリトマス試験紙だと言っています。

「人間と人間との直接的で、自然な必然的関係は、男と女との関係である。こうした自然的な類的関係の中にあっては、人間の自然との関係は、直接人間の人間に対する関係であり、同様に人間に対する関係は、直接人間の自然との関係、つまり人間自らの自然的な規定である。したがって、この関係の中で、人間の本質が人間にとってどれほど自然になっているか、自然が人間の人間的本質にどれほどなっているかが、感性的に、直感的な事実に還元されて、現れる。それゆえこうした関係の中で、人間の発展段階を判断することができる。この関係の性格から、人間が類的存在として、人間として自分のものになったか、そしてそれを理解したかがわかる。男と女との関係は、人間と人間との自然な関係である。だからその中において人間の自然の関係がどれほど人間的になったのか、人間の本質がどれほど人間にとって自然的な本質になったのか、人間の人間的自然がどれほど人間にとって自然なものになったのか示される。この関係においてまた、人間の欲求がどれほど人間の欲求になったのか、また他の人間がどれほど人間にとって人間として欲求の対象になったのか、人間がその個人的な存在において、どれほど同時に共通の存在であるかが示される」（MEW、Bd.40、五三五頁）

共産主義社会とは、他人を人間として欲求する社会であり、その意味で女性を人間として取り扱うかどうかがその指標になるわけです。男性という主体的集団と女性という客体的集団とが対峙している段階では、共産主義が実現できるはずがありません。女性は男性にとっての道具にすぎないわけですから。ここで女性と言われているものは、他者一般のことです。ですから、そこには女性だけではなく、外国人、少数民族、ルンペン・プロレタリアートなどすべての人々が含まれています。こうした人々を手段ではなく、目的とする社会、それを共産主義と呼んでいるわけです。

ここで共産主義と言われているものは、人間が共同本質であること、つまり人間がすべて平等に扱われていることを意味しています。人間相互の対立や軽蔑《けいべつ》が存在する中に共産主義はありえないわけです。粗野な共産主義は、ただ一部の人間の平等のみによってできている社会であり、それは共同本質になっていない社会というわけです。

積極的共産主義

こうしてマルクスは、私有財産の普遍化としての共産主義ではない、積極的止揚としての共産主義を展開していきます。あまりにも抽象的で、きれいごとに映るかもしれませんが、その文章を以下引用します。

> 「人間の自己疎外としての私的所有の積極的揚棄としての共産主義、したがって人間的本質の人間による、人間のための現実の獲得としての共産主義、したがって社会的、すなわち人間的人間として、従来の発展の全成果の内部で、完全で、意識的な、人間の人間に対する復活となった共産主義。こうした共産主義は、完成した自然主義として＝人間主義であり、完成した人間主義として自然主義であり、人間と自然との、人間の人間との間の抗争の真の解決であり、存在と本質との間の、対象化と自己確認との間の、自由と必然性との間の、個人と類との間の闘争の真の解決である」（MEW、

Bd.40、五三六頁）

きわめて抽象的な言葉ですが、これ以後のマルクスの思想を決定する内容を含んでいます。共産主義の目的を、人間的本質の獲得に置いたことがそれです。人間的本質とは類的であることであり、類的であることは、人間相互が類的であることにとどまらず、自然に対しても類的であることを意味しています。その意味で、ここで言う人間主義は、人間のみの豊かさを追求することではなく、人間と自然、すなわち世界の安定をつかみとることです。

人間と自然との対立は、人間相互の対立を生み出し、それは結局個々人と類との抗争という点で頂点に達します。そうした抗争を消滅させるには、人間相互の対立の揚棄だけでなく、自然との対立の揚棄が必要であり、共産主義とは自然主義であるという結論が導き出されます。

このきわめてユートピア的共産主義像には具体的なものは一つもありません。具体的に実現するにはきわめて抽象的であり、理想主義的です。「粗野な共産主義」で語っているように、古い共同体を実現することでないことは確かですが、私的所有を実現させた後で実現される新たな共同体とは何であるのか今ひとつピンときません。

このすぐ後でマルクスは、人間の歴史の運動は、共産主義を生み出す行為であると語っています。運動として共産主義をとらえようという考えは、『ドイツ・イデオロギー』で出現します。共産主義は過去への憧憬《しょうけい》ではなく、新しい社会の実現であり、その解決の糸口は私有財産にあります。

その意味で、マルクスは過去の共同体に帰ろうというのではなく、私有財産の社会から実現される新しい社会の可能性を探ろうとしています。しかし、その場合、何度も言いましたように、原型としての共同体は、新しい社会モデルを実現するための概念装置として常に存在しているわけです。

マルクスの思想をヒューマニズムに位置づける見解がありますが、確かにマルクスが人間主義的であることは否定できません。しかし、マルクスのヒューマニズムは自然主義的であることによって、その人間を超えたところに問題を設定しています。その意味で、マルクスのヒューマニズム《人間主義》は、ヒューマニズムを超えていると言ってもいい。アルチュセールがマルクスを反ヒューマニズムの系譜に置こうとしたことは間違ってはいないわけです。

受苦的享受と能動的享受

マルクスは、自然との関係における人間の姿の二面を能動的享受と受動的享受として分けてます。スピノザは妥当な観念から能動的なものが生まれる、非妥当な観念から受動的なものが生まれると言っています（『エチカ』第三部定理三　岩波文庫訳、上巻一七五頁）が、この表現はそれに類似しています。

能動的であることは常に喜びを伴っていますが、受動的（外在的）なものは常に悲しみをともなっています。喜びをもつということは、自然に働きかけることで自然と合一し、自然の一部であることを考えるということです。しかし、自然に対する働きかけは、他面で苦痛をともないます。生きるための苦しみです。この苦しみこそ労働の苦痛（toil）です。労働は喜びであり、かつ苦痛であるということは、労働の中にある不自然な要素から来ています。それは自然が人間の外部であり、非有機的に見える部分です。自然の主体性の中で翻弄《ほんろう》されていく人間の姿こそその受動的苦痛と言えるものです。マルクスはこう書いています。

「世界と人間との関係のいずれも、見る、聞く、嗅ぐ、味わう、感じる、考える、直感する、感じとる、欲する、活動する、愛する、といった人間個人のすべての器官は、その形態上、直接共同体的器官となっている器官として、その対象的関係において、あるいはその対象との関係において、対象を自らのものにすることである。人間的現実を自らのものにすること、その対象との関係は、人間的現実を確認することである。つまり人間的活動と人間的苦痛である。なぜなら、人間的に考える苦痛は、一つの人間の自己享受であるからである」（ＭＥＷ、Bd.40、五三九―五四〇頁）

能動的な活動と受動的な活動とは、マルクスの主要なアポリアの一つです。人間の解放は、労働それ自体が目的になることであるという命題と、労働それ自体が解放されることであるという命題との対立です。マルクスはこの二つの命題をともに認めていますが、ということは、労働すなわち自然との交わりは、喜びと苦痛をともなうということです。人間が自然の中に没入するからといって、人間存在が自然と合一化するわけではない。だからこそ、労働には常にこの二重性がつきまとうことになります。その意味では自然との疎外はなくならない。それを乗り越えることが可能だとすれば、人間が受動的あり方の運命を享受するときです。スピノザはそれを至福のときと言い、人間社会の理想のときと考えます。マルクスは、むしろ欠乏状態への忍耐という形で展開します。

欠乏としての人間の連繫

人間の諸器官の発達が、人間社会のあり方によって決まるとすれば、受動的な苦痛も社会のあり方によって決まる。受動的な苦痛と言われるものも、社会のあり方によって決まる。とすれば、人間社会の享受に対する変革がともなわねば、苦痛は増大するばかりです。人間の享受が豊かさをめぐって展開するのであれば、人間と自然との関係は、常に不満足の形で現れるしかありません。いくら労働しても、欲求が充足されなかったとすれば、不満足な心の中で常に苦痛を味わわねばなりません。飽食の欲求を変えないとこの関係は永遠に持続します。

マルクスは豊かな人間とは豊かな欲求をもつ人間であると言います。豊かな人間とは分を知る人間です。だから欠乏こそ豊かさだと理解できる人間である。

「人間の豊かさだけでなく、人間の欠乏も同様に——社会主義の前提の下では——人間的、したがって社会的意味を持っている。欠乏は、人間にとって最大の富である他の人間を、欲求として感じさせる、受動的な絆である」（ＭＥＷ、Bd.40、五四四頁）

人間にとっての欠乏は人間であり、物的なものではない。その意味で豊かさとはむしろ欠乏です。欠乏することによって他人との間にもちつもたれつの関係ができます。物的な充足は人間の欠乏を意識しない。物的な欠乏がかえって他の人間の力を必要とするわけで、物的欠乏と人間的充足、それが社会主義（共産主義と同じ意味）となります。

積極的な肯定としての否定の否定

こうして共産主義は、常に他人、自然を必要とする欲求（欠乏）の世界となるわけです。そこでは、全体が欠乏という連関の中で結合されているため、敵対し合うことがない。相互連関と連鎖、それが共産主義である。

とすればその共産主義とは、現状の否定ではない。現状の中にある古層たる原型の再確認と、それによる世界の積極的肯定である。私的所有の世界で達成されない物的欲求を実現するために私的所有を否定することではない。むしろ、新しい価値の創造であり、その世界は、古層を否定し、さらに私的所有を否定したあとに来る、積極的古層の肯定です。

とはいえ、マルクスの共産主義はきわめて遠い未来を見すえています。現在の立場から考えれば、この共産主義は気の狂ったユートピアにすぎないかもしれません。しかし、この過程は、たんに一〇年や二〇年といった世界を見すえているのではなく、きわめて長い未来を見すえているのです。

マルクスはその実現をこう語ります。

「現実の私的所有を揚棄するには、現実の共産主義的行為が必要である。歴史はそれをもたらすであろうし、我々が思考の中で自らを揚棄していると認知しているあの運動は、現実ではでこぼこした、長い過程をたどることになろう。しかし、我々は、もとより歴史的運動の限界と目的を、そしてそれらを乗り越える意識を獲得したのだということを、現実の進歩として考察しなければならない」（MEW、Bd.40、五五三頁）

未来に対するマルクスの予言はきわめて遠い射程をもっていますが、そのことこそマルクスをその当時の共産主義者と分ける重要なポイントです。共産主義社会を早急に求めすぎる人々に対しイデアルティプス（理念）としての共産主義を構想し、そこに至る過程をきわめて長い時間の上で措定したことがマルクスをマルクスたらしめているとも言えるわけです。

マルクスは、経験的世界の観察をあえて捨て、意識による理念の創造を行っているわけですが、皮肉ですがマルクスの唯物論の方法というのは、この点に特徴があるわけです。経験的に観察されえることを、あえて捨象し、現象の背後にある理念を抽象していくことこそ、マルクスの史的唯物論の醍醐《だいご》味《み》と言えるかもしれません。

(1) マルクス詩集。マルクスの姉ゾフィーの手帳に書かれたもの。『マルクス詩集』（井上正蔵訳、弥生書房、一九九三）。神奈川大学図書館にはそのノートのオリジナルが二冊所蔵されている。
(2) マルクスと父との書簡は新メガ（*Marx Engels Gesamtausgabe*, 一九七五）Ⅳ／3所収。
(3) 卒業論文に関しては拙著『トリーアの社会史』（未来社、一九八六）四章参照。
(4) 『マルクス・エンゲルス全集』（大月書店、第四〇巻）所収。
(5) 『マルクス・エンゲルス全集』（大月書店、第一巻）所収。
(6) 『マルクス・エンゲルス全集』（大月書店、第一巻）所収。
(7) 『経・哲草稿』『パリ草稿』とも言われるもの。『マルクス・エンゲルス全集』第四〇巻所収。
(8) アダム・スミスやリカードのノートでパリノートとも言われる。新メガⅣ／2所収。
(9) 『聖家族』は、友人だったバウアー兄弟（ブルノー（一八〇九―一八八二）、エトカー（一八二〇―一八八六））を批判している。『マルクス・エンゲルス全集』第二巻所収。
(10) 『マルクス・エンゲルス全集』第四巻。
(11) シュー（一八〇四―一八五七）の『パリの秘密』（一八四二―一八四三）は、当時大人気を博していた。
(12) アリストテレス。ギリシア時代の哲学者。哲学を最初に体系化した人物で、西洋哲学の祖とも言われている。『アリストテレス全集』岩波書店、全一七巻。

(13) アレクサンドリア哲学。アリストテレスの教えたアレクサンドロス大王から始まるヘレニズム期を指す。エピクロス（前三四五頃―前二七一）、ゼノン（前三三六―前二六四）、セネカ（前五―六五）などがいる。
(14) ソクラテス（前四七〇―前三九九）以前とは、タレス（前六二四／四〇頃―前五四六）やピタゴラス（前六世紀）などの自然哲学の時代。
(15) デモクリトス（前四六〇頃―前三七〇）は万物の根源に原子を置いた。
(16) エピクロスはデモクリトスの原子論を取り上げ、根本的な部分で異議を唱えた。
(17) レスケ（一八二一―一八八六）。ダルムシュタットの出版者。
(18) 心身二元論。身体と精神を二つに分ける議論。
(19) ドゥンス・スコトゥス（一二六五／六六―一三〇八）。存在の一義性として、神の意志を受けたものはすべて共通性をもつ、という考えを主張した。
(20) 類的本質または共同本質という言葉。共同体という意味とほぼ同義。
(21) 協業とは各人同じ作業工程を行い協力すること。バケツリレーのような場合。
(22) 分業とは相異なる作業工程を各人が担当すること。
(23) ものを作る巧みな人間という意味。
(24) ものを知る分別のつく人間という意味。
(25) 概念装置。あることを考える機械のような理論的な道具立てを言う。
(26) 生産の社会性とは、自らが消費するためにではなく社会の人々が消費するためにつくること。所有の私的性格とは、個人的な利用を目的とした所有。ここでは社会的なものが、私的なものによって切断されることを意味している。
(27) ルンペン・プロレタリアートとは物乞い、売春婦、失業者などの正業についていない人々のことを言う。
(28) エティエンヌ・カベー（一七八八―一八五六）。フランスの共産主義者。アメリカに農業中心の財産共同体を建設しようとした。著書に『イカリアへの冒険』(一八四〇)等がある。

(29) テオドール・デザミ(一八〇五―一八五〇)。フランスの共産主義者。カベーの影響を受け、家族を廃止する共同体を考えた。著書に『共有制の法典』(一八四二―一八四三)等がある。

(30) 廣西元信は『資本論の誤訳』(こぶし書房、二〇〇二)の中で、帝国大学出身者の翻訳を批判している。

六章　唯物論とは何か

――フォイエルバッハテーゼの一一番

唯物論と「ただもの論」

その意味で、「フォイエルバッハの一一のテーゼ[1]」は読み直さねばなりません。このテーゼのこれまでの解釈によると、マルクスは観念論的な把握を批判し、もっと現実に内在した世界を構築することこそこれからの哲学者の仕事だと言ったことになっていますが、まったくそうではない。むしろ逆なのですから。

「フォイエルバッハのテーゼ」は、一八四五年のマルクスの手帳にメモ書きとして書かれているものです。草稿というより、手帳のメモといったほうがいいでしょう。マルクスは、ノートと手帳[2]を分けています。

この手帳には一一項目にわたってテーゼが書かれてあります。ここに書かれていることは、基本的にはフォイエルバッハ批判です。フォイエルバッハと言えば、唯物論哲学です。

含んでいます。

唯物論者のマルクスがフォイエルバッハを批判するというのは奇妙ですが、重要な内容を含んでいます。

唯物論という言葉を戦後、「ただもの論」と読んだことがありますが、「ただもの論」とは、客観的なものそれ自体という意味がありました。人間の意識を超えたところにある「ただのもの」による歴史の規定という批判の意味がそこには込められています。

フォイエルバッハへの批判としてマルクスのテーゼにどれだけ意味があるかは別としてマルクスが批判するフォイエルバッハは、「ただもの論」的な唯物論者として登場しています。フォイエルバッハの唯物論は人間の主体との接点である行為が欠落しているとマルクスは批判します。つまり自然がそのまま人間の活動をぬきにしてぽんと直感的に与えられていると批判するわけです。

ぽんと与えられているとは、客観的な真実として自然が与えられていることを意味しています。自然と人間とが二元的に分離した存在ならば、自然は人間の営みと関係なく客体としてあるわけです。しかし、自然としてとらえられているものは、あくまで人間がとらえている自然にすぎません。

自然は人間の目にただ反映しているわけではなく、人間自身によって主体的に認識されているわけです。人間と自然との関係があるがゆえに自然は人間にとって対象となっています。関係がなければ、たぶん自然は人間にとってなにものでもない、ただのものでしょう。その意味で自然はただのものではなく、自然によって人間の意識が形成され、人間の意識によって自然が把握されるわけです。

活動たる働きかけとは人間と自然をつなぐ認識行為です。マルクスは労働という形でそれを説明しますが、この労働は広い意味では活動です。人間の活動によってとらえられた自然は、直感的なあるがままの客観的自然ではありません。人間の生命を維持するために活動するわけですから、そのかぎりにおいて自然は人間によって認識されます。人間の五感とは、自然によってはぐくまれた、しかし自然への働きによって発展した器官のことです。たぶん、地球とは違う世界では違う五感を発展させるでしょうから、自然は今のようにとらえられることはないでしょう。この自然があってこの五感があるわけで、この五感の発展には活動が大きな契機となっているわけです。

だから本来の自然とか、本来の人間の本質などというのが客観的に存在するのではない。むしろ本来の自然とは人間の活動によってとらえられる自然であり、本来の人間とは人間の活動から出てくる本質にすぎないわけです。ということは本来の自然も本来の人間も人間のあり方が作り出すものにすぎません。だから本来の自然を求めること、本来の人間を求めることは、まったくナンセンスということになります。

社会関係によって決まる本質

フォイエルバッハは本来の自然、本来の人間を曇らせている宗教を批判の対象とします。宗教は人間本来の世界を転倒させていると。しかし、それはおかしい。宗教が本来の人間と自然を曇らせていれば、その曇りを取り去ればいい。たとえば、自然の息吹の中で生きれば、それが取り戻せるはずです。しかし、そんなことをしても無駄だ。なぜなら、人間社会の関係が宗教を必要としているのであり、そのかぎりにおいて宗教を廃止しても何度でも宗教は復活する。

批判すべきは、宗教ではなく人間社会のあり方である。詭弁《きべん》にも見えますが、人間社会のあり方とは現象であり、その現象の中に本質が見えているとすれば、本質を変えるには現象を変えるしかない。宗教は現実の鏡にすぎない。鏡をいくら批判しても、問題は鏡にあるのではなく、鏡に映る社会そのものにある。

こうしてマルクスは、宗教への批判を社会関係のあり方への批判、社会への実践的活動を通じての変革と位置づけます。もちろん人間の主体的な実践によって社会を変革するといった単純なものではありません。人間の主体が常にそこにあり、それによって社会を変革するというのでは、やはり「ただもの論」と同じ穴の狢《むじな》になります。変革の主体は、実践によって自らも変革されるからです。ある主体的意志をもって社会を変革するのではなく、変革しながら主体的意志自体も変革されていくというのが実践です。

こうして社会の変革という問題が起こってきます。世界の変革は、世界を変えることだけでなく、変えようとする主体も変革されること。あるカテゴリーにそって社会を変革していくのではなく、カテゴリー自体を変革していくこと、これがマルクスの唯物論というわけです。

フォイエルバッハ一一番目のテーゼ

こうしてあの有名なテーゼが登場します。それを引用します。

「哲学者たちは世界をただざまざまに解釈しただけであり、世界を変革することが問題である」（MEW、Bd.3、五三五頁）

ロンドンのハイゲート墓地にあるマルクスの墓石(3)にはこの文字が大きく刻まれています。マルクスの言葉の中でたぶん最も有名なものかもしれません。しかし意味深な言葉です。単純に解釈するとこうなります。哲学者たちは頭でっかちで世界の解釈に人生をささげてきた。しかし重要なことは世界を解釈するだけでなく、変革することである。つまり、頭で考えるより行動せよ。実践こそ革命であると。かつて学生運動や、実践運動のとき、このマルクスの言葉を実践の意味づけに使ったものです。

しかしよく考えてみるとこうした解釈はおかしい。解釈することと実践が対になっているのならば、解釈より、実践だとなるし、解釈が観念的だと言うのであれば、実践は唯物論的だとなる。

マルクスの唯物論は観念論と対になっているわけではない。あれやこれや考えてきたことを、実践に移すというのであれば、それは人間主体がある目標を設定して、それを基準に世界を変革していくことになる。しかし、すでに説明したように、マルクスの議論はそうなっていない。変革しようとすると、変革するほうの理論もずれていくわけです。実践は頭の中身も変えていきます。

哲学者たちが解釈してきたことと、実践とは分離しているわけではないのです。哲学者たちが解釈してきた思弁的なことを、ただたんに実践に移すというのでは、実践は哲学者の思弁の家僕になっているにすぎません。つまり、重要なことと言いながら、結局解釈の下請けを行っているだけにしかならないわけです。

マルクスが優れているのは、哲学者たちの遺産を、共産主義理論に応用したことではありません。もしそうなら、マルクスでなくても、実践のヘーゲル、フォイエルバッハで充分なはずです。マルクスは実践家というだけで何のとりえもありません。

問題は根本から違っています。マルクスはヘーゲル、フォイエルバッハのつくり上げた哲学的方法論を、ただ転倒して実践へ向かったのではない。これはルイ・アルチュセールがくり返し言っていることですが、これではマルクスはヘーゲルの僕《しもべ》にすぎない。

むしろこうです。哲学者たちは世界をさまざまに解釈しただけであるということを考えて見ましょう。哲学者たちがただ考えただけなら、それは直感的に世界をああでもない、こうでもないと「ただもの」的に解釈しただけのことです。それは、世界の解釈ではなく、夢を見たのと同じです。哲学者たちが解釈したと本当に言えるとしたら、哲学者たちが現実と接点をもったとき、すなわち実践的活動をもったときです。

哲学者たちの解釈をイマーゴ《想像》の世界から、現実の世界に移行させるには哲学者自ら実践的活動を行わねばならない。それは社会を変革する行為をぬきにしてはありえない。世界を解釈するという行為は、世界を変革するという実践的行為をぬきにしてはありえない。自然を認識する行為は、自然を変革する行為をぬきにして成り立たないのと同じことです。世界を解釈するとは、夢想することではなく、世界を解釈しようと世界に働きかける行為です。その行為は、客観的に世界を認識しようとすることではありえません。そんなことはむしろできない。世界を解釈することは世界を変革すること、対象を我が物にすること以上のものではない。ここに問題の焦点があります。

だからこそ、哲学者が解釈するということは、実践的行為がともなわねばならないことです。この文章は二つに分かれているのではありません。哲学者の解釈と変革は一つの行為として続いているわけです。つまりこうです。「哲学者は世界を解釈するだけで、解釈しえたと思ってきたが、それは間違いである。哲学者が解釈したと言えるとすれば、それは哲学者が世界を変革するという実践的行為を行ったときである。だから哲学者は実践的変革をすることによって世界をよりよく解釈できるはずである」と。

哲学者の解釈は実は不十分だったわけです。さまざまに解釈したというのは直感しただけであった。だから哲学者たちはいまこそ、解釈を行うべきときだ。実践によって世界のあり方を自ら変えてみる、そうすると世界は違って見える。

マルクスは哲学者たちの解釈を否定的に見ているのではありません。またいくら解釈しても解釈だけでは何も見えないと言っているのでもありません。解釈が充分でないと言っているわけです。マルクスはその意味で、哲学者をやめて実践的運動家になったわけではありません。実践的運動家でなければ哲学者になれないし、哲学者でなければ実践的運動家にもなれないと言っているのです。

マルクスはここではじめて哲学者となったのです。実践運動への誘いではなく、哲学者への誘いである点に注目してほしいのです。

世界の変革と共産主義

この意味でマルクスの唯物論とは、観念的唯物論を脱却する方法だとも言えます。観念論的唯物論とは、あるがままの事実を直感的に把握することです。静止した客体を人間の主体たる観念がとらえることです。しかし、マルクスは静止した客体も、人間主体の観念も否定します。この世界は人間のある状態によって把握されるわけで、人間のイメージによってとらえられるのではない。とらえようとする人間は、自然に影響をあたえることで、自然も人間の認識機能を変化させていく。そこにはどこにも、静止した観念や、静止したものは前提とされていません。あるのは動き、動かされていく人間と自然にすぎません。

だからマルクスが共産主義と言うとき、そこに静止した目標としての共産主義があるわけではありません。世界を変革しようという行動が、逆に変革しようという人間の意識を変革していきます。共産主義という変革を試みれば、共産主義はあらたな人間変革として、当初の共産主義理念を木っ端微塵《みじん》にしてしまいます。それは認識が少しずつずれながら、変化していく過程でもありません。だからこそ、それは永遠の目標になるわけです。

フォイエルバッハテーゼがもつ意味は、マルクスの認識論という点において画期的な意味をもちます。マルクスはこのテーゼによって、主体と客体、精神と身体、観念論と唯物論といった二元論を打破し、実践という関係の中で、微妙に変化していく人間と自然をとらえます。そこでは人間なるものも、自然なるものも、またかくあるべき社会というものも存在せず、ずれながら変化する生命の躍動がとらえられることになります。人間史をそうした運動としてとらえようとするのが、マルクスの認識論であったわけですが、これは画期的なものであったわけです。

(1)「フォイエルバッハの一一のテーゼ」は『ドイツ・イデオロギー』(廣松渉編、河出書房新社)に収録されている。一一のテーゼはフォイエルバッハに対する批判のメモ書きである。

(2) ここでノートと言っているのは、綴じられていない一枚ものの紙で、マルクスはそれで抜書きなどをつくっている。当時学校用のノートはなかった。手帳とは現在の手帳と同じく綴じられたものを指す。

(3) ハイゲート墓地はロンドンの北にある墓地で、マルクスはそこに眠っている。ソ連の援助によってつくられた巨大な墓石にこの言葉は刻まれている。拙著『未完のマルクス』(平凡社選書、二〇〇三)一七章参照。

七章　たえざる運動としての共産主義
――『ドイツ・イデオロギー』

『ドイツ・イデオロギー』の出版過程

五章の『経・哲草稿』と並んで、『ドイツ・イデオロギー』（長いので『ド・イデ』と略します）もマルクスの死後出版されたものです。『ド・イデ』という書物はたいへん分厚いものなのですが、ここで問題にするのは「フォイエルバッハ」論の部分だけです。その部分こそ編集問題の中心でした。最初の版はリャザノフ版ですが、その後リャザノフ失脚後、アドラツキー版が出ます。戦後『ドイツ・イデオロギー』といったらこのアドラツキー版を指していました。ただ「フォイエルバッハ」に関しては疑問が多く、一九六〇年代にバガトゥーリヤ版が出、一九七〇年代に日本では廣松版が出ます。

なぜかくもいろいろな版があるのかというと、マルクスが残した原稿にはページが付けられていなかったからです。編集者はマルクスの意図に合わせようとして順番を変えました。これが『ド・イデ』編集問題と言われるもので、日本でもずいぶん議論がありました。

マルクスのテクストといえば、戦前に出た『マルクス・エンゲルス全集』[6]が最も信用度の高いものでした。リャザノフ版はこの中の一冊ですが、スターリン時代に編集された『マルクス・エンゲルス著作集』（日本では大月書店から『マルクス・エンゲルス全集』として出版されています）が普及版として世界中に普及していき、アドラッキー版がここに採録されます。これが『ド・イデ』編集問題の始まりです。アドラッキー版は、編集がかなりいい加減で、内容が恣意《しい》的であった。これをめぐって戦後の研究が始まります。

廣松版は二〇〇二年に岩波文庫版として出版されましたが、日本では渋谷正《しぶやただし》版（新日本出版社）が一九九八年に出版されています。日本の研究水準はかなり高いものであり、たぶん現在進行中の『新マルクス・エンゲルス全集』の「ド・イデ」には日本の研究も反映されるでしょう。ここでは廣松渉編のドイツ語版、河出書房新社の『ド・イデ』を使うことにします。

分業の発生

これまでの生産の歴史をふり返ると、一人の人間の能力が極度に発展するような社会はなかなか生まれなかったわけです。人類史の圧倒的多くの時代は一つの生産過程を若干の分業があったとしても、多くは一人でやっていました。各自が同じ労働を行うことによって共同体をつくっていたわけです。ところがここで分業が始まる。生産過程が分割され、それぞれの生産過程を数人で分担する。

一つの生産過程を複数の人間に分けることによって生産力は上昇する。しかし、生産過程が寸断することによって、生産行為に対する喜びは減少したわけです。みんなで一つのことを行う共同労働の喜びは減少した。このことを『経・哲草稿』の中では、類的疎外という言葉で説明していました。

分業というのはそもそも類的疎外をつくりだす。共同体の中でイデオロギーがさほど発展しないのは、朝から晩まで働いていて、考える暇がなかった。一人でいるよりも仲間と一緒にいるほうが長かったわけですね。イデオロギーも発展しないが、個人の能力も上昇しない。こうした世界が分業による生産力の上昇とともに次第に崩壊していく。

分業が発展することによって個人が発展するようになる。共同労働をしていた世界では、個人という概念は存在しないわけです。分業が成立することによって、たとえば女は女になり、男は男になる。そして女も男も、個人となる。子供も子供として個人となる。それぞれがある仕事の能力をもつことによって個人となる。

個人となったとたんに大きな問題が起こるわけです。生産力の発展によって個人が生まれる。個人の出現こそ最大の問題です。『経・哲草稿』ではそれを「疎外された労働」と言っていますが、『ド・イデ』では、それを人間の歴史の過程の中でもう少し冷静になって分析しています。つまり分業によって人間の生産力が高まることは、確かに疎外なんだが、そのことによって巨大な生産力が生み出され、巨大な知的能力が発展する。そうした知的能力が発達することによって、さらに分業が拡大し、生産力は急激に上昇する。生産力はコンスタントに上昇しているのではなくて、近代になって圧縮されて上昇していく。過去一世紀、二世紀の人間の歴史の発展は、いままでの歴史よりも遥《はる》かに速い。こうした時間の圧縮を生み出したのは、分業の成果です。だから分業の積極的な側面を見れば、分業は私たちの知的能力を高める。

疎外論の意味

疎外という『経・哲草稿』の概念は分業論ではなりを潜めます。疎外で考えれば、共同体を維持しようとなってしまう。もちろん『経・哲草稿』はそう言っているわけではありません。もしそうだとすれば、疎外論はそこで終わる。だから、疎外論から分業論へ、あるいは疎外論から分業を通した物象化論へとマルクスは変化したんだという議論が出てくる。一九七〇年代に疎外論から物象化論へか、疎外論の継続かという問題はずいぶん議論されました。

分業はともに同じ仕事を行う共同という概念を破壊する。他方で一つの生産過程を分割して行う世界をつくる。これが工場労働です。個々人を分離し、商業社会、市民社会をつくりあげる。分業社会は市民社会をつくっていきます。市民社会は、人間を個々人に分離し、分離することによって生産力を巨大にしていく。こうして個人の能力が発展し、個人の中に知的能力、イデオロギーが発展していく。分業の発展によってイデオロギーの世界が次第に一人歩きしていく。知的労働の肉体的労働からの分離は、頭の中の逆立ちした世界を現実のものとする。皮肉なことですが学問の発展はこうした逆立ちの世界にあります。

　この流れを捨てることはできない。つまり世界は実はイデオロギーでしかつかめない。イデオロギーの世界は虚構なんだということを知るには、労働を通じて現実の世界とつながっておかねばならない。ところが分業的世界はもはや現実の世界の交わりをつくりあげることはできません。いずれの労働も部分にすぎず、自然の構造を知るには十分ではありません。全体的ではない。肉体的労働も、知的労働もすべて部分になってしまっている。

　分業によって発展した社会は、個々人を分解し、個々人の利己心、個々人の能力を発展させていく。そうすると個々人は独自の利害をもつ。共同体の中では自分自身の利害というのはなかった。分業が発展する以前は、個々人の蓄積というのはなかった。みんなで一つだった。ところがそれが分解して、個人の能力になる。こうして自分の能力への過信が起き、自分の利益と他人の利益との敵対が生まれる。他人の利益は自分にとって不利益、自分の利益は他人にとって不利益となれば、万人の万人に対する闘争が起きる。

　人間はもともと集団で生きる動物だったが、それを捨ててしまった。マルクスはルソー的な、原始状態[7]は自然状態であるという考えをとっています。こうした本来の人間の状態は状況が変わっても地下水脈としては生きつづけます。どんなに時代が変われども、脈々と流れる地下水脈として人類の中に潜んでいる。しかし集団としての地下水脈と、分業によって生まれた個々人の分離がどこかで微妙な対立を起こしはじめる。これが人類にとっての疎外の問題です。疎外というのは、解決可能な問題として出てくるのではなく、人類の古層的声が発する不安として登場します。この敵対をどうするかということこそ共産主義の課題となるわけです。

分業と国家の誕生

前にも述べましたが、ホッブズの議論というのがあります。ホッブズはマルクスやルソーとはまったく違った前提に立っています。人類は最初から利己心の動物として利害の対立をもっていた。これがホッブズの前提です。だから利害の対立が原始状態に起こる。その状態を安定させるために国家が登場する。国家は共同体であろうとなかろうと、利害調節のために必然的に出現する。国家権力もそれに付随して出てくる。

しかし、マルクスやルソーは原始状態を現在の状態とまったく違うものと置く。現在の状態は分業の発展によって生まれた新しい社会である。分業は人間の能力を肥大化させたことによって、逆立ちした人間をつくりだす。前提は違いますが、逆立ちした人間の利己心の対立を揚棄するために国家権力が生まれる。マルクスは『ド・イデ』の中でそのことを的確にとらえています。特に特殊的利害と共同的利害との矛盾から共同的利害は国家として形成されると言っています。

この意味ではマルクスはきわめてホッブズ的である。ホッブズ的とはこうです。個々人の分離によって生まれる特殊的利害を国家という一般利害によって調整するという考えです。この国家は基本的にはホッブズの延長線にあるのではとなります。

ところがここで少し読み方を変えましょう。『ド・イデ』の文章を引用します。

「まさにこうした特殊な利害と共同体的利害との矛盾から、共同体的利害は、現実の個別的利害、全体的利害から切り離された、独立した形態として、同時に幻想的共同性として、しかし現実の基礎をもったものとして出現する」（廣松渉編『ドイツ・イデオロギー』河出書房新社、一九七四年、三五頁）

つまり特殊的利害と共同的利害というものが対立するんだというわけです。この対立こそ万人の万人に対する闘争と考えることもできます。しかし逆に問題なのは、共同的利害というものが常に一方で見えないけれども伏線として存在していることです。

特殊的利害というものは個々人の分業によって生まれた利己心の世界です。しかし個々人の利害は共同的利害というものを念頭にして成立しているわけではない。個々人の利害は自分勝手に存在している。だから個々人の利害、個々人の万人の万人に対する闘争は共同的利害を最初から前提としていない。だから社会契約へとつながる発想の基本がある。そもそも共同的利害が最初から個々人の中に成立していないとすれば、国家を新たに社会契約として登場させねばならない。これにはかなり暴力的な経緯が必要です。

けれどもマルクスは共同的利害というのは本来ずっと地下水脈のように人間史に流れて

いて、それが利己心を抑制するように国家を形成させてゆくと考えている。だから問題は共同的利害こそ国家をつくると言えないことはないということです。共同的利害が実は国家をつくっている。国家が共同的利害をつくっているのではないということですね。今の部分ですけれども、共同的利害によって国家が形成されるということと、利己心をもった個人の合意によって国家が形成されるということはかなり違っています。説明としては共同的利害が先にあって、特殊的利害は逆にあとからくる。古層としてある共同的利害が特殊的利害の調和として国家となる。

こうして出来上がった国家が新たなる共同体（しかしこの共同体はいわゆる共同体ではない）をつくりあげるわけです。かつての共同体には共同的利害と特殊的利害の分離はなかった。しかし今度は個々人が特殊的利害をもつことで、個人と個人の対立を調整しなければならない。

幻想の倒錯

ここに有名な幻想的共同体（illusorische Gemeinschaftlichkeit）という言葉が出てくるんですね。これはエンゲルスが追補している部分です。とはいっても、マルクスも幻想的形態（illusorische Formen）という言葉を使っています。国家は「同時に幻想的共同性として」（廣松渉編『ドイツ・イデオロギー』河出書房新社、一九七四年、三五頁）現れる。幻想とは何かというと、本来人間がもっていた共同性が幻想になるということです。

共同性は本来のものではなく、幻想《ファンタスマゴリ》として現れる。逆転です。個々人の利害が本来の姿となる。実在は個々人の利害の姿です。それに対して、それを調整する理性の声は幻想です。

しかしかつてはそうではなかった。かつては利己心のほうが幻想だった。分業はまさにその逆転を生み出した。こうして人間は利己心の動物という基本規定が実在化する。まさに本来は現実のものでなかったイデオロギーが現実のものとなった。

つまり自分たちの現実だと思っていた自然人の姿が幻想となり、幻想的な利己心の姿が現実のものとなった。この逆転した関係こそ、重要な問題です。逆さまになっているのは、本来の実在物です。実在物でなかったものが実在物になっている。人間の共同性が、幻想になっている。このことによって、幻想の歴史が真実の歴史となった。

はっきり言えば、それは後から歴史を見るのと良く似ています。今の現実を真実と置き、過去の人々も同じ論理で動いていたという発想で歴史を読み込む。歴史は切断のない平坦《へいたん》な世界へと変貌《へんぼう》したわけです。「人間の本質とは何であるか、それは利己心である」と。まあほとんどの学問はこうした前提の上で過去を研究したわけですから、学問それ自体がイデオロギーと言えないことはない。マルクスはまさにその危険、過去の歴史を現代の歴史にしようとするイデオロギーの意図を批判した。

だから資本主義社会のイデオロギーからすると、幻想こそ、真の実在の実現となる。だから資本主義はすべての夢を完成したんだとなります。こんないい社会は存在しない。まさに共同体的人間という古層を完全にイデオロギーに封じ込め、真の実在たる利己心の社会を実現した。まさに資本主義はイデオロギーが終わった社会となるわけです。

共同体的精神は国家という幻想の共同体の中に、幻想として位置づけてしまった。そのため、人類の幻想を退治したわけです。国家という共通利害の場は、人間の理想主義が生み出したかすかな幻想でしかない。国家の美しさはその意味では幻想です。

国家は人間が地上で考え出した究極のイデオロギーとなる。本来の人間は、利己心の中で生きているガリガリ亡者です。それが現実の生身の人間。利己心の調節機関としての崇高な幻想の国家をつくりだしているのだから、この国家そのものは私たちにとって理想そのものになる。国家の共同性はあくまでも理想です。この理想国家に私たちは常に幻想を抱いているということになります。

この延長線上にもちろん国連だとか世界国家という概念もあるでしょう。だから幻想の中にある国家というものが機能するために、私たちはしかたなくこういう手を使うしかない。本来人間は個々人に分離してるんだから、国家を維持するためには、私たちの利己心の中から共同的利害を担当する理想的な人々を選ぶしかない。彼らはそもそもありえない共同的利害を実現する。

逆転したイデオロギーへの批判

問題はこのイデオロギーの逆転を暴くことです。とはいえ、幻想の共同体という言葉は、若干ニュアンスは違いますが、比較的最近問題になった言葉でもあります。「国民国家論」という議論が出たときに、ベネディクト・アンダーソン(8)の言葉として有名になった。「想像の共同体」(Imagined Communities)。たぶんマルクスの『ド・イデ』のこの部分からとられたものだと思うんですけれども、国家にはさまざまな民族、さまざまな言語があるが、それを包括する中立的な存在として存在しうるということですね。

この想像の共同体というのは、ブルジョア権力の手先ではなく、個々人の利害を調節するための権力として現れる。だから理想的な国家でもある。つまり共同的利害を調整するような自動調整機構としての中立的国家です。国家は共同体を実現する中立的機能がある。中立ということは、どの特殊的利害に対しても距離を置く中立的な権力であることを意味します。

この国家は想像上のものであり、幻想である。にもかかわらずそれが一人歩きをする。これは幻想であるわけですが、強い正義のイデオロギーとしての説得力をもつ。こうした説得力をもつのは、共同体の理念があるから当然なんですが、あくまでこれは理想のイデオロギーとして理解されている。

「国民国家論」というモデルは皮肉なことに、こうした理想主義の延長上に出てきているわけです。国家の共同性は、それぞれの国民の古来の特徴を理想としてとりいれていく。大和魂《やまと》だとかといった精神主義がそれです。確かにこれは古層として残っている共同の理念ですから、人々に訴えるわけです。想像の共同体としての国家には権力装置、イデオロギー装置としての側面は見えません。国民国家という形をとって出てきた近代資本主義の国家は、確かにその権力を握っているブルジョアたちの権力装置なんだけれども、中立的なものとして見えるのはまさに共同性をまとっているからです。

国家は中立である。どの階級のものでもない。ブルジョアですら特殊的利害を露骨に示すと国家の介入を受けるんだ。国家は、ブルジョア階級の権力を反映しているわけではない。このような議論は一九七〇年代から出てきて、国家論の議論として展開していきました。

この議論がつくりだしたのは、資本主義国家であろうとも、実は資本の利害を調節する機能をもっているということです。しかしこれはもちろん問題の立て方に問題がある。問題の立て方というのは、国家は特殊的利害の調節機構として生まれながら、あやうい中立を維持しているという前提です。共同的利害は幻想にすぎないのに、いつのまにか幻想が現実に置き換わっているということです。

幻想としての国家の中立性は、人間の内奥に潜む共同性から出てきている以上正しい。共同性がイデオロギーではなく、現実の姿態として現れるならば、現実のものであります。しかし人間の内奥に利己心の存在が前提されている以上、共同性は幻想にすぎない。幻想はもろい。利己心そのものが実は私たちのイデオロギーなんだという考えが抜け落ちている。

イデオロギーとしての共産主義

そこでもう一度話を最初に戻します。『ドイツ・イデオロギー』という名前で総括されているイデオロギー《観念的にとらえているもの》というのはいったい何かということです。つまりドイツのヘーゲル哲学者たちが世界を転倒して考えている。つまり頭の中で世界をああでもない、こうでもないと解釈している。だからそれはイデオロギーで現実性がない。だからだめなんだといったふうに考えるかもしれませんが、そうではありません。

ここで言うイデオロギーというものは、私たちがいつのまにか本来の実在物だったものを逆さまにして、それを空想物だと思うようになってしまったことです。私たちがイデオロギーだと本来思っていた知的能力は本来の常道からすると、いわば実在から最も遠いものつまりイデオロギーに近い。この知性は分業によって発展するわけですが、これによって地に足がついていた人間が地から離れた。もともと人間も自然の中の動物の一つにすぎなかった。人間も自然の中に内在していて、すべての動物に共通するものをもっていた。それがどこかで消えてしまって、人間だけが自然から外に出た。自然と対立するようになった。それが利己心の発生を特徴とする社会の出現です。

利己心こそ実在になった。人間が頭で考え出したものが実在物になったことによって、転倒が起きたわけです。こうして利己心が逆に自然に投影されていくようになります。まったく逆さまな現象です。自然の共同性とか、自然の豊かさなんていうのは私たち人間がつくりあげたものであって、人間が自然を保護しないかぎり、自然はその本質を失うという考えが出る。人間は自然の外部に出てしまった。外部に出たということは、人間は自然に共通するものをもっていないということです。しかし実際は人間は自然の中の内在物にすぎないわけです。

同じことは、共産主義という概念にも当てはまります。これは人類が後からつくりだした思想になってしまった。いわば一種のイデオロギーになってしまったわけです。共産主義が本来の人間ではない理想の姿を理念的につくろうとする運動であると。こうなると共産主義は地に足がついていない完全なイデオロギーになる。共産主義は実はイデオロギーとして見られているんだというのがキー・ポイントなのです。

共産主義運動は、実はイデオロギーだと考えられている。人間本来の歴史、つまり利己心をもった人々の歴史という神話からすると、共産主義はイデオロギーそのものです。どんなイデオロギーかと言うと、共産主義は本来の人間の本質である利己心を無視した空想論である。共産主義は利己心から生じる人間の性《さが》をまったく無視することによって、人間の平等という理念を人為的に打ちたてようとする。利己心など棄てられるわけがない。それはほとんど不可能であると。つまり空中に絵を描くようなものです。

だからそんな馬鹿な運動はやめたほうがいい。ここで言う共産主義運動はまさにロマンチシズムです。一九世紀に出てきた共産主義運動は、ロマン主義という批判を受けます。つまり共産主義とか共同体というのは、確かに昔人類がそれをやろうとしたことがある。中世の騎士団。修道院をつくったりした騎士団。だけどそれが失敗したというのは、あくまでもそれが人間の本性を無視した理想論だったからである。頭の世界では考えられても、現実に実現することは不可能である。

運動としての共産主義

共産主義運動は、イデオロギーが生み出したあだ花である。こう考えると、共産主義は私たちにとっての夢、ユートピアにすぎない。ユートピアそのものなんだとなりますよね。こういうような批判がもし共産主義に向けられたのなら共産主義はどうすればいいか。共産主義は亡霊なんです。なぜ亡霊なのかというとありもしないことを想像し、それを実現しようとするからです。さあそれでは共産主義は本当に絵空事か。

ここでマルクスの共産主義を理解する重要な言葉がある。この言葉はよく引用されます。それとともにこの言葉の理解に苦しみます。『ド・イデ』の中で最も有名な言葉であると同時に、最も不十分にしか理解されていない言葉です。

「共産主義は、我々にとって、つくられるべき状態ではなく、現実を正しく導くべき理想ではない。我々が共産主義と呼ぶものは、今日の状態を揚棄する、現実の運動である」（廣松渉編『ドイツ・イデオロギー』河出書房新社、一九七四年、三七頁）

意味深な言葉ですね。なぜなら共産主義というのは理想の状態だとみんなは言っているわけです。共産主義者は理想を追っかけているんだと。共産主義者というのはイデオローグ《イデオロギーを主張する人々》そのものである。人間の共同性とか訳のわからんことを言って、夢を追っかけている。だからそんなものは理想であって現実ではない。しかしマルクスはここで、共産主義は一つの理想ではないと言い切っているわけです。共産主義こそ現実なんだと言っていますね。これこそ現実だと言い切っているのはいったいなぜなのか。そしてそれは常に運動としてしか現れないとも言っている。マルクスの意図は明らかにこうです。共産主義は現実を逃避し、理想に逃げ込むことではない。むしろ本来の現実を実現する運動なんだ。しかしこの運動はたいへん難しいと言っているわけです。

たいへん難しいと言っているのは、マルクスが現実といっているのは現実ではないと思われているからです。絶対に難しいに決まっています。なぜなら私たちは頭の中で考えられたイデオロギーを実現しようとするんだから。これは見果てぬ夢である。だからもっと現実のことを考えなさいと言われる。

イデオロギーをやめて現実に戻ればどうなるか、現実こそイデオロギーなんですから、おかしなことになる。だからマルクスはイデオロギーを批判する必要があったわけです。イデオロギーは共産主義ではなく、この現実と思われている世界であると。利己心によって構成された世界から出発する前提こそイデオロギーであると。

マルクスが現実の上に立てといったことは、いわゆる現実の上に立つことではない。そういった現実の背後にあるイデオロギー性を見抜き、それを解体して現実を探し出さねばならないわけです。ただ現実を見て考えるというのでは、いつまでたっても同じです。現実自身が倒錯しているのですから。現実社会はさまざまなスペクタクル[9]が働いているので、その現実のイデオロギー性を見抜くことは、並大抵ではない。だからこそ、これは運動になるしかないのです。

　私たちがイデオロギーと思っているものは、実はイデオロギーではなくて、私たちが現実と思っているものこそイデオロギーなんだと言っているのです。利己心の世界こそ実はイデオロギーで、共同性ということこそ実は本来の現実なんだということです。私たちが動物として生きているという姿を認識するのは難しいことです。身のまわりの生活を見れば、これこそ現実じゃないかと思ってしまいますから、その偏見を取り払うというのは難しい。

エソロジー《ethology》的マルクス

　とはいえ、現在の生活をいったん全部捨てて、動物、身体の躍動の姿に帰ったときに、通奏低音[10]たる共同性は現れてくる。地球上にいる生物は、本来の状態から一歩も出ていないわけですが、人間も同じであるということです。

　私たちが生まれたという事実は、別に父親や母親の利己心によって生み出されたということを意味しない。少なくとも二人の共同作業です。たぶん父親、母親も利己心によって生み出したかもしれませんけれども、人類史という流れからするとこの性欲でさえ利己心とは言えない。それぞれの性欲はたぶん、類としての人間がもっている類の保存機能（最近のドーキンス[11]の言葉では「利己的遺伝子」というものかもしれません）によってもたされているにすぎません。

最近の言葉ではエソロジー（動物行動学）という分野がありますが、まさにそのエソロジーの分野で明らかになりつつある概念かもしれません。人間の性欲というものも動物の類の保存本能から起こる。突飛な話かもしれませんが、私たちの遺伝子が私たちに女性や男性を見て、いい男性だな、いい女性だなと思わせているのかもしれません。それは通常利己的行動だと思ってますよね。しかし本当はそうじゃない。類が動かしている。

勉強についてもそうです。勉強して、立身出世しようというのは典型的な利己心の行為ですが、これも実は類の保存本能がそうさせているのかもしれません。

はっきり言えば、分業によって知識を肥大化させた人間の姿もそうかもしれません。分業による高度な技術は、単純な作業より秀でているように見えますが、類として子孫を残そうという活動の一つにすぎない。その意味で知性も身体の延長線上にある。

人類という生命の長い歴史からすると、知的労働と肉体的労働との差はたいしたものではない。生命の永遠を求めて、蠢《うごめ》く生命体の活動にすぎない。とすれば身体の延長線上に出てくる知性も、実は私たちの類的行動の一部にすぎない。こう考えれば私たちの共同性というのは根本的に変化していない。

しかしエソロジーという動物行動学を通じて、ああやっぱり人間も所詮《しょせん》自然界の一部だとわかるかもしれませんが、この理解で納得をえるには十分ではありません。とはいえこうして共同性という共通概念をまず理解して、共同性の上から人類史を考えるべきでしょう。共産主義が運動であるというのは生命の本質を取り戻す行動だからです。

しかるに共産主義運動は、いわくなりがたき運動であります。つまり共産主義は、ほとんど当然と思える前提をいったんバラバラにして、バラバラにしたものから古層を再考するという運動です。これは手間のかかる運動です。だからこれを現実に移すというのは並大抵のことではない。

ダルマ倒しと共産主義

これはダルマ倒しに似ている。ダルマというのは倒したらすぐにも立ち上がってくる。ダルマというのは逆立ちした人間の姿と思ってください。正しく立っている状態が転倒した状態なら、それを逆立ちにもっていくのは至難の業です。それを転倒させる。立っているのを倒せば必ず元へ戻るんです。何回やっても元へ戻る。ダルマを逆立ちさせるのは不可能である。

つまり現実の人間社会は、このダルマ状態であります。逆さまにすれば元に戻る。ダルマはこう言います。「私は立ってるんであり、逆立ちしているんではない」と。しかしダルマは逆立ちしている。説得は困難に決まっています。私のほうが間違っているように見えます。それほど難しいんです。私たちの生きている世界は逆立ちしているんですが、これこそ真実と思えるような状態が出現している。このことを批判し、否定するということは、まさに至難の業です。

ポテスタスとポテンシアという言葉についてすでに説明しました。ポテンシアは可能性、ポテスタスは現実の力です。共産主義はポテンシアを求める運動とも言えます。ポテンシアは可能性であり、本質というわけでありません。共同性というのも同じです。人間の本質というより、生命を貫通するもの、可能性としての力です。

このポテンシアによって人間は、これは幻想なんじゃないか、もっと違う世界があるのではないかと直感的につかみとるわけです。真の円や真の図形を頭の中で描くことができても、真の円を現実に実現することはできません。しかし実現したいという力はあります。共産主義は完全な円のようなものかもしれません。

共産主義というのは、私たちの潜在的な部分に潜む共同的な世界を望む声かもしれません。それを現実に移そうとする可能性としての力です。しかしこれはあくまでも可能性であり、現実の力ではありません。この能力をもつことが共産主義かもしれません。革命的な力を実現することとは次元が違います。

さて共同性の世界を根源的古層として措定したことによって、昔の過ぎさりし世界を復活させようという運動に結果的になってしまったように見えるかもしれません。しかも歴史は戻らない。マルクスもロマン主義者ではないかとなってしまいます。

とはいえ、マルクスの論理は過去に理想を設定し、そこに帰ろうということではない。真の世界を地上で実現するための運動ではない。倒錯した世界はどんどん進まざるをえない。それを途中で止めて、過去へ戻してもほとんど無意味だ。この動いている世界をとことんまで推し進める必要がある。その結果として私たちが理解した世界に到達することができると考えているわけです。

マルクスは社会を一つの自動システムと考えている。そのシステムに向かってただ過去へ戻ろうというバックギアを入れても無駄である。自己運動のシステムは国内市場を飲み込み、世界市場まで飲み込んでいく。行き着くところまで行ってその上で、行き詰まる。生産力と生産諸関係の問題です。

生産力の発展と交通

生産力の発展とともに、倒錯したイデオロギーもどんどん発展していく。生産力の巨大な増大は、世界中の人間を取り込んでしまいますよね。個々の市場圏を生産力がぶち壊していく。そしてお互いを一つの関係にしていく。いわば世界市場圏によって一つのコミュニティーが生まれる。このコミュニティーのことをマルクスは『ド・イデ』の中で交通(Verkehr)と言っています。交通というのはいわば電車や自動車のような交通手段を指すのですが、私たちの言語を含めたコミュニケーションを意味します。とはいうものの、私たちにとってまず第一に、交通手段といえば当時は鉄道です。

鉄道ができたことによって世界がかなり小さくなった。東京から博多《はかた》まで行くなら、いまは新幹線で六時間ちょっとで行けますね。私は九州の出身でしたので、昔東京に出て来るには夜行で十七時間もかかりました。いま十七時間も飛行機に乗ると地球の裏まで行ってしまいます。それだけ空間的世界は小さくなってきた。交通の発展が私たちのコミュニケーションを密接にする。

　こうして世界は小さくなっていく。交通によって世界という概念が生まれた。世界を世界として認識するには、交通手段の発展によって空間[12]が狭まるしかなかった。こうして私たちのローカルな部分がいったん消え、世界に飲み込まれる必要がある。

　マルクスは、生産力と交通の関係に注目します。生産力の発展は新たな交通関係をつくり、新たな交通関係は新たな生産力をつくりだす。こうして閉じ込められた世界からより広がった世界へと展開する。そして私たちは世界において共通の力をもつことができるわけです。そのことをこう書いてます。

「こうしたことがなければ、⑴共産主義はローカルなものとしてしか存在せず、（そして）⑵交通の（疎遠な）諸力そのものは、普遍的な、しがたって爆発的な力として発展することができず、土着的な迷信的な「状況」のままでありつづけることになり、そして⑶交通のあらゆる発展が、ローカルな共産主義を揚棄するだろう。共産主義は、経験的支配的民族の「一度の」かつ同時の行為としてのみ可能なのであり、そのことは、生産力の普遍的発展と、そしてそれに関連する世界交通を前提にしているのであ

る」（廣松渉編『ドイツ・イデオロギー』河出書房新社、一九七四年、三九頁）

つまりこういうことです。共産主義などというのは世迷《よま》いごとだと言われてしまうのが落ちである。共産主義者は孤独に陥らざるをえない。だから運動が連帯しなければならない。局地圏を突破することによって共産主義は限界を突破できる。そのためには交通の発展は、実は重要な要素なんだというふうに言うわけです。その意味でマルクスは生産力の発展とそれにともなう生産諸関係、交通関係の発展を高く評価している。

黙示録と科学主義

しかし高く評価すればするほど、類的疎外とか人間的疎外はむしろ拡大する。それをむしろ逆手に取るわけです。むしろどんどんどん進むことによって大きな連帯ができる。やがて私たちの言うことは、「厄介事」でなくなるであろうと。そして世界は真実を知るだろう。これは一種の黙示録《未来への希望》です。この黙示録的な発想というものはマルクスの根幹に流れている。精神的には宗教的なのかもしれない。もちろん宗教ではないのは、実在たるものを求めようとしているからです。しかし、求めるものが絵空事と思われれば、それは宗教と思われてしまう。その危険性があります。たぶんに共産主義は宗教だと言われていました。これはこれでいい。

マルクス主義は共産主義を科学にしたと言う場合のほうが実は危険なわけです。なぜならマルクス主義は共産主義を現実の資本主義の発展をうまく応用できるような科学にしたと受け取られるからです。現実の資本主義の発展に対してたいした批判をすることなく、むしろ既存の資本主義の発展をそのまま利用しつつ、それを奪取すると。

しかしマルクス主義は、本来そうしたものとはまったく違う。むしろ既存の尺度を粉々に破壊するわけですから。イデオロギー、逆立ちしたイデオロギーを常に批判し、ほとんど見えなくなった本来の真実を見せようとするわけですから、既存の手段にたよるわけにいかない。

本来という言い方ですが、本来という言い方はちょっと誤解を受けます。本来とは「自然の」という意味です。自然に従うという意味です。自然に対して、反対語は作為です。作為的でない自然な姿という意味です。私たちが自然の中で生きているかぎり、この自然の一存在であるかぎり、すべての作為を捨てた姿がある。自然の姿は、作為の局地に対して常に反応する。とことんまで生産力を発展させると、作為性が増すことになりますが、これに対して本来の自然な姿が反対を示す。作為の幻想に気がつく。

地球はこれじゃ壊れちまうよ、世界は壊れてしまうよ、といった声はそうした作為への自然の不安です。もしそれを止められないとすれば、人類は人間の作為によって地球を破滅状態に陥れるしかない。このような考えこそ『ド・イデ』で導き出された唯物論です。

唯物論の基礎

唯物論には人間の本質とは何かという問いかけがありません。人間独自の本質とは何だと問えば、自己保存本能だとか利己心だとかという答えが返ってきます。それに対し本来の人間のあり方は共同性だという場合、これは人間にのみ固有だというわけではありません。人間の本質という問いは常に自然の外部にある存在としての人間を問題にしています。観念論と言われているものがまさにそうであります。

唯物論的答えは、人間に固有の存在を認めない。すべての生命に共通のものを求めようという考えです。もちろんこれは素朴な唯物論かもしれません。すべてのものは一つの線上に存在している。進化論がまさにその典型ですが、人間の歴史といえども、生命の歴史の一コマにすぎないわけです。人間の歴史はすべての生命の歴史から見れば、ひたすら子孫を残そうとして、死にもの狂いで生きている姿です。それだけなんです。愛や神、魂などというのを取り立てて深く考えない。

生命の歴史として見れば、人間は生命の共通本質たる共同性、類としての集団性をもっています。ただ一人一人は生きている意味をそれなりに考えるのですが、結果的には種を残すために蠢《うごめ》くだけである。こうした世界ですね。人間だけが身体の中から精神を発展させたために、この世界を転倒してしまった。

唯物論の真意

さてマルクスが『ド・イデ』で批判したイデオロギーについて最後にふりかえりましょう。それは人々の頭の中にこびりついている現実という名のイデオロギーを批判することであった。イデオローグといっても、現実を無視してまったく頭の中で創造している人々ではありません。現実について深く考えている人であります。しかし彼らが見ている現実は、すでに観念的に決まったイデオロギーであり、そうであるがゆえに現実にイデオロギーをもってくるわけです。それを批判することにマルクスの意図があったわけです。観念論に照射された唯物論、まさにイデオロギーとはその意味でまったく現実ぬきの考えというわけではないのです。

イデオロギーの虚構性を暴くということは、イデオロギーが観念論だと批判することではない。むしろ現実べったりな場合が多いわけです。なぜなら、批判対象であるフォイエルバッハにしろ唯物論者なんですから。だからそれを知った上で批判しているわけです。現代のわれわれは、動物行動学とか最近のファージー《不確定に支配される》理論などを使ってマルクスが言おうとしている意味を理解する術《すべ》がありますが、マルクスは当時のレベルで唯物論の意味を説明しようとしていますから、非常にわかりづらい。それは、認識できないということではなく、納得できないということです。

もちろん『ド・イデ』は、これは出版前の原稿ですから、推敲《すいこう》が十分できていないのかもしれない。それにしても不十分な説明が多いのは方法が言語を超えてしまっているからです。たぶん私たちがそれをいまの言語や道具を使って読み直さねばならない。一九世紀、二〇世紀の人々の解釈がずれたというのは、それ自体間違ってはいない。それを理解する言語能力に問題があったからです。

だからマルクスの唯物論のここでの解釈は、一九世紀、二〇世紀に解釈されていた解釈とは少し違っています。これをもはやマルクスの中に読み込む必要はない。読み込む必要があるとすると、動物行動学的存在としての人類史でしょう。

こうしてみると共産主義とは何かが見えてきます。共産主義は資本主義の延長線上にバラ色の世界をつくることではないということです。巨大な生産力を享受し、個々人の利己心を充足する世界ではないということです。豊かな世界という幻想そのものを木端微塵《みじん》に破壊することです。そうしなければたぶん人類は滅びる。共産主義は資本主義の危機へのオールタナティヴ《選択》というだけでなく、人類の危機へのオールタナティヴなんです。つまり共産主義というのは労働者のために、プロレタリアートのためにあるのではない。

確かにプロレタリアートはこの世界を変えていくものとなっています。しかしなぜ彼らがそうせざるをえないのかと言えば、彼らが豊かになるからではないのです。それならむしろ資本主義のほうがいいかもしれない。問題の質が違う。プロレタリアートがすべてを奪われ、要するに自分たちが飢えているからではないんです。プロレタリアートが最も自然に近いところの状態を労働しているという事実によって体現できているからです。彼らは共同労働というものを人間の自然なものだと実感できるのです。

ブルジョアは個々人を利己心を通して見ることに慣れていますから、彼らは豊かさを求めることだけで精一杯です。美味《おい》しいものをたくさん食って、豊かな生活をすることこそすべての人々の願望であり、その実現をこそ目的だと思っています。

ところが労働者はそれを言いたくてもほとんど動物的状態に置かれているわけです。食べ物はない、給料は安い、生きていくにはギリギリ。だから当然彼らとしては、これが人間の本質ならおかしいと思う可能性がある。だから彼らが革命の主体として選ばれるわけです。資本が貪《むさぼ》り食っているものを横取りするために選ばれるのではない。

しかしこの人たちもやがて飯を食えるような状態になれば、たぶん利己心は正しいということになると思うんですね。ですからプロレタリアートは具体的に工場労働者として規定されているわけではないんです。プロレタリアートというのはすべてを失った階級である。つまり最も自然に近い、自然の中で動物状態に近い人たちのことを言うわけです。

だからプロレタリアートという言葉の意味は、たぶんそこまで落とされた人々、つまり「もの」のような状態になった人々のことです。とことん考える力を失い、触覚だけしかないような人間になった状態のことかもしれません。この触覚動物こそ実はプロレタリアートだというふうに言えると思うんです。

（1）『ド・イデ』で主な批判の対象となっている他の人物は、マックス・シュティルナーとブルノー・バウアーである。

（２）編集問題とは、フォイエルバッハに関する章について編集者によって構成が異なっていることである。『ド・イデ』は出版されたものではなく、草稿であった。
（３）リャザノフ版が『ド・イデ』最初の版。一九二六年ドイツ語版、一九二四年ロシア語版、一九二六年ドイツ語版が出版された。
（４）アドラツキー版は、リャザノフ失脚後、マルクス・エンゲルス研究所の所長についたアドラツキーによって編集され、一九三二年に出版された。
（５）一九六五年バガトゥーリヤ版が出版された後、一九七四年廣松渉版が河出書房新社から出版された。
（６）リャザノフ所長のもとで編集された全集は途中中断するが、通称この全集は一九七五年から刊行されはじめた新しい全集（新メガ）と区別する意味で旧メガと呼ばれる。
（７）ルソー（一七一二―一七七八）は、『社会契約論』（一七六二）の中で原始状態は自然状態であると述べた。
（８）ベネディクト・アンダーソン『想像の共同体―ナショナリズムの起源と流行』（一九八三）（白石さえ、隆訳、NTT出版、一九九七）。
（９）ギー・ドゥボール（一九三一―一九九四）が『スペクタクルの社会』（一九九二）（木下誠訳、ちくま学芸文庫、二〇〇三）で述べた概念。メディア媒体を通じて事実がさまざまに乱反射を受け、変化していくこと。
（10）通奏低音。丸山眞男（一九一四―一九九六）がよく使う言葉で、認識しえないままに身体に埋め込まれていくものを意味する。
（11）ドーキンス（一九四一―）が『利己的な遺伝子』（日高敏隆他訳、紀伊国屋書店、一九九一）で述べた概念。
（12）空間については、マルクス主義者アンリ・ルフェーヴル（一九〇一―一九九一）の『空間の生産』（斉藤日出治訳、青木書店、二〇〇〇）がある。

八章　構成された価値と労働運動
――『哲学の貧困』

『哲学の貧困』と『貧困の哲学』

前章で『ドイツ・イデオロギー』について述べましたけれど、その直後に書かれたのがこの『哲学の貧困[1]』です。これはドイツ語ではなくフランス語で書かれています。『哲学の貧困』というのは『貧困の哲学[2]』というプルードン[3]の本に対する批判の書であったわけです。『貧困の哲学』というタイトルをさかさまにして『哲学の貧困』としたのは、ユーモアです。

しかし、それにはもちろん意味があります。『貧困の哲学』は貧しい人々を助けるためにはどうしたらいいかを扱った本である。そのためには哲学が必要だと言っているわけですけれど、このプルードンのそうした主張に対して『貧困の哲学』には実は哲学はそもそもないとマルクスは批判したわけです。だから『哲学の貧困』というタイトルになっているわけです。一種の揶揄《やゆ》です。

さてこの『哲学の貧困』というのはどんな内容をもっているのかという点に移ります。マルクス研究者の間では『哲学の貧困』というのは、あまり問題にされないんです。いろいろな問題が書かれていますけれども、いま一つぱっとしない。だからあまり取り上げられることがない。

取り上げられるとすれば、プルードン批判という点があります。それまでマルクスは『聖家族』などでプルードンを非常に高く評価してきた。プルードンは当時の社会主義者の中でも傑出した存在で、数多くいた共産主義者、社会主義者の中でも非常に高名な人物だったんです。その人物の批判をしたということは、マルクスが新たな社会主義を模索しているんだということを示す絶好のチャンスになったという意味で、非常に大きな意味をもった。

この本が取り上げられるもう一つの理由は、プルードンの方法とマルクスの方法がどう違うのかということと、労働運動はどうあるべきかという、この二点だと思います。この二点について考えてみます。

集合労働力

まずここで「構成された価値」というプルードン独特の概念を取り上げます。「構成された価値」の「構成する」という言葉はスピノザの構成と同じ言葉です。この「構成された価値」とは何かをめぐって、マルクスはプルードンを批判するわけです。

プルードンを含めて社会主義者の批判は、労働者はどう搾取されているかという構造を説明することでした。この点においてプルードンは最も大きな貢献をしたわけです。ただその貢献をそのまま認めたんではマルクス独自の社会主義というのは基本的にありえない。これを一部受け入れながら、新たな展開をしようとマルクスは考えます。だからマルクスはプルードンの考えを批判すると同時に一部受け入れる。

プルードンの考え方は非常に明確なんです。まず第一にプルードンは『所有とは何か』という本の中で、なぜ剰余価値が生まれるかについて説明している。これはスピノザのところでも言及したのですが、次のように考えるわけです。

集合労働力という概念を使って説明する。集合労働力というのは集団の労働ということです。集合労働力という概念は最も重要なキーワードです。集合労働とは個々人の労働の総和ではありません。分業の結果得られる労働のことです。ですから集合労働は、個人労働の総和よりはるかに大きい。この集合労働力に対して賃金は払われるわけではない。賃金は個々人の労働に対してしか払われない。具体的にはその個人が生活する再生産費用です。そこで当然集合労働と個々人の労働に差が出ます。集合労働力を差し引く個人の労働。この差額こそ剰余価値なんだという考えです。

この理論は一般的には労働収益論(4)と言われています(5)。このような単純なモデルは別にプルードンだけじゃなくて、当時リカード派社会主義者と言われている人たちにも共通していた。彼らも労働によって説明すれば当然資本主義社会の剰余価値のメカニズムがわかるというところまで行っています。そこでリカード派社会主義は労働という概念を前面に出すことによって、リカードから労働貨幣[6]を導出する。労働貨幣というのはもう貨幣を飛び越えている。

リカード社会主義はブレイなどによってイギリスで開花します。このリカード派社会主義の影響を受けていれば、剰余価値を労働収益論的な発想で考えます。ですからそのことだけでプルードンが特別なわけではない。

集合労働力という概念をもう一度ふりかえってみると、集合労働力という概念はスピノザが述べていた、集団の欲望、クピディタス《cupiditas》（集団の欲望）に似ています。この集団の欲望というのは、個人の欲望であるコナトゥス《conatus》（個人の自衛権）と対になっている。その意味でプルードンが集合労働力の概念に飛びついたのは不思議ではない。プルードンもその差に気がついている。プルードンは共産主義の基本的な基準として、人間労働は集団であるということに気づいた。集団労働という概念は社会主義から切り離せない。そういう発想をすでにプルードンはもっていたわけですね。

共産主義には集合労働力としての労働という概念が伝統的にあります。この集合労働力によって生まれる余剰、これを労働者が獲得すべきだという考えが一貫して流れている。これに対してマルクスは自らの位置を定めなくてはいけないわけです。共産主義の根がここにあるならば、マルクスもその中に入ってしまう。しかし自らの抵抗線を張るためにあえてマルクスはそれを批判する動きに出た。どこまで認め、どこまで批判するか。その批判の転回機軸になったのがこの『哲学の貧困』です。『哲学の貧困』はこのプルードンの主張する集合労働から生まれる剰余価値を批判する解決方法として書かれた。そこで構成された価値という問題をめぐって議論していく。

構成された価値

この構成された価値は、さきほども言いましたけれどもスピノザの構成と似ています。スピノザは共通概念のところで構成という言葉を使いました。スピノザはよく構成することによって喜びが得られると述べる。このよく構成されたという概念に似ているといえば似ているわけです。プルードンにとって構成するとは何かというと、使用価値と交換価値を構成することである。しかしこれは矛盾しますよね。使用価値は質であり、交換価値は量です。質と量を構成することなんてできるのか。

実際使用価値があるからといって交換価値があるとはかぎらない。交換価値があるからといって使用価値があるとはかぎらない。使用価値と交換価値は構成しようがない。ここに大きな矛盾があるわけです。もちろんこれを矛盾と考えれば、弁証法的に揚棄される可能性がある。多分そのような形で落ち着き先があると考えるのがヘーゲル的弁証法です。ですからヘーゲル的な弁証法で考えればプルードンがやろうとしていることはヘーゲルを真っ先に自分のものにして、それを経済学の中で再構築することである。

ところでプルードンはヘーゲルをドイツ語で読んで（当時ほとんど翻訳がありません）弁証法を勉強したわけではない。ドイツ人の友人カール・グリュン(7)（マルクスとも交流がある）から学んだ。まさにここにマルクスの批判のポイントがある。プルードンはヘーゲルについて生半可の知識しかないグリュンから学んだために、間違った弁証法を展開したということです。

確かにプルードンがヘーゲルの弁証法を使ったとしたら生半可にならざるをえない。そのかぎりでマルクスの批判は当たっている。しかし実際は、プルードンの方法はヘーゲルの弁証法ではない。まったく違うものである。

マルクスはヘーゲル弁証法の悪しき解釈だと考えますが、もしそうだとすれば自分より先にヘーゲル哲学を使って、経済学の分析をしようとしているプルードンは何が何でも批判しなければならない相手となる。ですから、もしプルードンがヘーゲル的なら、構成された価値という概念は弁証法の誤解にほかならない。マルクスは声高にプルードンのヘーゲル解釈は間違っていると考える。

しかしプルードンの構成された価値という概念は弁証法的ではない。使用価値と交換価値が相対立し、矛盾するとは考えられていない。使用価値と交換価値との間には、よき構成があるのだと考えるわけです。つまり使用価値と交換価値との間によき構成、すなわちよいバランス関係があって、そのバランス関係が成り立つような状況をつくれば経済に矛盾はないと考える。

しかし経済学的に議論すればこうした考えは非常に甘い。たとえばダイヤモンドは交換価値はあるがたいした使用価値はないとすれば、ダイヤモンドのよき構成価値とはいったい何なのか。水はものすごく使用価値があるが、交換価値がない。水のよき構成価値とは何であるか。

しかしスピノザ的に考えて見ましょう。構成された価値は交換価値と使用価値が矛盾せず、均衡がとれている関係のことを意味する。たとえば大きな使用価値があり、ありがたいものだけれども、あまりにも交換価値が高い。価格が高いと買えない。でも交換価値が下がり落ち着くところに落ち着くと買える。そうやって落ち着く状態を構成された価値の状態と考える。そうやって構成された価値というのは納得する価値です。プルードンが問題にするのは、実際の社会ではそうなっていないということです。

生産量が多いにもかかわらず、異常に交換価値が高い。たとえば農作物の例を考えましょう。キャベツだとかニンジンとかが山ほどできた。しかし山ほど出荷すれば交換価値は下がる。豊作で豊かなはずなんだが、実際には豊かにならない。農家はあらかじめ価格調整するためにほとんど捨てます。そして交換価値が高くなるようにして市場にもってくる。豊作貧乏である。

豊作なのに私たちは貧しい。たくさんできたんだから安く買えるはずだ。安く買えれば喜びもひとしおである。しかしそうならない。このような市場メカニズムに対してプルードンは批判したわけです。

もちろんマルクスはそれは当然だと考える。作る側は最大収益を上げようとするんだから、安いものをいくら売ったってほとんど儲《もう》からない。それなら最初からキャベツとかニンジンを捨ててしまう。そして価格をある程度にして、当然収益の最大化を図る。構成された価値なんていうのは生産者にとってなんの意味もない。

マルクスはプルードンは弁証法というのを何もわかってないんじゃないかと批判する。たぶん何もわかっていません。しかしわかっていないからだめだとはならない。プルードンの方法はまったく違うものであると考えましょう。

弁証法的に説明すれば、使用価値と交換価値の矛盾を揚棄するために価値という概念が登場する。交換価値と使用価値を超えるような概念が出てくる。それが価値です。

価値は交換価値であると言ったんですけど、やはりそうではない。交換価値は、いわゆる市場で交換される価値である。

しかし個々の交換価値は商品の価値を実現していない。価値とは社会的必要労働量(8)によって規定された商品本来の労働量である。市場でこの通り売られることはない。だから交換価値と使用価値を超えた概念として新たに価値という概念が必要である。交換価値は必ずしも価値ではない。ところがプルードンは交換価値と価値とを混同している。その意味でも弁証法をまったくわかっていない。

労働貨幣

しかし価値というのは頭の中で考えられたものであり、具体的にはつかめない。社会的必要労働量は労働時間でつかめますが、現実社会では労働時間がいくらかかっているかなんていうことはまったく知らない。実際には貨幣で測っているわけです。労働時間は価値の内在的尺度、貨幣は価値の外在的な尺度だとマルクスは言っています。じつは貨幣の役割は非常に大きいわけです。内在的尺度は現実には見えない理論装置で、外在的尺度こそ現実に見えるものである。

昔社会主義において貨幣は消滅するかどうかという大議論がありました。商品・貨幣論争(9)というもので、一九二〇年代のソヴィエトで最も議論を呼んだ論争です。社会主義は商品生産社会ではないのだから、貨幣はなくなる。貨幣という尺度にかわる尺度は何か。それは内在的価値である社会的労働時間であると。この先駆はプルードンで、労働時間紙幣という考えがあります。

要するに二つの生産物に投下された社会的必要労働時間が同じであれば、その二つの生産物の価値は等しい。これはなるほどですが、現実には無理です。なぜなら、社会的必要労働量とはある生産物をつくるのに必要とされる労働量です、言い換えれば生産力の上昇によって瞬間、瞬間に変動する量です。当然現在の社会的必要労働量が過去の価値を決定しますから、その量をどこかでチェックしなければなりません。これは不可能です。事後的にしかわからないのです。

事後的にしかわからないのであれば、貨幣を使うのが手っ取りばやい。貨幣は投入された社会的必要労働時間を必ずしも反映しない。なぜなら生産における内在的な価値を反映しているのではなく、外から与えられているからです。すなわち貨幣は外在的尺度として、価値を内在的に説明する論理からではなく、まったく違った次元から登場しているわけです。価値を外在的に決定するようなものがあるわけです。

さてプルードンは価値の内在的規定の問題、すなわち交換価値と使用価値についてしか問題にしていない。すなわち外在的価値尺度である貨幣を等閑視している。この貨幣に対するプルードンの説明が不十分であることがマルクスの主たる批判なんです。これは間違ってはいない。

つまりプルードンにとって、言い換えれば共産主義者にとっての最大の弱点は、貨幣なしに、直接労働時間で交換すればうまくいくという発想がある。これはそもそも間違いなんだと言うのですが、これは正しい。

なぜ間違いなのかというと、前に述べたように、社会的必要労働時間は日々変動している。具体的に言えばこうです。一分前は社会的必要労働時間が八時間だったとすると、一分後新しい機械が発明され導入されて、七時間五八分になる。だけどまた一時間すると新しい機械が導入されて七時間五二分になるとする。つまりどんどん変わっていきます。そんなものをいちいちチェックしながら、さかのぼって前の生産物を何時間だと決めることは不可能です。ですから労働時間紙幣なんて不可能である。

貨幣は伸縮自在です。労働時間は伸縮自在ではない。その理由は、貨幣は価値外在的尺度、すなわち内在的な説明である価値論とは別の次元から出てきているからです。ここでプルードンは貨幣の分析をするべきであった。ところがプルードンは貨幣の分析をしていない。

リカードの言葉を使いながらマルクスが言っている言葉、すなわち「貨幣は価値の外在的尺度で、労働は価値の内在的尺度である」という意味を理解しなければならない。要するに価値を測るには生産内部で説明される論理だけではだめで、消費も含めた社会環境全体で決定される価値から説明される貨幣も必要だということです。ですから貨幣の分析が必要となる。

アソシエーション《association》

さて話をもとに戻します。貨幣分析の問題は問題としておくとして、弁証法をプルードンが理解していないとすれば、それは致命的な欠陥になるのか。

構成された価値の意味は、使用価値と交換価値とは区別できない一つのもの、それを保証するのは労働であるということです。なぜなら労働とは常に集合的な労働、すなわち共同体の労働であることを意味している。これをマルクスは認めるか。もしマルクスが認めないとしたら、マルクスは共同体主義者ではない。もしプルードン同様マルクスも共同体の労働を前提にしているならば、構成された価値の意味をそれなりに理解しているはずである。

プルードンの問題を議論するとき、いつもここらあたりがいちばん欠けているんですね。プルードンは構成された価値を通じてアソシエーションを問題にしている。共同体とは言い換えればアソシエーションです。共同所有という意味よりも、共同参加と意味を理解すれば、アソシエーションのほうがいい。

マルクスはプルードンの共同労働による労働者の権利の要求について、このように述べています。

「プルードン氏がここで言いたいのは、たんに社会的個人の生産は、孤立した個人の生産を超えるものであるということにすぎないのではないか。プルードン氏が語ろうとしているのは、アソシエ（連合）していない個人の生産以上の、アソシエした個人の生産の余剰のことではないか。もしそうであるのなら、プルードン氏を取りまく神秘主義などなく、この単純な真理を表明してきた一〇〇人の経済学者を引用することができるだろう」（『哲学の貧困』初版、一八四七年、七七頁）

プルードンのような集合労働力と個人の労働力の総和の差額を剰余と述べる経済学者は何人もいるし、いやたぶん社会主義者もいくらでもいる。別にプルードンが特別なのではない。それではマルクスはそれに対して別の方法をもっているのか。実はマルクスだって、こうした議論とそれほど違うわけではない。とすれば根本的な部分では、実は同じではないのか。

この同じ部分こそアソシエーションの問題です。アソシエーションについてマルクスはこう語っています。

「事実、社会、アソシアシオンは、競争に基づくブルジョア社会だけでなく、封建社会にも、あらゆる社会に存在しうる名称である。だから、アソシアシオンという唯一の言葉だけで、競争を告発することができると考える社会主義者など存在しえるのであろうか。プルードン氏自身、アソシアシオンという唯一の言葉だけで競争を描きながら、社会主義に対して競争をどうして擁護したいと考えうるのか」（『哲学の貧困』初版、一八四七年、一四七頁）

プルードンは構成された価値、つまり使用価値と交換価値がうまく構成されるような条件として、人々が共同体の中に入って、その共同体で物が交換されるような状態を考えるわけです。この関係というものが最も理想的な関係で、このような関係によって使用価値と交換価値と価値の構成を解決できるんです。これをプルードンは、フランス語で言えばアソシアシオンと言っている。確かにマルクスはそのアソシエーションを批判する。しかし、プルードンは社会主義のイメージとしてアソシエーションを提出している。しかしマルクスはアソシエーションを批判はするが、それに対して新しいものを出していないのです。

実はマルクスもやはりアソシエーション論なんです。ではマルクスのアソシエーションとプルードンのアソシエーションはどこが違うのか。たぶん私は同じだと思います。基本的論点が同じである。アソシエーション的共同体とは、共同労働の世界である。個々の労働への分解不可分をもっている社会をアソシエーションと考える。そうするとマルクスもそれを前提にしている。

プルードンの構成された価値には矛盾というものを含まない。使用価値と交換価値は矛盾しなくて、それぞれよき形で構成される。構成というのはスピノザの言葉のように、相矛盾せず配置されていることです。たとえば心臓と胃がよく構成されているというのは、内臓の状態が健康な状態を意味します。もちろん構成がうまくいくとはかぎらない。うまくいかないときは不健康だということです。

うまく構成するように社会をつくること、それがアソシエーションです。これがプルードンの弁証法と言われているものです。もしこれが弁証法ならば、ヘーゲルの弁証法なんかではけっしてない。マルクスはそんな構成された価値なんてのは弁証法ではないと言っていますが、それは正しい。

マルクスは『共産党宣言』の中でも、アソシエーションの問題をめぐって議論していますが、そこでアソシエーションは積極的に展開されます。批判されるべきアソシエーションが評価される。奇妙なことです。マルクスはプルードンと実はそんな遠いところにいるわけではない。

プルードンは、共産主義理論の中に連綿として根づいている概念、すなわち共同体において構成されていたものを復活しようとする運動を継承している。マルクスも当然同じです。しかし同じものを継承しながら、なぜマルクスはプルードンと違っているのか。これこそマルクスが終生プルードンを最大のライヴァルと置き、批判を加えつづける理由です。

政治運動と社会運動

「社会運動が政治運動を排除するということではない。同時に社会的でないような政治運動は存在しないのである」（『哲学の貧困』初版、一八四七年、一七七頁）

マルクスは『哲学の貧困』の中で、労働運動と政治運動の関係を議論しています。これは現在の労働組合、左翼政党の活動と深く関係しています。労働運動と政治運動との関係は、マルクス主義の中でいちばん議論になる問題です。長い間労働組合運動と政治運動は分離してきた。この分離とは具体的には、政治運動と経済的運動との分離の問題です。労働運動は賃金闘争といった経済的な問題に限られてきた。それは何も社会主義社会に限られたわけではない。賃上げ闘争、労働条件改善闘争は政治の問題ではない。それは経済問題であり、それぞれの職場単位や工場単位で要求される。

ところが経済的改善を超えた政治闘争となるとそれは政治を専門に行う左翼政党にゆだねられた。政治問題を一括して扱う組織を共産党と呼ぶ。共産党は、政治全般について労働者から全権を委任されている組織です。他方で、企業内での賃金闘争は党には任されていません。

もちろん、こうなったのには歴史的原因があります。企業内での徹底した政治追放、労働組合の去勢化が労働組合の政治闘争を阻止しました。また議会主義的闘争形態による政治闘争という形態が、組合との協同という意識を希薄にしてきたことです。

ここでこうした現象が起きます。政党と組合との分業化です。共産党の政治家は工場労働者ではなくプロの政治家となります。工場の労働者たちは一方でまったく政治に関心をもたず、経済闘争専門の組合員となります。このように役割分担されたことによって、労働者は経済的問題については発言権があるけれども、政治的な問題については共産党にその権利を委譲する。

逆に共産党は経済的な問題については労働者に任すが、政治問題に関してはいっさい口出しさせない。労働組合運動は、経済的問題に限定して許されます。しかし政治的な問題に関しては絶対許されない。企業の労働組合が政治に参加しようとする。そうするととたんに越権行為であると非難される。政治をやるならば、政党という外部にある政治組織に任せなさいと言われる。つまり労働組合員でありながら政治をやるということは許されない。

さてマルクスはこの分離についてどう考えていたか。マルクスは『哲学の貧困』の一番最後のところでこの問題に触れる。それはまさにプルードンの提起した問題を受けているわけです。つまり、それぞれのアソシエーションの中では政治運動と労働運動は分離できるかという問題です。

ずばりプルードンにとって政治運動と労働運動は分離できない。マルクスはプルードンの理論をもっと明確にして、政治運動と労働運動は分離できないということを主張します。資本主義社会では労働者の団結は経済的には認められるが、政治的には認められない。しかし労働者の団結は、それ自体が政治的でなければならない。

政治運動と労働運動をこのように明確に分離させてしまったのは、ドイツ社会民主党[10]とボリシェビキです。しかしながら社会民主党左派のローザ・ルクセンブルク[11]のように、工場労働者の政治的な積極的参加を呼びかけた人物がいないではない。これは工場占拠闘争です。これはアントニオ・ネグリがやっているアウトノミア運動につながるものである。つまり工場労働者が工場を占拠して工場の経営そして政治活動を行うというもので、自主管理運動[12]でもある。フランスではこれはオートジェスシオン《autogestion》と呼んでいる。

オートジェスシオンと言ったらプルードンの名前が浮かぶはずです。自主管理運動とは、会社がつぶれた後、労働者がその会社の経営権を受け取って、経済から何から全部やる運動です。そこには当然、政治が出てきます。その政治とはまずは管理です。会社を経営するために労働者評議会をつくる。普通の労働組合ではできない。つまり経営は経営側にある。自主管理は、労働者評議会が経営者である。労働者評議会の構成メンバーは労働組合員である。彼らの仕事は賃金の値上げではなく、経営することです。

この延長線上に政治機構を置いたのがプルードンです。経済の相互主義《Mutualisme》[13]と政治の連合主義《federalisme》[14]との二元論は、政治と経済を労働者が行うことを意味しています。このことを最も明確に運動として展開したのはローザ・ルクセンブルクです。マッセンストライキ[15]（大衆ストライキ論）という議論がある。大衆ストライキ、つまり労働者たちが工場を占拠していくことによって政治と労働組合を融合する運動です。

アソシエーション運動とはまさにそれです。アソシエーション運動は、労働者たちが自分たちの賃金を上げることだけに熱心になるのではなくて、自分たちの企業を自治すること、社会を運営する運動です。

マルクスもずばり、このような意味においてアソシエーション運動論者です。マルクスはプルードンの本を読みながら、プルードンが主張したようなオートジェスシオン、つまり労働者が自ら企業を政治的に支配していくという発想へと進んで行きます。ただこの問題に対してオーソドックスなマルクス主義解釈は、長いことかなり批判的であった。

アソシエーション的運動とは

しかし本来、共産党と労働組合は分離するはずがない。ところが、社会主義国でも資本主義国でも労働運動と政治運動は完全に分離してしまった。完全に分離してしまったことが現在左翼運動、抵抗運動を停滞させている。

この問題はスピノザまでさかのぼれる根本的な問題です。つまり、そもそも共産主義運動は、個人の政治的な権利を第三者に委譲できないという前提であった。第三者というのは選挙によって選ばれる代議員のことです。そうであったのにいつのまにか共産主義運動は政治的権利を委譲していくシステム、すなわち間接民主主義的システムに乗ってしまった。マルクス主義は一七世紀から始まる民主主義的代議制運動に巻き込まれた。

だから労働者は賃上げ闘争だけ行えばよくなった。そして政治的には第三者たる共産党に委任してしまった。この分離はそもそも本来長く流れている共産主義運動の流れとずれているわけです。このずれによって、共産主義運動は民主主義運動の実現形態になってしまった。いまでは共産主義とは民主主義であるとどこの共産党も言っています。これは皮肉ではなく、本気でそう思っているわけです。

だから共産主義はおかしなことになった。共産主義の政治は、労働者の直接民主的な政治の形態を避け、労働者の政治的関心を奪った。そして資本家の上げる利益を独占し、それを上から再分配することこそ共産主義だという考えが生まれた。だからアソシエーションなんて発想はまったく出てこない。

本来の共産主義運動は、労働者たちが自らの利益を得ることと同時に自ら政治を行うことであったわけです。積極的な政治参加という後者の側面が消えたわけです。この『哲学の貧困』では労働者階級は自らを解放するために、積極的に第三者に政治権限を委任することがあってはならないと、書いている。

前にも言いましたけれども、市民社会的なマルクス主義(16)というのは成立しようがないのです。つまりマルクスの共産主義の運動というのは、自らの利益を確保することであるのみならず、自らの政治を行うことである。だとすると政党という前衛は本来の意味を失います。

もっともマルクスもずっと一貫しているかというと必ずしもそうではない。これまでの議論もそうですが、マルクスの議論はかなり矛盾している。マルクスはしばしば反対のことを言ったりする。これはどの思想家でも同じであって、あえて一貫して説明する必要はないと思われます。

たとえばこの点に関してその矛盾を言いますと、マルクスは一八六四年の第一インターナショナルの宣言(17)を起草した中心人物だったわけですが、労働組合運動を積極的評価し、労働組合運動は議会に議員を送り込むための基本組織だと考えています。これは矛盾じゃないか。

こういう矛盾はたくさんあります。ただ問題は、どちらのほうに彼の本質的な要素があるかということでしょう。マルクス自身長い共産主義運動の延長線上にいた人物である以上、その流れの中でどう位置づければいいかという点も考慮しなければなりません。発言の中にある本質的な面とそうでない面との検討が必要です。

その点から見て、政治運動と労働組合運動というものはやはり分離すべきでないとマルクスは考えていたような気がします。でもこれを認めると、ことごとく既存の左翼政党のマルクス主義は間違いになる。なぜなら前衛政党という考えがあるからです。前衛たる党が労働者を引っ張っていくという発想が崩れてしまうからです。

この問題はマルクス主義のアポリアの一つです。解けない問題の一つ。いわば共産主義運動というのは共産党という前衛が労働者を啓蒙《けいもう》し、指導するのかそうでないのかという問題です。

この問題こそ、マルクス主義と言われた共産主義運動の大きな問題だったわけです。過去に成功したと思われていたソヴィエト型社会主義の多くは、基本的には前衛党たる共産党が引っ張っていく共産主義でした。ところが共産党が労働者を引っ張っていくという方法が成功したかどうか、これは疑問です。

それに対し民衆、労働者がストライキをやり、自らの力で政治を獲得する革命が一方にある。各地の労働者たちがストライキをやる。そして全国ゼネストをやって、国家を機能停止させる。機能停止になったことにより、労働者たちは自らの工場の中で経営権をとる。いやこれは夢物語りではありません。それはありえるんです。確実に二ヶ月も三ヶ月も工場が停止すれば、崩壊します。武力を経ずして政権は崩壊します。

このような形の典型がパリ・コミューン(18)です。とはいえこれしかないのですが。それ以外の多くの革命は前衛党たる共産党の指導による革命です。マルクスはそのどちらだったのか。マルクスはパリ・コミューン的な発想をもっているはずである。とはいえ、そうでないところもたくさんありますから、あえてどちらだと言うべきではないかもしれない。むしろどちらのほうに読むほうが現在の意味として意味があるかということを考えたほうがよい。現在の意味で読み込むならば、多分パリ・コミューン的な運動を支持していたと見るほうがいいかもしれない。

現在議会制民主主義の中で政党が総主流化していく中で、ますます共産党をはじめとした左翼運動が衰退しています。実際、共産党や社会民主党といった名前がついているけれど、実情は第二の保守党、第三の保守党になっている。これが抵抗勢力になるとはまったく思えない。

(1)『哲学の貧困』は一八四七年ブリュッセルで出版されたマルクス単著の最初の書物である。『マルクス・エンゲルス全集』大月書店、第四巻。

(2)『貧困の哲学』は一八四六年、二巻本として出版された。正式なタイトルは『経済的矛盾の体系、すなわち貧困の哲学』である。

(3)プルードン(一八〇九―一八六五)。フランスの社会主義者。『所有とは何か』(一八四〇)で一躍世間の注目を浴びた。

(4)労働収益論とは、収益は労働者のものであるという発想。アントン・メンガー(一八四一―一九〇八)の『労働全収権史論』(森田勉訳、未来社、一九八九)が有名。

（5）リカード派とはあとからつけられた名前であり、ブレイ（一八〇九―一八九五）、ホジスキン（一七八七―一八六九）などがいる。
（6）労働貨幣とは、労働を尺度として計算された貨幣のこと。
（7）グリュン（一八一七―一八八七）。ドイツの社会主義者。
（8）社会的必要労働量とは、あるものを作るのに社会的に必要な平均的労働量のこと。
（9）商品・貨幣論争とは、社会主義社会において商品・貨幣関係は存在するかどうかという議論であった。
（10）ドイツ社会民主党にはカウツキー、ベルンシュタイン（一八五〇―一九三二）らがいた。
（11）ローザ・ルクセンブルク（一八七一―一九一九）。ポーランド出身の女性共産主義者。著書に『資本蓄積論』（一九一二）などがある。
（12）旧ユーゴスラヴィアでは自主管理運動が盛んであったが、それは複数の労働者による経営管理であった。西側でのオートジェスシオンは、倒産した工場を労働者が立て直す運動として発展していった。
（13）相互主義とは、権力を垂直的にしないで水平的に維持する経済的方法。具体的には経済の集中を防ぎ、銀行決済により、独占と無政府性を除去することである。
（14）連合とは、水平的な政治を維持するために中心を置かない方法である。
（15）ローザは一九〇六年「大衆ストライキ論」を執筆する。そこで展開されたのがこの運動である。
（16）市民社会的マルクス主義。一九六〇年代、平田清明を中心としてマルクス主義の市民社会的解釈が行われた。その流れを指す。
（17）マルクスはこの宣言の中で労働組合を高く評価した。
（18）一八七一年に成立した労働者によるパリ市の掌握と共和制の宣言。

九章　共産主義の亡霊と『共産党宣言』

『共産党宣言』とは何か

新しい政治運動を考えるためには前衛党による共産主義革命などという話はやめたほうがいい。そこに『共産党宣言』[1]をどう読むかという問題が出てくる。『共産党宣言』こそ、前衛党たる共産党というイメージが出てくる本です。なぜならば、ずばりこのタイトルが『共産党宣言』だからです。

以前からこういう問題がありました。『共産主義者宣言』なのか『共産党宣言』なのか[2]というタイトルの問題です。マニアックな研究者の議論とも思えるようなものですが、これは意外と重要なんです。なぜなら、共産党宣言と考えれば、プロレタリアートを引っ張って革命闘争する指導的な党の宣言なんだというイメージがふくらむ。共産党は中核であり、その周りにプロレタリアートがいるという発想をしたがる人は『共産党宣言』にこだわる。

しかし共産主義者宣言ならばちょっと意味が変わる。共産主義者というのは共産党ではなく、共産主義を標榜《ひょうぼう》し、意識している人たち全員のことです。

確かに初版は直訳すれば『共産党宣言』であった。ただし内容的には共産主義者宣言が正しいのです。なぜならば共産主義者同盟は政党ではなく、労働者組織だったからです。だから本来『共産主義者宣言』と訳すべきです。しかしもうここまで定着していたら『共産党宣言』と言うしかない。

『共産党宣言』は『哲学の貧困』が出版された直後に出ている。本当に直後です。『共産党宣言』は、共産主義者同盟の綱領として一八四八年初めに出来上がる。そこまでに至る経緯はこうです。

『宣言』のはじめの草稿は、エンゲルス(3)や共産主義者同盟の議長シャパー(4)などが書きました。しかし結局まとまらない。そこで最終的にマルクスに一任される。こうして書き上げられます。ですから『共産党宣言』というのは、マルクス、エンゲルスの著作と言われますが、広く言えば共産主義者同盟の著作であり、厳密に言えばマルクスの著作であるということです。

『共産党宣言』は組織の綱領です。だからマルクスの個性がないかというと、そうではない。筆の勢いや論理の進め方などマルクス特有のものがあります。しかも、『哲学の貧困』の直後ですから、内容もそれを受け継いでいる。たとえば労働運動と政治運動は分離すべきでないという発想などがそうです。

しかし、労働運動と政治運動が分離すべきでないということになれば、前衛党たる共産党の宣言というのはおかしいではないか。確かにそうなのです。矛盾している。『共産党宣言』は四つの章に分かれています。その第二章に、プロレタリア党とはいったいどんなものであるかという部分があります。まさにこの解釈と関係してきます。

そこにいく前にいくつかの有名なキータームを見てみましょう。『共産党宣言』といえば、あの有名な言葉があります。「万国の労働者よ、団結せよ」です。これは最後の第四章の最後の言葉です。それから、「人類の歴史は階級闘争の歴史であった」は、第一章の冒頭。次にデリダが『マルクスの亡霊』(5)を書いて、最近注目を浴びた言葉、「ヨーロッパに亡霊がうろついている」は、短い序文の中にある。

共産主義者とは

まず「共産主義の亡霊」という表現ですが、その部分を引用します。

「ヨーロッパではひとつの亡霊がうろついている。それは共産主義の亡霊である。旧いヨーロッパのすべての権力はこの亡霊に対して神聖な取り締まりを行うべく団結している。その団結とは、法王(6)とツァー(7)、メッテルニヒ(8)とギゾー(9)、フランスの急進派(10)とドイツの警察である」(『新訳共産党宣言』的場昭弘訳・著、作品社、二〇一〇年、四二頁)

デリダはこの共産主義の亡霊という言葉をとって『共産党宣言』の何倍もある書物を書いたわけです。発想が非常にいい。亡霊という言い方をマルクスは結構いろいろなところで使うんですね。『フランスにおける階級闘争』や『ルイ・ボナパルトのブリュメール一八日』（一〇章参照）に何度も出てきます。デリダはどうでもいい言葉をつかまえて、よくまああれだけの書物を書いた。それはそうとしてこの言葉には確かに重要な意味がある。

ここで「共産主義の亡霊」と言われているものの実態は、はっきり言って共産主義者ではありません。むしろ広い意味で民主主義者のことなんです。なぜ共産主義と言っているかというと、ロシア、オーストリア、フランスでは、民主主義者などの物騒な人々は全部ひっくるめて共産主義者だと思われていた。権力に対してケチをつける奴はみんな共産主義者の中に一緒くたに投げ込まれてしまった。

つまり国家権力に対してはむかうものが、共産主義者であるということは間違ってはいない。しかし何が間違っているかというと、権力が共産主義者を現実の力以上に高く評価し、誤解している点です。彼らが言っている共産主義者とは、民主主義者のことです。皇帝や国王からすると民主主義者も国家権力に対して抗議している以上、すべて共産主義者である。

国家権力に対して抵抗している運動が共産主義だということは間違っていない。事実共産主義者は民主主義者の中に隠れていたわけです。誤解であろうと買いかぶりであろうと、共産主義者を恐れてくれることは、すでに彼らが認知されていることでもあるわけです。共産主義は独自の運動としては認められていないが、何かしら危ないことをする運動であることは認められている。だから、共産主義者は、民主主義者ですら共産主義者であると思われている現状にとりあえず乗ってしまう。

実際この時代の共産主義運動は民主主義との協力体制をとっていた。共産主義者は民主主義者でもあったわけです。その意味で間違ってはいない。なぜ民主主義者と共産主義者が協力したか。これはいま言ったように、民主主義者ですら国家権力の解体を要求している脅威的な存在だったからです。マルクスは民主主義運動に乗じているという点で、亡霊という表現を使っています。

階級闘争の歴史とは

冒頭で、人類の歴史と階級闘争が問題になっています。この解釈にはこれまでかなり大きな誤解がありました。どういうものかというと、人類の歴史は階級闘争の歴史であると書いてあるので、これまでのすべての歴史は階級闘争の歴史であったと考えるという誤解です。

冒頭の言葉だけ読めば、なるほどいままでの人類の歴史はすべて階級闘争の歴史と見える。しかしよく読むとそれはおかしい。この文章のすぐ後にこう書かれています。人類の歴史は確かに階級闘争の歴史なんだけれども、厳密な意味での階級闘争というのは資本主義社会しかないんだと言うのです。もっと言えば、資本主義が発展していく中で生まれてくる。

つまり資本主義社会以前は厳密な意味での階級闘争の社会ではない。ではなんで人類の歴史は階級闘争の歴史だと言ったのか。[11]不思議ですよね。二極分解した階級闘争の歴史というのは、プロレタリアートとブルジョアとが完全に分かれた資本主義社会しかありえません。

それまでの階級闘争の歴史は何かというと、それはこうです。原始共産制[12]の社会を除けば、支配するものと支配されるものがいる。これは変わりません。しかしその被支配者の中には複数の支配者と被支配者がいる。そしてその関係はけっして被支配者という一極に分解していかない。

権力者の側も似ている。権力者である領主の上には、さらに国王がいる。また領主の下には、中間的な階級がいる。いわば権力者と被権力者のさまざまな亜種に分かれていて、その時代の社会機構として両極分解を促進していかない。一種のさまざまな階級の均衡状態が中世から資本主義ができる直前まで続く。すなわち階級関係を分散する安定装置が働いているわけです。

安定装置によって被支配者のマルチチュードをつくらない。権力を分散させているわけです。権力を分散させているがゆえに、両極の対立にならない。とは言うものの、それでも階級闘争の歴史であることには変わりはない。つまり階級はあったわけです。資本主義社会のように明確に二極に分かれてはいないが、さまざまな形で階級闘争をしていた。ただ冒頭の「人類の歴史は階級闘争の歴史である」という、ずばりあの二極対立を思い起こさせる階級闘争の歴史は資本主義しかないんです。もし資本主義以前にそれがあったらおかしい。

だから、マルクスは資本主義社会を特殊な社会と考え、ブルジョアとプロレタリアートとの分離の特殊性を延々と書いていくわけです。ブルジョアはどんどん淘汰《とうた》され少数のブルジョアへと近づいていき、プロレタリアートは多数のプロレタリアートへと近づいていく。その中間にいる階級がどんどん消えて行く。中間階級が完全に消えるのは、資本主義社会しかない。だから資本主義社会は特殊なのです。

資本主義の特殊性

資本主義が特殊だというのはこういうことです。かつて君主制においては王の支配は神の託宣を受けていた。国家権力の正当性は一種の魔術[13]を根拠にしていた。しかしだんだん民衆に知恵がついてくると、その根拠が薄弱になった。それが社会の危機です。

近代はまさにそこに始まったわけです。王様が王様としての権利を、魔術をもってしても、予言をもってしても行使できない。こうして合理的な説明が求められた。この合理的な説明によって考え出されたのが民主政である。つまり国王の支配権の正当性は神の託宣ではなく、社会契約によって選ばれたという説明です。これは一種のトリックです。

このように説明すると、なるほど納得はする。しかし実はこの説明の裏には危険がある。王の支配を社会契約だとすると、契約は破棄できる。破棄して民衆の支配も実現できる。もしそうだとすれば、国王と民衆は対立し、階級闘争は激化し、革命が起こる、フランス大革命の一つのイメージはそれです。

その危険を国王は避けねばならない。ここで国王は民衆の眼を外に向ける。外国に侵略し、外国を収奪する。その獲物を民衆にばらまくということによって、民衆を懐柔する。ここでは外国に対して民衆と国王は権力を構成している。民衆は被支配者でありながら支配者となる。厳密な意味での被支配者とは侵略されたアメリカやアフリカ原住民である。

こうして危機を乗り越えようとした。

だから外部にブラックボックスをもつということは、常に権力を維持し、階級格差を是正し、階級闘争を忌避するために役立つ。資本主義以前にはこのシステムがかなり機能していた。ところが資本主義はこのシステムを捨てることを要求してくる。この外部を取り込まざるをえなくなってきた。これがまさに一九世紀から起こる世界市場の拡大です。もちろんそれは一九世紀に実現したわけではありません。むしろ一九世紀には、この外部が自国内の階級格差の緩和策になった。

資本主義は、外部被支配者たる奴隷たちを人間にし、労働者にした。こうして奴隷も労働者として組み込まれていく。アフリカの労働者もフランスの労働者も日本の労働者も労働者という次元においては、原則的に同じです。どんどん平面化された労働者となっていく。あくまでもそれは傾向であって、実際にそうなっていくというわけではない。国家装置がそれを押しとどめることはいくらでもあります。

そうやって構成された世界が資本主義社会であり、ここではまさに階級が両極に分化するしかない。階級闘争の歴史が実現するのは過去の社会ではなく、まさに資本主義社会です。

マルクスは『共産党宣言』でこう書いているわけです。人類の歴史は確かに階級闘争の歴史だったのだが、その闘争の歴史は明確ではなかった。最も明確になったのが資本主義なんだと。

プロレタリアートとブルジョアの二つしかない。このときにはじめて階級闘争が成立する。いままさにそれが始まっている。こうしてなぜそうなるのかという過程の分析が第一章で書かれていきます。

ブルジョアの要求はプロレタリアの要求である

a 所有の実現

第二章では、階級対立の結果、ブルジョアはさまざまな要求が実現できなくなって、結局それを実現するのはプロレタリアートであるというメカニズムが説明されます。

ブルジョアの要求とは何かと言うと、こういうものです。たとえばブルジョア的私的所有。しかし、たとえば一軒家をもちたいというブルジョア的要求は、ブルジョア社会では実は実現できない。ブルジョア社会では、プロレタリアートはますます貧困になることによって、一軒家どころか住む場所さえ失う。これは皮肉なんです。

ところがブルジョアは、共産主義者に向かってこう言います。共産主義者は恐ろしい。なぜなら個人の所有をみんな収奪して、全員の所有にしようとしている。しかしそれは逆なんだと言います。ブルジョア社会こそ実は所有を一挙に独占して、人々に所有を与えないんだ、まさにそうです。

そう言うと必ずこう反論がでます。それはおかしい。だってみんな資本主義社会ではいい生活をしているではないかと。マルクスの議論は時代遅れだと。確かに資本主義を欧米と日本に限れば、表面的にはそう見える。しかしその外を覗《のぞ》いて見るとそうではない。この外部からの収益金がばら撒《ま》かれる構造が続いているかぎり、先進資本主義国での労働者の生活はまさに労働貴族⑭に相当します。しかしこれは徐々に崩壊しつつある。結局いまでは将来の安定は確かではないのです。

収奪される労働者にブルジョア的要求を実現できる可能性はない。実は資本主義のほうが大所有によって個人的所有を制限している。これは所有の収奪と言えば言えないことはない。だからマルクスはここでパラドックスを展開する。

共産主義者は所有を廃止していると言っているが、実は所有をさせないのはブルジョアのほうなんだ。むしろ逆に共産主義こそ所有を与えると。事実そうなんです。共産主義は資本家たちによってとことん零落していったプロレタリアートを解放して、プロレタリアートにそれなりの生活を保障する。プロレタリアートに実は所有を与えるのです。所有を奪うことはない。

　ただしこれは資本主義のような排他的所有ではない。むしろ集団的所有なんですね。この集団的所有というのは、アソシエーションという言葉です。だから所有概念が変わる。そういう意味では所有は実現しますが、内容が変わる。

　昔一九六〇年代の平田《ひらた》清明《きよあき》(15)の言葉で言えば否定の否定、(16)否定された所有が復活する、個体的所有(17)の復活というような言葉がありましたけれども、むしろアソシアシオンの復活と言ったほうが明確かもしれません。ブルジョア的な個人的所有が復活するのではないということです。つまり自分だけのもので、他人は絶対に私の土地に入ってはいけないという排他的所有ではない。

　それではブルジョア的所有のほうがいいじゃないかという反論がありえます。自分の家があって自分の世界があって。しかし、そうした排他的なことを言う人間がますます少なくなってくる。世界的な規模で人間の所有を考えればそうならざるをえない。排他的ではいられなくなる。そういう排他的な所有ではなく、全員がちゃんと住める場所を確保しようということです。

　ブルジョア社会では、過去が現在を支配する。過去の巨大な蓄積、親の遺産があるから何もしないで生きていけるとか、こうした世界がある。死せる人間が生きた世界を支配する。しかしプロレタリアートは生きた人間が死者を支配する。生きた人間のほうが大事なんです。しかし現実には機械や資本といった過去の人間の労働の結晶が私たちを牛耳っている。

だからブルジョアが言っていることは矛盾する。ブルジョア社会は、過去の労働、すなわち過去労働によって、豊かな社会をつくると言いながら実はその資本たる過去労働によって人々は支配されている。彼らが言う所有は、人々の個人的な所有ではなく、過去の巨大な資本の所有です。だから共産主義社会は、個人的所有は再建するが、この資本を再建するわけにはいかない。

b 家族を再構成する

共産主義者は家族を廃止して、男も女も共同生活をする恐ろしい連中だと、ブルジョアは批判する。これもマルクスは、実は逆なんだと言います。むしろそうしているのはブルジョア社会のほうであると。

本当は共産主義者のほうが家族を復活しようとしている。ブルジョア社会は家族をつくりえていない。資本主義社会では労働者は結婚できない。確かに理念としては結婚は自由である。階級、財産、学歴の違いにかかわらず結婚は自由である。しかし実際は自由に結婚できていない。いや結婚すらできていない。

貧乏であれば結婚なんかできない。ブルジョア社会で言っている家族というものは、実は資本主義社会では実現できない。安定した収入、安定した世界が前提とされるような家族。ブルジョア社会の家族というのは、いわば金銭で結びつかざるをえない。ですから金銭で結びつかない家族、愛で結びつく家族というものをつくらなくてはいけない。その意味でブルジョア的家族は廃止される。

c 国際的連帯と愛国

ブルジョアは、共産主義者は国を外国に売り飛ばすと批判する。つまり外国人と手を組んで外国に国を売り渡すと。しかしこれはまったくの誤解である。それをやろうとしているのは実はブルジョアです。資本家はむしろ他国の資本家と組んで、企業を多国籍企業化する。確かに企業には出身地の名前がついている。だから自国の企業の活躍に喜ぶ。これは誤解でもある。資本には国境がありませんから、どんどん形を変えて世界中に広がる。世界中のブルジョアはお友達でもある。彼らは英語も、フランス語もできて、おたがい同士仲間である。プロレタリアートは語学もできないし、外国に友人がいるわけでもない。

収奪されているという点では共通性があるが、コミュニケーションなんてない。ただし、貧乏人同士、情緒的コミュニケーションがとれる。しかし、いわば利益の共同体としては結びついてはいない。むしろ利益共同体化しているのはブルジョア社会である。だから国を売り飛ばすのは、むしろブルジョアであると言うのです。

共産主義者は民主主義者である

こうして、実は共産主義者が要求しているのは、全部ブルジョア的民主主義者が要求していることなんだと主張することによって、共産主義者とは実は真の民主主義者なんだと主張する。

共産主義が民主主義であるということは、共産主義者はブルジョア的民主主義者であると主張していることではありません。むしろ彼らの民主主義こそ民主主義ではないんだと批判しているわけです。

この問題は一七世紀にまでさかのぼる問題です。ブルジョア社会は、君主制の権力構造をそのまま継承している。国家権力もそのまま継承している。つまりこうです。制度としては民主主義制度を導入したが、国家権力を独占するのはブルジョアである。この権力装置の独占状態があるかぎりは、民衆が自らのための政治を行うことはできない。このブルジョア的国家権力の装置こそ民主主義いわゆる代議制民主主義[18]と言われている装置です。代議制民主主義というのは、形式的に民衆に政治の権利を与える。しかしそれをすぐに委譲してもらう。結局代議士として選ばれるのはブルジョアである。

だから共産主義社会はこの代議制民主主義を中心とするブルジョア民主主義を批判する。それを実現するにはブルジョア民主主義と合体している権力体制を解体するしかない。権力を解体するということは、誰も権力をもたないということになります。政治を支配する権力をもつ体制をつくらない。

しかしこれは大きな実験です。権力をもたずして、権力を行使する世界。ここで登場するのはアソシエされた[19]人間という言葉です。アソシエされた人間とは、個々に分離した資本主義社会の市民と対極にある言葉です。

ブルジョア社会は、人間を個々人に分解する。個々人の所有、個々人の所得というように。アソシエされた人間とはこの反対の集合した人間です。ここでは個々の所有ではなくて、集団の所有になっている。アソシエの集団とは連合ですから、そこに権力の集中はない。所有形態はある権力集団に支配されているというのではなく、横につながっていることになる。

生産形態が、こうしたアソシエされたアソシエーションによってつくられるならば、政治もそうした集団を基礎としなければならない。アソシエを基盤とした政治は直接民主制でなければならない。権力を認めないわけですから。

アソシエという概念は、使い勝手が非常にいい。しかし日本語で言うと、連合となる。するとどう違うんだということになる。言葉ではなく概念として違うのです。アソシエというのは、長い間培われてきたいわゆる共同労働、共同社会という言葉の延長線にある概念である。そこには個々人が分離できない集団としての人間が前提とされている。これは個々人に分離した市民社会の反対概念である。市民社会に対するアソシエです。

アソシエこそ市民社会だという人がいるのですが、これはおかしい。アソシエと市民社会とは個々人が分離するかどうかという点に大きな違いがある。市民社会的所有というのはブルジョア的所有です。マルクスはビュルガーリッヒ[20]（bürgerlich）という言葉を資本主義的という意味と市民的という意味に使っていますが、これは同じ意味なんです。ブルジョア的所有は、市民的所有であり、市民的所有はブルジョア的所有なのです。市民的所有だけそこから抽出できない。だからビュルガーという言葉の中には、ブルジョア的所有ではない市民社会的所有があるなどとは考えられない。

共産主義の亡霊

アソシエ運動のように展開される共産主義は、いわば実現できそうにもない幻である、いわば亡霊である。つまり現実には存在しない。現実が存在しない亡霊の運動として存在しているわけです。

この運動は現実の重荷を批判するひどく実現しがたい亡霊の運動である。しかし、なぜそれにおびえるかといえば、権力者がつくりあげた世界を破壊する不気味さがあるからです。ブルジョア社会に対して、とことん脅かし、抗議をして、間違っているんだということを主張する、そうした連綿と続く運動、これが共産主義だと言うんですね。

共産主義というのはそういう意味で運動です。まだ具体的な力になってない、あくまでも亡霊のような運動です。この現世の世界にこの亡霊がときどき降りて攪乱《かくらん》する。『共産党宣言』というのは皮肉な書物です。『共産党宣言』と言いながら、実は共産主義なんか当面実現しない、遠い将来に実現される可能性がある。遠い将来そうなるだろうと。しかし一方でそのことがものすごく恐れられる原因となる。当然だと思ってきた権利をことごとく批判するんですから。ことごとく資本主義を告発する『共産党宣言』は、いわば反権力の象徴です。

反権力の象徴として未来に向かって人々を導くというのが『共産党宣言』の最も根本的なポイントです。つまりブルジョア社会が実現しようとして実現しなかったものをごっそり頂く。なぜならブルジョア社会では絶対に実現できないからです。

共産主義運動は、民主主義社会、市民社会、資本主義社会の強力な敵だ。それをあまり主張するのは昨今では憚《はばか》られることかもしれないですが、理論的にはそう言わざるをえない。なぜならば、民主主義も、資本主義も人間を個々人に分解することから始まった。その分解によって階級闘争が始まったからです。

プロレタリアートの団結の意味

最後にこう書いています。

「プロレタリアが革命において失うものがあるとすれば、それは自らをつなぐ鎖だけである。共産主義者は世界を獲得しなければならないのだ。

あらゆる地域のプロレタリアよ団結せよ！」（『新訳共産党宣言』的場昭弘訳・著、作品社、二〇一〇年、七九―八〇頁）

プロレタリアートは鎖以外に何ももたない。プロレタリアートは鎖、要するに賃労働という形で資本家に支配されています。ですからその意味で、完全に奴隷状態なんですね。そんなものは失ったほうがよい。しかし、むしろ鎖をもっているからこそ共通の内容をもっている。抑圧されて自由を奪われているという共通性をもっている。だからプロレタリアートは団結できるのです。

ですから、あらゆる地域のプロレタリアートの団結が可能である。「万国の労働者よ、団結せよ」と普通訳されています。私は万国の労働者という言い方は不正確だと思います。あえて「あらゆる地域のプロレタリア」と訳し変えました。

これはなぜかというと、各国の労働者が国境を越えて結合するという意味ではないんです。すでに当時あらゆる国の労働者があらゆる地域に散らばっている。混合しているんです。いわばマルチチュードとして混合している。一八五〇年代までこうした混合が続いていたわけです。当時は労働ビザがなかった。労働ビザによる規制は一九世紀後半です。イギリス人がフランスへ行って働くことも自由だったし、ドイツ人がフランスへ行って働くことも自由だったんです。そのうち労働組合ができて、いわゆる外国人労働者を追い出しはじめるんです。そのときにはじめて労働ビザが必要となる。

ですからこの時代にはいろいろな人間がやって来ていた。(21) 事実マルクスたちの共産主義者同盟の中にはいろんな国民がいた。だから『共産党宣言』は出ると同時に複数の言語で出されることになっていた。

移動するプロレタリアートはマルチチュードなんですね。マルクスが『共産党宣言』を書いたのはベルギー[22]です。これを印刷したのはロンドン[23]です。それは共産主義者同盟が国境をまたいでいたからです。国際的です。労働者はヨーロッパ中を動いているわけです。ですから民族という概念はまだ明確でない。

だから万国の労働者という表現はうまくない。「万国の労働者」という言葉は一九世紀後半に生まれる概念です。最初の邦訳[24]は二〇世紀初頭に出ます。しかし、これはその時代としては当然の訳です。一九世紀後半から二〇世紀にかけて、資本主義は国家主義的になる。

つまり資本主義は、労働組合を国民に限定するようになる。そして自国民の労働者の利益を守るようになる。こうなると移民労働者には労働運動への参加権はなくなる。こうして、国別単位の労働組合が成立した。国民単位で労働者が分かれることによって、はじめて万国の労働者という表現が生まれた。

実は国別単位の万国の労働者こそ大変な裏切り者となったのです。もともと労働者は自由に国境を越えていた。だからマルクスは、あらゆる地域で働いているあらゆる国民の労働者が団結することを考えていた。ところが、国別になったために団結よりも、敵対と排除が行われるようになったわけです。

『共産党宣言』は『共産主義者宣言』である

「万国の労働者よ、団結せよ」と訳せば、国別の組織としての労働組合を指導する政治的団体が表面に出てくる。各国の左翼政党です。各国の左翼政党は実は団結を阻止してしまう。しかし、この時代の共産主義者同盟はそうした組織ではないわけです。外国人が入っていても、本部がどこにあってもかまわない。ここで共産主義者同盟とは政党であるのか、そうでないのかという問題が出てきます。

共産主義者同盟は、労働者の集まりです。つまりプロの政治家、革命家の集まりではない。実際労働者たちが政治運動をやっているわけです。だから労働組合の上にある政党というようなものではない。だから正確に言えば政党ではない。

とはいえ共産主義者同盟のような組織はたちゆかなくなったから、政党であるべきだったのかもしれない。確かにそれはそれで認めるべきかもしれない。しかしその時代の発想を読み取るならば、前衛たる党はいない。

それでは共産党宣言は誰のために書かれたのか。未来の共産党のために書かれたのか。そうではない。このパンフレットは何のために書かれたのかというと、共産主義者同盟という組織のために書かれた。この組織には職人や労働者、さまざまな国籍をもつものが入っている。当時労働者は表立って政治組織をつくることはできなかった。結社禁止法[25]があって、イギリス以外では堂々と結社などできません。それは労働組合も同じことです。

そこで結社をつくろうとするわけです。その意味で結社の宣言であることは間違いない。

共産主義者同盟の前の組織、つまり義人同盟(26)は政治的秘密結社であり、かつまた相互扶助組織でもあった。共産主義者同盟は、秘密結社にありがちな危ない表現を消し去って、労働者の政治意識を高める組織として成立した。これは前衛党ではない。なぜなら構成員の多くが労働者（正確に言えば、靴職人、家具職人といった職人）であったからです。労働者の政治意識を高めるために、具体的に何がえられるか、また具体的にどうしたらいいかなどとは書いてない。むしろ、現在の資本主義社会の状況がたんたんと述べられている。

こうして大量に出版される予定だった『共産党宣言』ですが、四八年革命によってその計画は頓挫《とんざ》します。『共産党宣言』、すなわち『共産主義者宣言』はごく普通の労働者たちに政治的権利と経済的権利を理解させるためのパンフレットだった。

しかしマルクスとエンゲルスは再版のとき、『共産主義者宣言』としてしまった。これは事実です。一八七〇年代の時点では共産主義者同盟など存在していません。なぜ共産主義者宣言にしたのか、まさにこれまでいろんな解釈がなされてきました。

さて第二章の冒頭のところに共産主義者はプロレタリアートに対してどういう位置を占めるのかという部分があります。その部分こそ、解釈のポイントでした。

そこにこう書いてあるわけです。

「共産主義者は、他の労働者党と比べてけっして特別な党ではない。
共産主義者は、全プロレタリア階級と異なる利益をもつわけではない。

共産主義者は、プロレタリア運動に利用したいと望む特別の原理をもつわけではない。

共産主義者が、これまでのプロレタリア党と違うのは、まずプロレタリアのさまざまな民族的闘争において、民族籍から独立した全プロレタリア階級の共通の利益をかかげ、その意義を重視している点、次にプロレタリア階級とブルジョワ階級との間の闘争がもたらすさまざまな発展—段階において、つねに全運動の利益を代表しているという点のみである」（『新訳共産党宣言』的場昭弘訳・著、作品社、二〇一〇年、五六頁）

つまり共産主義者はプロレタリアートそのものでもないし、かといって彼らを指導するものでもない。共産主義者はプロレタリアートと利害を一にする。共産主義者は従来のプロレタリアートの党とは違って、国民を超えた利害を代表している。

ここからプロレタリアートの前衛としての共産党を理解しようとするものは、共産主義者すなわち共産党は、プロレタリアートの上に立つんだと考えるわけです。だからプロレタリアートを指導すべき党なんだと。しかしこれはやはり無理がある。プロレタリアートを型にはめるなと言っているわけですから。

こう考えます。共産主義者とは何かと言うと、ここに排除されているプロレタリアート全員である。それを意識している集団を、ここで言う共産主義者の党と呼ぶ。ここで言うパルタイというのは、共産主義者のエリート集団ではなく、共産主義を意識している人々全員である。このプロレタリアートは特別な権利をもっているわけではない。特別な権利というのは、民衆を扇動し、暴徒と化すようなアジテーションをやる権利をもっていないということです。至極真っ当な権利をもつ。つまりブルジョアが言っている権利をそのまま引き受ける。ブルジョアの言うとおりです。だからあなたたちの言うことを私たちがやってあげますよ、という主張をする権利をもつことです。従来のプロレタリアートと違い、また共産主義者の仲間だと評しているこれまでの党と違い、私たちの党はごく普通の民主主義者なんだと述べている。そして私たちは当然民衆ですから、民衆には国境はない、国民といった概念はない。だから世界の民衆は全員共産主義者になれる。

このように理解するとすれば比較的すんなりと理解できる。こうした理解の前提にはスピノザの文脈があるからです。結局は誰かの指導を仰ぎ、共産主義をめざすことはできない。自らの力でしか目的は果たせないと言っている。共産主義には政治権力の委託などはない。だから前衛党が権力を握ることなどない。共産主義者全員が自ら獲得することしかないんだ。そこには党なんていうのはそもそもないという発想なんです。

(1)『共産党宣言』(一八四八)は、同盟(共産主義者同盟一八四七―一八五一)の綱領として出版された。『マルクス・エンゲルス全集』第四巻所収。

（2）『共産党宣言』の初版のタイトルは共産党宣言（*Manifest der Kommunistischen Partei*）であった。共産主義者宣言（*Kommunistische Manifest*）になるのは第二版（一八七二）からである。
（3）エンゲルスの草稿は『共産主義の原理』（一八四七）と言われている。
（4）シャパー（一八一三—一八七〇）の草稿は『共産主義者の信条』（一八四七）と言われている。
（5）デリダ（一九三〇—二〇〇四）『マルクスの亡霊』（*Sceptres de Marx*, Paris, 1993）。
（6）ローマ法王のこと。
（7）ツァーとはロシア皇帝のこと。
（8）メッテルニヒ（一七七三—一八五九）。オーストリアの宰相。
（9）ギゾー（一七八七—一八七四）。フランスの首相で歴史家。
（10）いわゆる急進主義者のことではなく、ブルジョア共和派のこと。
（11）プロレタリアートとは、生産手段を自らもっていないもの。ブルジョアとは生産手段をもっているもの。広い意味では貧しいものと富めるものとしても捉えられる。
（12）原始共産制とは、人類史の最初にあった平等な社会のこと。その後、古代奴隷制（専制支配者と奴隷の世界）、封建制（領主と賦役農民）、資本主義（ブルジョアとプロレタリアート）、社会主義・共産主義（闘争なき社会）という図式になっている。
（13）王の権力は、武力だけでなく、神秘的な魔術的力によっても形成されていた。
（14）労働貴族とは、先進国の高い賃金を受け取る労働者のこと。イギリスでは一九世紀後半に労働者が貴族化したと言われている。
（15）平田清明（一九二二—一九九五）、主要著書に『市民社会と社会主義』（岩波書店、一九六九）がある。
（16）「否定の否定」『資本論』三巻の最後に出てくる言葉で、否定されていたものが、再び形を変えて登場することを意味している。
（17）個体的所有という概念は、個人が所有を独占している私的所有ではなく、個人の所有が社会に開かれている所有である。

(18) 代議制民主主義とは、直接民主主義の対語。代表を選んで、代表に政治を委任すること。

(19) アソシエとは連合する、協力するという意味。そこに中心のない平等な連合という意味がある。

(20) ビュルガーとは都市に住む市民のこと。しかし、現在の市民と違って都市の自治権を握る特権的地位をもっていた。その意味でブルジョアジーという意味にも通じている。

(21) 当時の移民労働者の状況については、拙著『フランスの中のドイツ人』(御茶の水書房、一九九五)参照。

(22) マルクスは一八四五年から一八四八年までベルギーのブリュッセルにいた。

(23) ロンドンの労働者教育協会の印刷所、ブルクハルトのところで印刷された。

(24) 最初の邦訳は、『平民新聞』創刊一周年(五三号)を祝うものとして幸徳秋水と堺利彦が一九〇四年に出版した。

(25) 結社禁止法(ル・シャプリエ法)。フランス革命の後、独占団体を禁止する法律として施行されたが、その法律は結社禁止法として労働者の団結を縛る。

(26) 義人同盟、その前身として追放者同盟があった。パリのドイツ人秘密結社として一八三七年ごろから存在していた。

一〇章　国家の解体
――フランス三部作

四八年革命

一八四八年革命を境にしたマルクスの理論についてお話しします。四八年革命直前に書かれた(1)『共産党宣言』は、四八年革命によってかなり修正せざるをえなくなります。四八年二月にフランスで革命が起こり、三月(2)にオーストリア、ドイツへと革命が飛び火します。こうしてヨーロッパ全体が革命に巻き込まれていきます。

革命が連鎖反応的に広がったというのは、過去をふりかえってもこの四八年革命以外にありません。一七八九年のフランス大革命(3)も単独革命です。もちろんその精神はナポレオン(4)によってヨーロッパ中に広がります。しかし革命は単独フランスだけにしか起こらなかった。一八三〇年の七月革命(5)もそうです。一八七一年のパリ・コミューンも限定的なものです。

ところが四八年革命においてのみ、ヨーロッパ同時革命だったわけです。この革命自体は起こるべくして起こったというほど明確なものではないわけです。一種偶発的な出来事（政治宴会[6]とミラノの蜂起《ほうき》[7]）から起こるわけです。しかしその展開はかなり急進的な部分を含んでいて、そういう意味で革命を主張する側は、それぞれの側から革命の意味をくみとろうとしていくわけです。

フランス三部作

マルクスはこの革命の経緯について二つの作品を著しています。その二つは『ルイ・ボナパルトのブリュメール一八日』[8]と『フランスにおける階級闘争』[9]です。ただ俗に、私たちはパリ・コミューンの際に書かれる『フランスの内乱』[10]を含めてフランス三部作と呼んでいます。

そこでこの三部作を検討してみます。フランス三部作は他のマルクスの作品と比べてかなり異なる大きな特徴があります。まずマルクスの他の作品の場合は、出版されなかったり、出版されてもその出版事情が不明確なものが多いのです。

たとえば『共産党宣言』には表紙にマルクスの名前はありませんでした。出版されたときは共産主義者同盟の綱領ですから名前もそこに書かれるわけはなかったわけです。それから『ドイツ・イデオロギー』は生前出版されたものではありません。『経済学・哲学草稿』も出版されていない。

はっきり言えばこれまでの章で述べてきたマルクスの著作は、『哲学の貧困』を除き出版されてはいないわけです。しかし、『哲学の貧困』はドイツ人がフランス語で書いた書物ですから、ドイツ人は当然のことフランス人でさえ読んだとは思えない。『独仏年誌』に掲載された「ユダヤ人問題について」と「法哲学批判序説」のような雑誌に載ったもの以外ほとんど知られていなかったわけです。もちろん例外は、『聖家族』（一八四五）です。これはエンゲルスとの共著ですが、マルクスの最初の著作です。

二つの作品『フランスにおける階級闘争』と『ルイ・ボナパルトのブリュメール一八日』は、マルクス自身が編集していた『新ライン新聞』(11)と『レヴォルツィオン』(12)というヴァイデマイヤー(13)編集のアメリカで出版されていたドイツ語新聞に掲載されます。その意味で当時の人々の目に触れているわけです。著作という形でまとまらなくても、多くの人の目に触れている。

と同時に多くの人にとってマルクスは経済学者や哲学者というイメージが非常に強いのですが、当時一般の目に触れたところから見るかぎり、マルクスはその時代の政治を厳しく批判するジャーナリスト(14)であったと言うほうが正しい。政治評論家マルクスだったわけです。その意味でも、フランス三部作は非常に重要な作品なのです。

とは言いながら、マルクスについてさまざまな議論を行うとき、ほとんどの人が避けて通る作品でもあります。この三部作が注目を浴びはじめたのは、やはりなんと言っても一九六〇年代以降だと思います。マルクスは国家をどう考えていたのか。マルクスは民主主義をどう考えていたのか。マルクスは革命をどう考えていたのかという問題に焦点が当たっていく中で、このフランス三部作が非常に大きな注目を受けていきます。特に国家論の分野で注目されました。ルイ・アルチュセールの友人でもあったプーランザス[15]だとかミリバンド[16]などの国家論研究がきっかけになるわけですが、マルクスの書物の中でもこの三部作を使って国家論、階級論、民主主義の分析をしたのです。

四八年革命の評価

フランス三部作は、中に出てくるレトリカルな文章があるんで結構知られてはいるんです。なんと言っても、マルクスの言葉で一般に流布している文章に次のものがあります。それは『ルイ・ボナパルトのブリュメール一八日』の冒頭の文章です。非常に有名な文章です。

「ヘーゲルはどこかで、すべての偉大なる世界史的事象と人物は、いわば二度出現すると述べている。彼は次のことを付加することも忘れていた。それは一度目は悲劇[17]として、二度目は茶番劇として出現するのだということである。コーシディエール[18]はダントンに、ルイ・ブラン[19]はロベスピエール[20]に、一八四八年—一八五一年の山岳派[21]は、一七九三年—一七九五年の山岳派に、甥は伯父[22]に。そしてブリュメール一八日の再版が演じられた事情も、これと同じ戯画である」（MEW、Bd.8、一一五頁）

歴史は一度目は悲劇、二度目は喜劇、すなわち茶番として現れるというこの表現はマルクスの言葉だといってよく引用される文章なんですね。内容について知らなくても、この表現だけは聞いたことがあるというそんな作品が、この『ルイ・ボナパルトのブリュメール一八日』なんです。

まずこの『ルイ・ボナパルトのブリュメール一八日』と、それから『フランスにおける階級闘争』の話をします。『フランスにおける階級闘争』の対象範囲は一八四八年革命からボナパルトが権力を握る一八四八年一二月までです。『ルイ・ボナパルトのブリュメール一八日』の対象範囲は、大統領に選ばれたルイ・ボナパルトが一八五一年のクーデターによって皇帝になるまでです。四八年革命の始まりと終わりのフランスを分析対象としているわけです。

『ルイ・ボナパルトのブリュメール一八日』は伯父《おじ》のナポレオン・ボナパルトのブリュメール一八日に引っ掛けているわけです。最初の悲劇というのがこれです。しかし二度目のルイ・ナポレオンの場合は喜劇であるという意味が含まれています。

フランス大革命と四八年革命はその意味で好対照をなしています。フランス大革命は、革命のあと非常に急進的な方向へ進んで行きます。国民公会の山岳派ロベスピエールによる改革。これが最終的に破綻《はたん》することによって、革命は元に戻るわけです。これと奇妙な対照をなしているのが四八年革命だった。

四八年革命は最初に急進的な革命で始まる。四八年二月に起こった革命は臨時評議会[23]を開くが、そこに多くの社会主義者たちが入ってきます。彼らは、普通選挙をやって革命を推進しようとするわけですね。そしてその四八年の六月には労働者の蜂起が起こる。ところが、それが軍によってつぶされることによって、革命は反革命へと進んでいく。

つまり四八年革命は一七八九年の大革命と違って、急進的革命から保守的な復古主義へと変わっていった。まさに大革命と逆であった。ですからマルクスはそのことを一度目は悲劇、すなわち真面目な話、二度目は喜劇、すなわちお笑いだと述べたわけです。

フランス大革命の亡霊

この説明の一つのキーワードになっているのが、亡霊という言葉です。亡霊というと「共産主義の亡霊がヨーロッパをうろつき回っている」という話を前章でしましたけれど、亡霊とはいわば現実には存在しないもの、私たちが最も恐れているものを意味しています。いわば最も私たちの恐怖をそそるもの、そういうものであったわけです。

この四八年革命における恐怖とは何か。つまり亡霊とは何かと言うと、それは一七八九年の大革命そのものなわけです。あの革命はフランスの権力者側にとって恐怖です。しかし、民衆にとって喜びです。この亡霊こそ、フランス国民を急進的な革命に向かわしめる力であると同時に、権力者側にとって復古主義へと向かわせていく悪魔であるわけです。

マルクスの作品は、このことを悲劇と喜劇という形で述べます。一七八九年大革命の亡霊はよく似ているがかなりコミカルな人物として出現する。たとえばあのルイ・ボナパルトはのろまなルイ・ボナパルトとしてといった具合です。亡霊は大革命のときより劣る役者になって登場している。はっきり言ってすべて大根役者です。

しかし権力者の側から見ると、あの大革命の再来のように見えます。だから権力者は畏《い》怖《ふ》した。そして民衆はこの亡霊に期待したわけです。しかし、まさに滑稽《こっけい》なこの大根役者の芝居こそ四八年革命を崩壊させていく本質でもあったわけです。亡霊はこけおどしであった。マルクスの分析のポイントは、まさにここにあります。

プロレタリアートと非プロレタリアート

この作品のもう一つのポイントは、プロレタリアートにあります。マルクスはこの『ルイ・ボナパルトのブリュメール一八日』および『フランスにおける階級闘争』の中で、これまで革命の最も重要な役割を担うはずのプロレタリアートを二つに分けるわけです。『共産党宣言』でプロレタリアートとブルジョアが両極分解するんだと述べていたにもかかわらずそのプロレタリアートを二つに分けてしまった。それまでプロレタリアートはブルジョア以外のすべて、つまり民衆と置いた。その中には、農民だとか、外国人だとか、あるいは最下層のプロレタリアート、通称ルンペン・プロレタリアートとかも含まれていた。ところがこの二冊の作品の中では、彼らは最も反動的な連中として、排除されていく。

マルクスの思想は変わったのか。あるいはマルクスはそもそもプロレタリアートというものを非常に限定的に見ていて、ルンペン・プロレタリアートを見下したのか。そういった疑問が出てきます。

もちろんマルクスのプロレタリアートとは、もともと賃労働者だけなんだと一貫して考えることもできます。つまりプロレタリアートというのは、工場なりで正規雇用されて賃金をもらっている人を意味する。ですから、芸術家だとか、大道芸人だとか、あるいは売春婦だとか、物乞いだとか[24]、こういう人々はプロレタリアートの概念には入らない。プロレタリアートは失業者ではないわけです。マルクスのプロレタリアートの概念はずっとこうだったと考える人もいます。

しかしそう考えると『共産党宣言』の主張と矛盾してしまう。たぶん私はそうではないと思っています。つまりもともとマルクスは、ブルジョアとプロレタリアの両極分解を言っていたのだから、プロレタリアートがルンペン・プロレタリアートとプロレタリアートに分かれたのでは両極分解にならない。プロレタリアが二つに分かれてはまずいわけです。資本主義社会においては究極には二つの階級にしか分かれない。その一つは資本家階級。これはますます人数が減っていきます。もう一つはプロレタリアート階級です。

もしプロレタリアートの集団に亜種があったら、そもそも封建制以前の社会と同じですよね。これじゃ理論は成り立たない。だからマルチチュードという言葉で言えるかもしれませんが、ルンペン・プロレタリアートもこのプロレタリアートに吸収されなければならない。

ルンペン・プロレタリアート

とはいっても、こういう形で言葉が出ているわけですから、その意味が何なのか説明する義務があるわけです。マルクスは『フランスにおける階級闘争』で、こう述べています。

「こうした目的のために臨時政府は二四大隊の移動警察隊を組織した。それぞれ一五歳から二〇歳までの若者からなっていた。彼らは大部分がルンペン・プロレタリアートに属していて、あらゆる大都市での産業プロレタリアートとはまったく異なる集団を形成し、泥棒やさまざまな種類の犯罪者の供給源であり、社会のゴミためで生活し、決まった職種を持たない人々で、浮浪者で、宿なしのならず者で、彼らの所属する民族の教養のレベルに従って相異はあるものの、ラザローニ(25)的性格をけっして捨てていない人々である」(MEW、Bd.7、二六頁)

要するにルイ・ボナパルトが権力を奪取するときに、どの階級を利用したかということです。権力者は最も弱いものと合体するというパターンですよね。これはあの網野善彦《あみのよしひこ》さん(26)が遊女と天皇を結びつけている議論と似ています。つまり最も強い者は最も弱い者と最短距離で結びついている。最も遠い者同士がすぐ隣にいるというきわめて微妙な配置というものが、現実社会において数多くある。これは利益共同体として成り立つわけです。

ルンペン・プロレタリアートには仕事がありません。だから金ですぐに裏切る可能性がある。ですから革命をつぶすには、ルンペン・プロレタリアートを金で雇えばいいわけです。若いルンペン・プロレタリアートを雇えば力になる。そのかぎりにおいてはルンペン・プロレタリアートは、お金で買われる存在だというふうに言えないことはない。それを考えると、いわゆるマルチチュードは分離している。

物乞いには仲間はいない。それから売春婦にも仲間はない。ルンペン・プロレタリアートというのは、けっしてまとまっているわけではない。分離している存在であると同時に、集団的存在なんです。ですから集団の存在としてはたぶんこうはならない。しかし個人としてはこうなるわけです。ルイ・ボナパルトは革命をぶっつぶすために彼らの対立を使ったわけです。

農民

このルンペン・プロレタリアートと並んで、もう一つ反革命的力として重要な位置にあるのが農民です。農民というのはプロレタリアートという存在を考えるとき、非常に微妙な位置にいます。これをめぐって後に、ドイツ社会民主党の時代ですが、大きな議論が起きます。それは何かというと、プロレタリアートの中に農民は入るのか、入らないのかという問題です。

農民は小土地所有者です。農民は土地をもっている。確かに豊かではありません。しかしある程度の土地の所有者であり、一方で地主的性格をもっています。この場合小作人はここに含まれてはいません。自分の土地を小規模ながらもっている農民たちを問題にしています。この農民たちはプロレタリアートのように、鎖に縛られてはいない。ということは農民はプロレタリアートに入るわけがない、だから、農民はプロレタリアートに零落するまで待つしかないという議論が当然出てきます。

やがて大土地所有者によって、小土地所有者の農民は衰退していきます。そうすると農民は、徐々にプロレタリアートになるしかない。こうなったときにはじめてプロレタリアートの仲間になるのであって、農民というのは徹頭徹尾プロレタリアートではない。これは、いまでもある議論です。

とは言っても、戦前、戦後を通じて日本の共産主義運動も、労働者と農民は仲間であり、農民のところに行ってプロレタリアートとの共同戦線を張ろうという動きはずっとあったわけです。これは日本だけではなくて、世界中やはりそういった運動がありました。農民も革命の主役であるという理解は、ずっと続いているわけです。

一方でそのような動きがありながらも、理論というレベルで考えるかぎりは、農民というのは非常に位置づけがたい存在です。農業労働者というのは日本では見かけられませんが、イギリスあたりでは一般的です。大地主の下で農業労働者として農業をやっている人たちです。こうした人たちはここでいう農民ではないわけです。ここで言う農民というのは小土地所有者の農民、あくまでも土地所有者である。ですからこの農民たちを仲間に入れられるわけがない。通常プロレタリアートに入れられないわけです。

入れられない根拠というのはまさに、マルクスのこの引用の文章にあるわけです。農民は、最大の裏切り者である。どう裏切り者なのかというと、こうです。ルイ・ボナパルトと共闘を組む大きな力になった理由の部分を『フランスにおける階級闘争』の中から引用します。

「一八四八年十二月一〇日[27]は、農民蜂起の日であった。フランスの農民にとって二月革命はこの日から初めて始まった。農民が革命運動に参加したことを印象づける象徴は、不器用さ、卑劣な素直さ、がさつな崇高さ、打算的な迷信深さ、もったいぶった茶番劇、独創的で子供じみた時代錯誤、世界史的ないたずら、文明への理解の及ばない象形文字であり、文明の中で野蛮を代表するこの階級の外観を明白にこの象徴は担っている」（MEW、Bd.7、四四頁）

つまり農民というのは、ひどい言い方ですけれども、愚か者で字も読めない。この四八年一二月というと、もうほとんど革命は終わっている。革命は反動へ向かっている。彼らは反動を革命だと思ってやってきた。革命が終わっているのになぜいまごろ立ち上がったのか。立ち上がったのは労働者の息の根をとめるためということなんです。

外国人

この農民と同時にもう一つ第三の力があるわけです。この第三の力はこの二つの作品には実は書かれていません。つまりこの二つの作品はフランスという限られた枠の中で革命の推移を議論してます。しかしもう一つ大きなマルチチュードたるプロレタリアートがいるわけです。このプロレタリアートたちをほとんど無視している。それは何かと言うと、外国人労働者、外国人ですね。

外国人は当時マルクスを含めてたくさんいました。実はこの外国人たちは本来のプロレタリアートの中に含まれていないんです。しかし『共産党宣言』では、プロレタリアートは外国人も含むんだと言っているのにここに含まれていないということは、そもそもまったく矛盾している。この問題もマルクスにとっていちばん痛いところです。痛いところというのは、マルクスの論理が外国人のプロレタリアートを排除したとすれば、差別していたことになる。これは大きな問題です。外国人を無視していたとすれば、マルクスの理論はもはや実は問題にならないくらいに時代遅れである。

これら三者、つまりルンペン・プロレタリアート、外国人、農民を無視するとすればそうです。しかしここで逆にこういうふうに読むこともできるわけです。ルンペン・プロレタリアート、農民、外国人と言われている人々は本来プロレタリアートに近いはずです。近いはずなんだけれども、彼らはプロレタリアートをなぜかくも憎悪するのか、なぜプロレタリアートに対して敵対するのか。一種の内部分裂がある。理論的に言えば彼らは全部プロレタリアートなのです。収奪されてるプロレタリアートです。しかしながら、現実のそれぞれの立場から言えば、彼らはいわゆるプロレタリアートを憎悪すべき、つまりプロレタリアートの競争相手である。

たとえばルンペン・プロレタリアートは虎視眈々《こしたんたん》と工場労働者たちの仕事を狙っている。現金収入のあるプロレタリアートに対して現金収入のない農民たちは、彼らに憧《あこが》れ憎悪する。外国人労働者にとっては、その国のプロレタリアートは、エリートである。この亀裂《きれつ》です、外国人労働者を含めたこの第三のプロレタリアートが、プロレタリアートの中に亀裂を入れる存在であるということは、否定しようがないわけです。

国家イデオロギー装置

あえてこの事実を如実に説明したのは、革命は思ったほどうまくいかないんだとマルクスは主張したかったわけです。と同時に革命には国家権力の問題がある。

国家権力というものはそれ自体安定装置をもっている。国家は揺れながらもけっして転がらない。なんらかの安定装置をもつ。権力の安定装置をもっている。この安定装置を稼動させるためにあらゆる手段が打たれていく。軍隊も、保守的なブルジョアも、この安定装置の方向に向かって流れていきます。その安定装置こそ革命をバックさせていく大きな力なんです。

この問題こそ、国家イデオロギー装置という言葉でアルチュセールが一九六〇年代に展開していった議論なんです。国家イデオロギー装置というのは、国家というものは、あくまでも機械なんだということです。

それを誰が操縦するかは別です。この国家装置から見ればブルジョアといえどもその主人ではない。ブルジョアはあくまでも国家の中に組み込まれているだけである。君主もそうです。君主も国家という機械をただ手繰っているだけです。君主そのものは国家ではないということで、有名な「朕は国家なり」(28)という言葉は間違いです。朕が国家であれば、朕を殺せば国家はなくなるはずなんです。なくならないとすれば朕は国家ではない。これは、絶対君主制をさす言葉ですが、国家権力と国王は実は違うものです。

こうした国家論の分析手法に大きな影響力を与えたのが、『ルイ・ボナパルトのブリュメール一八日』と『フランスにおける階級闘争』です。マルクス研究の大きな流れになったのです。つまり、マルクスは国家を一つの装置として見た。この国家装置が革命を安定させてしまった。プロレタリアートにはブルジョアが反革命を行っているように見えるのだけれど、実際はこの国家装置の中でそういう役割を負っているだけである。フランスという国家装置の中で、操縦者が少々変わろうとも国家の進むべき方向は変わらないのです。

問題はこの国家そのものを解体することです。しかし国家そのものの解体などは革命の中にそもそもないわけですから、プロレタリアートは既存の国家権力を取るだけである。奪取したプロレタリアートは国家装置をブルジョアに代わって操縦するだけである。もちろんそういう操縦に関してはブルジョアのほうが上手ですから、結局操縦者はブルジョアになる。さらにそのブルジョアもルイ・ボナパルトのような人物に比べると操縦が上手ではない。こうして最後にルイ・ボナパルトが登場する。

結局国家というものは装置であって、けっして権力の収奪によって消滅するようなものではない。これは重要な考えです。国家権力に対して革命は新しいことをなんら行っていないのです。

四八年革命の臨時評議会には、社会主義に近い人、ルイ・ブラン、プルードン、こういう人たちがいるんですね。社会主義者と目されるような人たちがたくさんいても、翻弄《ほんろう》されていくのはなぜなのか。これは国家装置のもつ巨大なシステムに原因がある。結局はこの国家装置そのものに対して批判の矛先が向かないと何にもならない。この点こそ、この書物が一九七〇年代に再評価されたポイントなんです。

ですからこの本がプーランザスだとかミリバンドの議論を呼び出し、国家論研究がマルクス主義の中で非常に進んだ。国家というのはある階級の持ち物ではない。国家は中立である。中立であると言うとよく見えますけれど、そういう意味での中立ではないのです。それ自体が権力であるという意味です。誰がもとうと権力は権力であって、権力それ自体、自動的に動いているということです。

その意味で、この四八年革命は国家イデオロギー装置の中で翻弄されていく人たちをたくさん生み出すわけです。全員が翻弄されています。一人としてその流れの中で自らの抵抗線を張ることができなかったわけです。ですから、この茶番劇に終わる労働者の蜂起、労働者の革命というものは、結局はその国家イデオロギー装置の中に巻き込まれていったわけです。この分析こそ、たぶんマルクスの時代を超えた分析です。

マルクスはこの本の再版のとき次のように語ります。あの当時出た本が三つあった。一つはプルードンの『クーデター』[29]という本です。もう一つは、あの『レ・ミゼラブル』で有名なビクトル・ユゴーが書いた『小ナポレオン』[30]です。それとマルクスの『ルイ・ボナパルトのブリュメール一八日』です。あれから二〇年経っても内容的に古さを感じさせないのは私のこの本だけだと言うんです。自画自賛の部分があるとしても、たぶん新しい地平を切り開いている点では正しい。

新しい地平というのは、国家は装置として機能していて、その装置にルイ・ボナパルトや何やらと役者がどんどん放りこまれるんだけれども、結果的にはそれぞれの思惑とは一致せず進んでいくという分析です。権力という問題がここにあります。

この権力に対して、悪魔祓《ばら》いの悲惨な結果という問題があります。悪魔祓いというのは、『共産党宣言』の言葉ですが、『ブリュメール一八日』にも当てはまります。『共産党宣言』の第一章のところで、こう書いてありました。ブルジョアたちがお祈りして、生産力というものを地上につくりあげたが、その生産力とは非常に危険なもので、自らもそれを制御できなくなった。なぜなら生産力は、無限に増大して人類を崩壊に導く危険がある。資本の自己運動というのは、ブルジョアの意志を離れて自己増殖していく姿のことです。もはや誰も止めようがない。ブルジョアですら止めようがありません。

人類は中世まで、怖くてこんな危険な悪魔を地の底から呼び覚まそうなどとは考えなかった。魔方陣を描き、お祈りして地底から悪魔を呼び出すこと、これが悪魔祓いですが、資本主義の生産力はそうやって登場した。ブルジョアは悪魔と手を組んで、お祓いをやったわけですね。生産力の悪魔を出したのはいいんです。ここまではブルジョアはよかった。

しかしブルジョアは巨大な生産力をつくりあげた結果、自分でこの生産力に手を焼くようになった。自分でこの力の強さに驚く。そしてやがて生産力が自分をつぶしていくということに気づき、助けを求めるわけです。

これこそ『共産党宣言』に書かれてあった問題です。つまりブルジョアはプロレタリアートに実は助けを求めざるをえない。この生産力という巨大な悪魔をもう一度地の底に返してあげなさい。そうしないと、地球は崩壊するところまで進む。これは悪魔の力なんだと。

まさにそれを受けて、四八年革命の分析でもいろいろな亡霊が出てくるわけです。たとえばナポレオン・ボナパルトの亡霊はルイ・ボナパルト。ダントンの亡霊はコーシディエール。ロベスピエールの亡霊はルイ・ブラン。彼はアトリエ・ナショノー《Ateliers Nationaux》[31]を展開する。アトリエ・ナショノーというのは、国立の工場です。その国立工場に労働者を失業対策として雇って賃金を与える政策をとった。こうした急進的な改革は、急進的であったロベスピエールの亡霊である。さまざまな亡霊が復活して出てくるわけです。

名望家支配

その結果どうなるのか。まさに『共産党宣言』と同じです。魔方陣から出てきた過去の亡霊たちはこの地上に出てきて、八九年の大革命とはまったく異なるとても喜劇的な革命を遂行していくんです。こうした革命の中で最後に王位をうるのがルイ・ナポレオンです。ルイ・ボナパルト[32]は一九七〇年代にかなり評価が変わった人物です。七〇年代の議論とは名望家支配という論点です。名望家支配という議論はどういう議論かと言うとこうです。名望家というのは貴族的な血筋をもっている人たちのことです。家柄も育ちもいい。こういう人たちが政治をやればうまくいくのではという発想です。なぜか七〇年代後半あたりから八〇年代前半あたりまで、日本でもこれが大いに受けました。

いまから考えると不思議ですが、その理由というのは、当然政治腐敗を乗り越えるために名望家というのが要求されてきたことにあります。つまりプロレタリアートであ
ブルジョアであろうと、家柄の悪い階級が政治家になれば、賄賂《わいろ》を受け取りや
から民主主義が腐敗政治となる。

そこでどういう人たちが要求されるかというと、家柄がいい、毛
も悪いことをしそうにないという人たちが堂々と民主政とい
す。日本では一九九三年の細川《ほそかわ》首相[33]の出現がそうでしょ
は応仁《おうにん》の乱[34]以来の伝統をもつ。ですから、首相ぐら
祖先から見れば、お前なんかまだまだたいした

じめに政治をする。こうした発想が名望家支配への願望
　その典型が四八年革命にあります。ルイ・ボナパルトは伯父さん
名な大ナポレオンの名前を借りて大統領に当選した。大統領選挙で圧倒的な
これはなぜなのかということですね。むしろこれは名望家支配への願望だった。名望家
ところに票が集まる。これも民主主義の一つのあり方なんだという議論がありました。

　この議論でいくと、ルイ・ボナパルト体制は実は民主主義の典型的な姿でもあるわけです。つまり、労働者から資本家、そして名望家が権力をとる。合法的に独裁体制が生まれてくる。まるでローマ時代のような状況です。それが起こるんだということです。ですからそういう意味で、名望家支配というものは、民主主義の対極にありながら、と同時に、民主主義そのものでもあるわけです。

モンテスキューとマルクス

　マルクスはこうしたいわばルイ・ボナパルト的な名望家支配に対して、結局何を言っているのか。国家権力は同じだということです。国家権力が放置されていれば、この権力に群がるものに大差はない。権力者と、それに対抗する民衆、この二つしかない。この対抗する権力も権力を望んでいる。民衆も権力を望んでいるわけです。だから既存の国家をブルジョアが獲得しても、結局君主制の国家とあまり変わらない。形式は普通選挙による民主制だとしても同じです。

普通選挙が行われようと、選挙などというものは四年に一度、五年に一度しかない。当選したものは事実上権力を独占する。基本的には君主と変わらない。腐敗がある分、それだけ悪いかもしれない。だから腐敗を避けるには、君主のほうがいいかもしれない。だから世襲化する。その典型が名望家支配です。モンテスキュー[35]的に言えば、名望家支配は腐敗政治をなくすための最高の民主政治とも言えるわけです。

こうした問題を乗り越えるには、選挙制度を変えようと、どうしようと同じである。抜本的解決は国家権力の機能をどこかで切断するしかないのです。この切断は何かというと、国家そのものの装置としての動きを止めることなんです。これはまさに機械としての国家を止めることであり、それはルイ・ボナパルトといえどもできない。やろうとしてもできないのです。

パリ・コミューンと権力の解体

こうしてマルクスはいままで主張してきた議論の中の最大の問題点に突き当たります。既存の国家を収奪しても、新しい世界は開けない。このことを知るのが、実はパリ・コミューンなのですね。パリ・コミューンがなぜ失敗したかという問題は、まさにこの四八年革命の議論と重なっているのです。四八年革命は労働者の革命ではないから、できなかったのは当然なのですけれど。

マルクスは『フランスの内乱』にこう書いています。

「しかし労働者階級は、出来合いの国家を単純に掌握し、自らの目的のためにそれを使うことはできない」（MEW、Bd.17、三三六頁）

これはたいへん有名な言葉なんですね。『フランスの内乱』の最大のポイントは、まさにこの点にあります。出来合いの国家を掌握しただけでは革命は不可能であるという点です。

出来合いの国家というのは、ブルジョアがつくりあげた国家、この国家というのは議会制民主主義によって成り立っています。既存の国家の制度をそのまま受け継いだらどうなるか。ずばりこう言っています。それじゃだめなんだと。既存の国家を破壊しなくちゃいけない。ではどう破壊するのか。

これはきわめて危険な言葉です。現在の状況では非常に言いにくい言葉です。ソヴィエト・ロシアが崩壊し、共産党独裁の国家がほとんど崩壊し、日本共産党も独裁を綱領からはずし、我が党は民主主義政党なるぞとみんなが主張している中で、出来合いの国家機関をそのまま取ってはいかんと言っているのですから。これは危険も危険、まったく危ないとしか言いようがないです。

出来合いの国家を引き継げば

マルクスはこうした現実に妥協しないではっきりと言います。出来合いの国家というものをことごとく解体しようと言っているわけです。解体しなければ進まない。ただソヴィエト国家はこの部分を誤読しました。出来合いの国家というのを資本家が支配する国家と理解した。こうして経済的な機能としての資本主義をつぶすために国有化を行った。銀行の国有化、土地の国有化など。これでは既存の国家の国家装置を変えたのではなく、支配形態を変えただけである。

土地の国有化を最も主張していたのは資本家であったのです。資本家はもともと土地をもっていなかった。土地をもっていたのは地主である貴族なんですね。いわゆる大土地所有者なのです。ですから、工場を建てるには土地を買わなくちゃいけない。そこで資本家たちは地主と戦うわけです。戦うのです。地主と資本家との戦いが実は資本主義初期の大きなテーマだった。マルサス対リカードの論争(36)が地主対資本家の闘争と言われるのはまさにここにあります。いちばんいいのは、国家に頼んで貴族の土地を全部国有化してもらうことである。地代は払いたくない。資本家が最も望むのは、実は土地の国有化なんです。

銀行も国有化したってかまわない。銀行の国有化に関してはたぶんいちいち説明する必要はありません。株式を国家が購入すれば国有化されますし、国有化というのは資本主義の実は最高形態であるとも言えるのです。

この『フランスの内乱』の中でマルクスは、当然コミューンの失敗として、そうした経済的な処置を十分やらなかったことについて触れている部分があります。ですから当然それを受けてソ連は国有化を行ったんでしょう。しかしもっと重要な部分は、国家という権力機関を解体できるかという点です。しかしこれについては何も理解していなかった。

いや逆に言えば、共産党が既存の国家権力に対してすりかわっただけなのです。国家権力装置をそのまま引き継いだだけである。国家権力装置を使って共産党が権力を握る。ですからその意味では、レーニンがこの『フランスの内乱』によって学んだことはこういうことです。国家権力を収奪すること、国家権力を収奪することによって権力を維持することです。皇帝であろうが、名望家であろうが、基本的には同じことである。国家権力に対してタッチできない。とりあえず誰かに委任して、もうあとは奴隷のようにくっついていくしかない。

パリ・コミューン

これがパリ・コミューンの中では実は否定されているわけです。パリ・コミューンの始まりは、国家が崩壊しても国家が存続するという現象から起こった。ここで少しパリ・コミューンについて説明します。パリ・コミューンは、普仏戦争[37]から始まるわけです。普仏戦争はフランスとプロイセンが戦った戦争です。結局は仕掛けたルイ・ボナパルトが負けます。ルイ・ボナパルトはフランス北方のスダン（セダン）で捕まる。フランスはルイ・ボナパルトが捕まったことによって降伏した。しかしパリの民衆は降伏せず、民衆政権を樹立したので、二重政府になった。当然フランス軍はプロイセン軍と合体してパリ政府を襲います。これに抵抗して戦った民衆政権がパリ・コミューンで、パリ・コミューンというのはパリ国家と言ってもいいんです。

これは国家なのです。ただたんにパリの町の人たちが集まって、騒いだというのではないのです。フランスという国家が崩壊し、フランスの代わりにパリ・コミューンという国家ができた。パリ・コミューンはボルドーだとか地方に連携する仲間をもっています。いや場合によってはフランスの各地域に、それを支持する組織をもっていた。この国家は労働者国家と明確には言えません。しかしながら、労働者国家の様相を非常に強くもっている。ブルジョアたちが、早々とプロイセンの支配下に入ったのに対して、労働者たちはとことんまでプロイセンと戦い、かつブルジョアと戦い、労働者国家をつくろうとした。その意味においてはじめて成立した労働者国家だったとも言えないこともない。

このような革命の際パリ・コミューンは、既存のフランス国家をそのまま継承できなかった。はっきり言えば、パリ・コミューンの主たる支配地域は、パリの右岸です。右岸というのはセーヌ川の北ということです。この右岸地域にあります。パリは包囲されています。物理的にも国家の体はなしていない。国家はまったく動かない。一から国家をつくっていかなくてはいけない。

パリ・コミューンとは何か

ところが当時の世論は、こんなふうに考えたわけです。コミューンというのは地方自治運動だと。いやそういうふうに解釈するほうが、たぶん国家権力としては都合がいい。それはコミューンという言葉につきまとう当然の意味なんですね。そこでマルクスの言葉を引用します。

「だから近代の国家権力を打ちこわすこの新しいコミューンは、その国家権力に最初に先行し、やがてその基礎を形成した、中世のコミューンの復活だとみなされた」（MEW、Bd.17、三四〇頁）

つまり、当時の人たちはパリ・コミューンは要するに国家権力に照応していないそれぞれの地方の無駄な抵抗なんだというふうに考えていた。しかしそうではないわけです。さてコミューンとは何なのか。マルクスは近代国家権力を破壊する新しいコミューンだと言っているわけです。ところが多くの人はコミューンと聞いて、地域共同体とか地域という意味と考えていた。これを誤解すると大変なことになります。これは大変短い言葉ですけど、重要な言葉なのです。マルクスは明確に近代国家を破壊すると言っているわけです。それがコミューンなんだと。ところが多くの人たちは、パリ・コミューンというのはパリで何らかの国家権力に対して反抗する地方自治運動だと考えている。コミューン運動というのは、そうした地方自治運動の一つなんだ。だから既存の国家権力をとって、そのまま自分たちが地方自治体の権力として温存させていく運動だと。しかしそんなもんじゃない。

根本からぶっ壊していくものなんだ。きわめて危ないことをマルクスは書いている。もちろんこれはマルクスの属していた第一インターナショナルの宣言でもあるわけです。つまり、このコミューンというのは、いままであったような自治体の一つなどではなく、また国家などでもなくて、非国家、国家権力をぶっ壊していく国家なんだと。

もちろんパリ・コミューン内部では権力闘争、たとえばプルードン派とかブランキ派との闘争を行っている。しかし、マルクスはそこに何かを読み込もうとした。四八年革命では国家権力が強大で、結局国家権力に翻弄されたが、パリ・コミューンでは国家権力の解体という発想を実現する可能性が出てきた。

とは言っても、マルクス自体はじめからパリ・コミューンを支持していたわけではなかった。前後関係を説明しておかねばなりません。マルクスはパリ・コミューンが起こったとき賛成してはいなかった。最初はそういう状況だったがだんだんパリ・コミューンの意義について深く洞察する中で変わっていきます。まさにその変化のあとにこのような言葉が現れてくるわけです。つまりパリ・コミューンは、既存の国家を継続しない新しい体系なんだということです。

「コミューンの本当の秘密は、こうだった。コミューンは、本来労働者階級の政府であり、利益を獲得する階級に対する利益をつくり出す階級の闘争の結果であり、労働

の経済的解放を遂行しうる、最終的に発見された政治的形態であった」(ＭＥＷ、Bd. 17、三四三頁)

かなり力が入っています。コミューンははじめての労働者階級の政府であって、所有者階級に対する闘争そのものなんだということです。と同時にその闘争は経済的闘争であり、かつ政治的闘争であったということ。闘争それ自体が政治的形態という意味は、労働者がいままでの国家形態とは違った形態の政治を行う可能性を見いだしたということです。だからその意味では、きわめて革命的な表現であります。

マルチチュード

さてルンペン・プロレタリアートだとか農民だとか、総称してマルチチュードと言われている人たちに対して、マルクスはこのパリ・コミューンの段階ではどう考えていたかという問題が残ります。四八年革命では彼らは裏切った。今度はどうか。それに対して何も書いていません。

結局パリ・コミューンは、約二ヶ月で崩壊します。パリの北東にあるペール・ラシェーズ墓地(38)で最後の激戦を行い、コミュナールたちの多くは銃殺され、残りは裁判にかけられます。その中で特に多かったのがプルードン派とブランキ派でした。

ではコミュナールたちの中に外国人、農民、ルンペン・プロレタリアートはいたのか。

残念ながら、マルクスの文章からそれを見つけることはできません。マルクスはこのような人たちにここでは関心をもっていない。

もっと内容をつめれば農村コミューンはパリ・コミューンと同時に存在しえたか。プロレタリアートが、農民と共闘できる可能性をもっていたのかどうかという問題です。これこそマルクス主義の革命のアポリアです。同じことはルンペン・プロレタリアートについても言えます。マルクスはルンペン・プロレタリアートにまったく仲間意識をもっていなかった。

もっともプロレタリアートに対してさえ実際仲間意識をもっていたのかというと、そうではなかった。彼はあくまでも理論家であって、彼らと一定の距離をもっていたがゆえに、彼らの力を理解しえたとも言えます。これは難しいところです。

(1) 二月革命はパリで一八四八年二月二二日に起こった。
(2) 三月革命はベルリンで一八四八年三月一八日に、ウィーンの三月革命は三月一三日に起こった。
(3) 大革命とは一七八九年七月一四日に起きたフランス革命のこと。
(4) ナポレオン・ボナパルト（一七六九―一八二一）。ナポレオン一世のこと。
(5) 一八三〇年七月二七日に七月革命が起こった。
(6) 一八四八年革命は、選挙のために各地で開かれた宴会が火付け役となった。
(7) ミラノで一月に起きた騒乱のこと。

（8）『ルイ・ボナパルトのブリュメール一八日』は一八五二年ニューヨークの『レヴォルツィオン』に掲載された。
（9）『フランスにおける階級闘争』はマルクスがロンドンで編集した『新ライン新聞‐政治経済評論』に一八五〇年連載された。
（10）『フランスの内乱』は英語のパンフレットとして一八七一年に刊行された。
（11）『新ライン新聞』はもともとケルンの日刊新聞であったが、ロンドンへ亡命後マルクスは雑誌に変更した。
（12）『レヴォルツィオン』は一八五二年二号だけ出版された週刊誌。
（13）ヴァイデマイヤー（一八一八―一八六六）。マルクスの友人でアメリカに渡り活動した。
（14）当時のジャーナリストは現在とは違い、かなり難解な論説文を書いた人々であった。
（15）プーランザス（一九三六―一九七九）。フランスの政治学者。著書に『資本主義国家の構造』（一九六八）（田口富久治他訳、未来社）がある。
（16）ミリバンド（一九二四―一九九四）。ベルギー生まれの政治学者。著書に『階級権力と国家権力』（田中富久治訳、未来社、一九九二）などがある。
（17）コーシディエール（一八〇八―一八六一）。パリ警視総監。
（18）ダントン（一七五九―一七九四）。フランスのジャコバン派の政治家。
（19）ルイ・ブラン（一八一一―一八八二）。フランスの社会主義者。
（20）ロベスピエール（一七五八―一七九四）。フランスのジャコバン派。
（21）甥とはルイ・ボナパルト（一八〇八―一八七三）のこと。
（22）ブリュメール一八日とはナポレオン一世が起こしたクーデター。一七九九年一一月九日に起こった。
（23）革命後、臨時政府（二月―五月）が結成され、そこにルイ・ブランなどが入っていた。
（24）「危険な階級」とも当時呼ばれていた。

(25) イタリア語で脱落分子を表す。
(26) 網野善彦（一九二八―二〇〇四）。日本中世史家。『日本中世の百姓と職農民』（平凡社ライブラリー、二〇〇三）などがある。
(27) ルイ・ナポレオンが大統領に当選した日。
(28) フランスの絶対君主ルイ一四世（一六三八―一七一五）の伝説的言葉。
(29) プルードンの『一二月二日のクーデターによって示された社会革命』（一八五二）。
(30) ユゴー『小ナポレオン』（一八五二）（『ユゴー全集』本の友社、第六巻、一九九二）。
(31) リュクサンブール委員会によって失業対策事業として計画された作業場。
(32) 名望家支配とは、貴族などが政治を行うことをいう。
(33) 一九九三年七月の選挙で起きた保革逆転で細川首相が誕生した。
(34) 一四六七年から七七年まで、細川勝元と山名持豊が京都で戦った戦。
(35) モンテスキュー（一六八九―一七五五）。フランスの法律家。『法の精神』（一七四八）などがある。
(36) 地主を擁護するマルサス（一七六六―一八三四）と産業資本家を擁護するリカード（一七七二―一八二三）との論争。
(37) 普仏戦争。一八七〇年七月一九日に勃発した。九月二日スダンでルイ・ナポレオンは逮捕される。
(38) ペール・ラシェーズ墓地の一角にコミュナールの記念碑がある。その周りには労働運動で活躍した人々の墓が多い。

一一章　オリエンタリズム

マルクスとマルチチュードとの関係はオリエンタリズムの問題としてもとらえることができます。マルクスはプロレタリアートの欠落品と言うべき外国人、ルンペン・プロレタリアート、農民に対して、なぜここまで厳しかったのか。この問題に対してマルクスは最近批判されております。

サイードによるマルクス批判

サイードの『オリエンタリズム』(1)という本は、一九七八年に出版されました。もっとも日本で大きな議論を呼ぶのは一〇年ぐらい後です。マルクス主義が衰退し対抗勢力の地位を失ったときに、マルクス主義批判として登場しました。

『オリエンタリズム』の中でマルクスへの批判が出てきます。その批判の根拠というのは、マルクスが一八五三年に『ニューヨーク・デイリー・トリビューン』(2)に書いた「イギリスにおけるイギリスのインド支配」(3)という論文です。この論文の文章をサイードは引用します。サイードが批判しているマルクスの文章を、長いですが引用します。

「今、こうした多くの家父長的な、無害な社会組織が解体され、バラバラになり、苦痛の海に投げ込まれ、その個人的成員が同時にその古い文明の形態を、その生存の伝統的遺産を失うことに、人間的感情をえぐられるとしても、忘れてはならないのは、このののどかな農村共同体は、外見は無害に見えても、いつも東洋的専制支配の堅固な基盤であったこと、迷信に対する抵抗しがたい道具となり、伝統的規制の下に奴隷化し、あらゆる偉大な歴史的エネルギーを奪うことで人間精神をもっとも小さな範囲に押し込んだことである。わずかな土地に目を奪われることで、帝国の崩壊、筆舌しがたい残忍な犯罪、大都市における住民の虐殺を、たんなる自然現象としか考えず、目をつけた侵略者の無抵抗のえじきとして、静かに傍観していた野蛮な利己心も忘れるべきではない。このみじめな、停滞的、草食動物的生き方、この受動的な存在は、他方で、肉食的、目的のない、止まることのない破壊と対照をなし、殺人をヒンズー教徒における儀式の一つにしたことを忘れてはならない。この小さな共同体は、カースト制と奴隷制にそまり、人間を環境の主役にするかわりに、外的状況へ従属させ、自己発展的な社会状態を、不変の自然的運命に変え、こうして自然に対する野蛮な崇拝をもたらし、自然の主役たる人間が、ハヌマン（猿）、サバラ（牡牛）崇拝にひざまずいたことを忘れてはならない。

確かにヒンズー教徒の社会革命を行っているイギリスは、恥ずべき利益によってのみ動かされていて、その強制力においても愚かであった。しかしそれは問題ではない。問題は、アジアの社会状況における根本的革命を経ずに、その運命を人類は満たすことが可能かどうかということである。そうでないとすれば、イギリスの罪がたとえどんなものであろうと、イギリスは革命遂行の無意識の道具であったのである」（MEW、Bd.9、一三二—一三三頁）

要するにインドが文明化するにはイギリスの支配を受けたほうがいいということです。マルクスの文章には当時の西洋人一般のアジア人に対する意識が投影されているわけです、つまりアジア蔑視《べっし》の考えです。

このことはルンペン・プロレタリアートにも当てはまります。マルクスのルンペン・プロレタリアートに対する言葉はひどかったですよね。インチキ野郎というような言葉を投げつけた。農民に対してもそうでした。愚か者という言い方をしました。外国人に対しても変わるところがありません。

四八年革命の裏切りへの怒り

マルクスの思考構造を規定したのが四八年革命のときの怒りであった。裏切られたことに対する憎悪がルンペン・プロレタリアートにぶつけられている。この怒りは、このような人々が自分たちの運動の本質を理解していないことからきています。ですから自分たちの運動の本質を理解してくれないことへのあせりです。一種の啓蒙《けいもう》主義的な側面がある。

しかし批判されているものは四八年革命の裏切り者たちです。外国人、農民、ルンペン・プロレタリアート、これは最大の裏切り者であった。だからマルクスはその裏切りに怒った。

これと同じ怒りは、オーストリアのウィーン革命についてもぶつけられている。四八年革命のそもそもの崩壊はウィーンに始まった。ウィーンでは三月に革命が始まり、一〇月には終わってしまいます。なぜ終わってしまったのか、これが最大のポイントになるわけです。

このときの怒りと同じ怒りが、そのままルンペン・プロレタリアートとフランスの農民たちに向けられているのです。この最初の怒りこそ外国人への怒り、もっと言えばオーストリア人を裏切った、その植民地の民族への怒りです。この怒りこそこのオリエンタリズムの議論につながっていく最大のポイントです。マルクスは四八年革命の後ウィーンを訪問します。ウィーンにも市民革命が起きていて、権力者メッテルニヒ[4]は追い出されます。ウィーンでは市民革命が成功しました。ところがウィーン革命は外国人によって崩壊していきます。オーストリアというのは多民族国家です。オーストリアは、いまで言うところのポーランド、それからチェコ、スロバキア、ハンガリー、クロアチア、それからスロヴェニアといった地域を支配していた。もちろん直接統治ではなくそれぞれの地域には領主がいて軍隊がいます。この軍隊はオーストリア政府に忠実です。メッテルニヒに従っているわけです。メッテルニヒがいたウィーンは、民衆によって崩壊してしまいました。ですからウィーンの軍隊は反メッテルニヒです。

そこでメッテルニヒはクロアチアの領主イェラチッチ[5]に頼みウィーンの民衆を蹴《け》散《ち》らそうとする。クロアチア人にとっては、その分忠節が尽くせる。もしかしたら独立できるかもしれない。一種のエサです。このエサに当然食いついたイェラチッチは、クロアチア軍を連れてウィーンに上って民衆を蹴散らします。それがウィーン革命崩壊の原因です。

歴史なき民族

マルクスは革命を破壊したクロアチア人への怒りを爆発させます。そのときの言葉も激烈です。このショッキングな言葉は、マルクスのマイナス面という形でとらえられることが多いのですが、とりわけ有名なのは友人のエンゲルスの言葉です。

これはエンゲルスが『新ライン新聞』に載せた文章です。こう書いてあります。

「我々は繰り返して言う。ポーランド人、ロシア人、せいぜいトルコのスラヴ人を除いては、どのスラヴ民族も未来をもっていない。それは、それ以外のすべてのスラヴ人には、まず歴史的、地理的、政治的、産業的な独立の条件と、生活能力が欠けているという、単純な理由からである。独自の歴史をもったことのない民族は、最初のまったく粗野な文明段階に到達するやいなや、すでに外国の支配を受けているか、外国のくびきによって初めて文明の最初の段階に引きずりこまれた民族は、生活能力をもたず、何らかの独立を達成しえることはないだろう」（ＭＥＷ、Bd.６、二七五頁）

そのような民族を総称して「歴史なき民族」と言います。つまりエンゲルスは、ウィーン革命を裏切ったクロアチア人は、要するに歴史なき民族、最低の民族だと言い切っているんです。マルクスはここまでは言っておりませんが、そんなに変わりはありません。これはスラヴ民族に対する軽蔑、ロシア人嫌い、東欧に対する偏見。いかようにも解釈できます。

ただこのときの怒りの理由はこうなんですね。革命に対して歴史を逆行させた反革命、反革命をやった人間は許せないと。当然と言えば当然です。革命家ですから。とは言っても、あまりにもこの言い方ひどいじゃないか。

クロアチアという国

さて現在クロアチアは独立国です。十年ほど前ユーゴスラヴィア共和国の一員から独立しました。ユーゴスラヴィアはマルクス主義の国でした。ユーゴスラヴィア連邦共和国を構成するクロアチア共和国となったんですね。今から二十年ちょっと前、私はクロアチアの首都ザグレブに住んでいました。そこに共和国広場というのがありました。オーストリア時代はイェラチッチ広場と言われていました。それがユーゴスラヴィア連邦共和国では共和国広場と呼ばれるようになったのです。ところが、ユーゴスラヴィアが解体してクロアチアが独立したらその広場はまたイェラチッチ広場に変わってしまいました。と同時に、昔あった大きなイェラチッチの銅像がどこからか持ち運ばれてそこに設置されることになりました。

　この銅像はなぜ隠さざるをえなかったか。要するにユーゴスラヴィア連邦時代には、イェラチッチのイメージが非常に悪かったのです。イェラチッチは研究できない。当然です、マルクスとエンゲルスが非難している相手ですから。もう一つは、クロアチア民族主義者、すなわち独立主義者の問題があります。ユーゴスラヴィア共和国はこれをやはり容認できなかった。ユーゴスラヴィアは多民族の国家です。ですから民族主義者は容認できない。

　このこともあってイェラチッチの研究はできなかった。[6]いまでは何冊も研究書が出ています。いわばイェラチッチは、中世クロアチアのトミスラフと並んで祖国の英雄、父であります。しかしイェラチッチは、実はマルクスから見たら史上最大の裏切り者である。

　何か変ですよね。このことを日本で最初に問題にしたのが、良知力《らちちから》[7]さんです。サイードの本と同じころのことです。良知力さんは『向う岸からの世界史』という書物の中でこの問題を挙げています。良知さんはウィーンにも住んでいたことがあって、東欧の問題が非常によく分かった人です。

それにしても「歴史なき民族」という言葉はひどい。クロアチアから見るとどうもおかしな言葉である。余談ですが、クロアチアのザグレブから夜行列車に乗るとウィーンに着くのがだいたい七時くらいです。ウィーンの手前ぐらいから通勤列車になる。そうするときちんと背広を着たサラリーマンが乗ってきます。そこで寝ている汚いクロアチア人を蹴散らすんですね。彼らにとってはたんなる通勤電車ですから椅子に寝ているのは困る。この光景を見れば、イェラチッチの気持ちは分かる。

ただたぶんマルクスはこの通勤電車のオーストリア人の気持ちなんです。たぶん良知さんもこのことを問題にしたわけです。ただマルクス経済学やマルクスをドイツ人の目から見ていたものはこのことがわからない。これはたいへん大きな問題です。

西欧的思考

「歴史なき民族」という言葉のもっと淵源《えんげん》をたどれば、実はヘーゲルまで行き着きます。ヘーゲルは東洋において哲学は存在しえないとまで言っています。哲学というのはヨーロッパにしかない。その根拠が実はこれと関係するのです。アジアは専制支配の存在によって人間個人が発達しなかった。人間個人が発達しなければ、思考の自由がないから哲学はないんだと。これでは西欧的歴史を経ない地域では哲学はありえない。歴史なき民族ではなく、「哲学なき民族」という言葉を考えてください。このヘーゲルの『哲学史』(8)あるいは『歴史哲学』(9)の言葉は、マルクスとエンゲルスの言葉と共通するものをもっています。マルクスにもときどきそういう文章が出てくる。だからこのような見方を通して、マルクスはスラヴ民族に対していわれなき軽蔑、ヨーロッパ人特有の高慢さをもっていたと言えなくもない。アジアに対してはマルクスも白人崇拝主義を脱することができなかった。それも確かに言えないことはない。

しかし、とは言いながらも、マルクスにはそれなりの言い分がある。確かにマルクスはロシア、東欧に対する偏見をもっている。しかし問題はこの偏見ではなく、その偏見がどのように新しい展開を生んでいるかということにある。

マルクスは全体的な枠から言えばマルチチュードたる広義のプロレタリアートを支持している。このプロレタリアートにはルンペン、外国人、農民もすべて入っている。しかし、狭義の意味でのマルチチュードたるプロレタリアートには彼らは入っていない、まさにそれがマルクスのアポリアだったわけです。

しかし広義と狭義でプロレタリアートの範囲が分かれたのは、歴史の流れにポイントがあったわけです。新しい社会をつくることになぜ裏切り者が出るのか。彼らは仲間であるはずなのになぜ仲間になれないのかという問題です。

仲間になれないのは、ルンペン、農民、外国人が歴史の運動を理解していないということです。彼らは歴史の外部にいることによって歴史が見えない。だから、一度外部から内部に引きずり込まれねばならない。

ルンペン・プロレタリアートは、まず賃金という点でも外部にいます。毎月の賃金がまずない。賃金が保証されていない。ですから毎日給料をもらっている賃金労働者たちであるプロレタリアートにとっては、ルンペンは闘争の外にいる敵なんです。農民は土地所有という点ではブルジョアに近いから闘争の外にいる敵なんです。外国人はどうして敵なのかというと、外国人はルンペン・プロレタリアートと同様に闘争の外にいて、賃金労働者に対して常に被害者意識をもっている。だから常に敵なんです。

共通していることは、この三者とも歴史の運動から取り残されているところです。歴史がずれてしまっている。たぶんルンペン・プロレタリアート、外国人労働者、農民は、中世からずっと続いている、いや歴史的には連綿と続いている人たちですよね。むしろプロレタリアートのほうが突然現れた。プロレタリアートは資本主義によって突然現れてきた新しい階級です。この新しい階級はすべてのものを巻き込みながらどんどん進化しているのだが、この古くから続いている階級を巻き込めていない。だから彼らはまだ外部なのです。

この巻き込まれていない外の階級を最終的には巻き込まなければいけない。しかし巻き込まれないのは時代に逆行しているからである。いわば中世の遺物である。農民もそれからルンペンも外国人も中世の遺物。プロレタリアートは彼らを文明化しなくてはいけない。言い換えれば、彼らを内として取り込まなくてはいけない。文明化はけっして結構なことではないのです。むしろプロレタリアートのような新しい階級をつくりだした資本のあだ花なんです。同じようにこの三つのマルチチュードが資本のあだ花になるほどにいくところまでいかねばならない。そうでないかぎり、永遠に外部のままでいるということになる。それが「資本の文明化作用」⑽ということです。

マルクスの『経済学批判要綱』に出てくる「資本の文明化作用」とは、共同体を解体し私的所有をつくりだし、農民をプロレタリアートにしていくことである。これはけっして結構なことではありません。しかし、それは資本主義という近代がもたらした逃げようのない事実である。だからインドを放置すれば、インドはこのままでは西欧の外部にとどまりつづける。同じことはクロアチアに関しても言える。クロアチアが西欧の市民革命を破壊したことは、クロアチア人がヨーロッパの外部にいたということです。だから一時代前の歴史に従って君主にだまされた。結局クロアチアはウィーンでの勝利にもかかわらず独立の報酬を受けなかった。君に忠を尽くしたが、結局裏切られた。これは中世の世界です。

しかしいまやそういう時代ではない。だからクロアチア人たちをどのように内にとりこむか。それが文明化です。しかし「資本の文明化作用」という言葉は非常にひどいですよね。野蛮人が文明に浴するような感じがする。

しかしそうだからといって民族主義によって文明化を拒否したらどうなるか。イギリスやヨーロッパが来るよりよかったのか。これはまさに日本の近代化の問題とも完全にクロスしています。

つまり私たちの国は、アメリカに支配されるより江戸幕府に支配されつづけたほうが幸せだったのかという問題です。外国人に支配されるより、自国民に支配されるほうがまだましだというのは民族主義です。ネグリはそれをサバルタン民族主義[11]と言っています。しかし、両方とも支配であることに変わりはない。支配という事実が同じであるとすれば、問題はどちらの支配のほうがいいかということになる。たぶん歴史の流れで見た場合、外国人支配のほうがよかったりする。これは歴史の皮肉です。

つまり、西洋の文明化作用というものを受けるために西洋の軍門に下る。そして内部の支配階級と旧制度を破壊する。その後西洋支配に対して対抗できる抵抗線を張る。一種の二段階革命論[12]です。自民族の支配者を仰ぐより、異民族の支配者を仰いだほうがいいという皮肉な結果になる。

この奇妙にクロスしていく問題こそ、近代最大の問題です。通称日本で近代の超克[13]と呼ばれている問題とも関係します。つまり近代の超克とは、後れたアジアが、後れたがゆえにヨーロッパを超克し近代を飛び越すことができるという問題です。この発想だと西洋によるる文明化作用というのは無意味かもしれません。西洋の文明に徹底して抵抗することによって、アジアは西洋を超えた世界をつくれる。この近代の超克の議論は、ある意味ではオリエンタリズム批判、いわばサイードによって提供された批判と相通ずるものがある。

その意味でサイードの発想は場合によると近代の超克を要求しているアジアの民族主義とつながる可能性はあります。民族主義とオリエンタリズム批判がクロスした場合に起こる問題こそサバルタン民族主義です。これはいわば既存の権力者の支配を正当化することになりかねない。

当然サイード自身はそういうふうに考えていない。むしろサバルタン民族主義を批判している。しかしオリエンタリズム批判はそうならざるをえない可能性をもってもいる。オリエンタリズム批判がヨーロッパの偏見を暴き出したこと。ヨーロッパによってつくられたアジアイメージを覆したこと。これらは重要な功績です。しかし、それが一方で民族主義というものの復活、民族主義から生まれる国家主義につながるとするとどうもまずい。

そこで私はマルクスの主張のほうに正しさを求めたくなります。つまり、そうした国家主義や民族主義をやはり一度乗り越えなくてはいけないんだという主張です。そうすることによってそれぞれの国家や民族が歴史の内部の運動になる。そうなった後に歴史が動く、たぶんその意味でマルクスは間違っていない。

ただ個々の側面で見るとどうしてもおかしなところがある。つまりマルクスはルンペン、外国人、とりわけスラヴ人、アジア人を批判した。だからマルクスはアジア蔑視主義者、ルンペン・プロレタリアート蔑視主義者に見える。これはけしからん。

しかしマルクスはけっして蔑視しているわけではない。マルクスにもオリエンタリズム的側面があるが、一方でアジア人も最終的にはプロレタリアートに合流すると考えている。

けれどもマルチチュードはプロレタリアート化していないじゃないかという批判もあります。しかしここで言うプロレタリアートはむしろ旧来のプロレタリアートではない。先進国の恵まれた労働者である。しかしマルチチュードたるルンペン、外国人労働者、農民がますます資本のシステムに巻き込まれ、もはや外部の存在ではなくなっていくことは事実である。文明化の中に巻き込まれたということがそれです。そうした流れにあるということは確かなんです。

マルクス主義は国家権力、それぞれの国民国家権力の解体です。これをマルクスは共産主義運動と考えています。その意味において国家権力の解体というものに進んでいく方向を革命、その革命に利するものが革命的勢力。その革命的勢力に反するものを反革命勢力と呼ぶ。

民族国家を支持する地元の労働者たちは、いわば民族国家に利するわけです。ですからこれは反動勢力です。農民もプロレタリアートもルンペン・プロレタリアートもその意味では反動勢力です。マルクスは革命が現実に起きて、結果的にことごとく失敗していくようすを見て、国家権力のもっている装置としての巨大さに対してとりあえず冷静に分析しようと考えた。

そしてその根本的な敗北原因はプロレタリアートが不完全であることに気づいた。階級闘争が展開するほど分解が進んでいない。つまりブルジョアとプロレタリアートとの完全な対立が起きていない。プロレタリアートにはさまざまな中世の遺物がくっついている。ルンペンだとか農民だとか、これはプロレタリアートとは言えない。こうした状況においては、革命は成立しない。

そこで経済学の分析が必要になった。『フランスにおける階級闘争』の中で、革命を決定するのは恐慌、すなわち経済なんだと言います。しかし、あくまでも最終審級なのであって、経済恐慌で革命ができるわけではない。経済的な発展がなければ革命が起きないという意味である。だから革命はたとえ経済的な周辺から起こるとしても、最終的にはイギリスのような中心で革命が起こらなければほとんど無意味なんだと考えたわけです。

ということはブルジョアとプロレタリアートが完全に階級分化した地域が革命へと進まないかぎりは、何も起こらないということになる。マルクスはグローバルに考えていたわけです。グローバルにブルジョアとプロレタリアートが展開するような段階（現在私たちが生きている段階もそこまで達してはいません）までいかないかぎり、革命は起きない。ですから結果的には、パリ・コミューンも革命の実験場ではあったけれども、結局うまくいかなかった。

結局このマニフェストとして国家権力に対する抵抗としてのマルクスの共産主義は永遠の人類の願望として存在しつづけるのだと思います。次章はこの問題、経済の問題について述べてみます。

(1) サイード（一九三七—二〇〇三）。『オリエンタリズム』（上、下、今沢紀子訳、平凡社ライブラリー、一九九三）。

(2)『ニューヨーク・デイリー・トリビューン』。グリーリー（一八一一―一八七二）とデナ（一八一九―一八九七）によって編集されていた新聞。
(3)『ニューヨーク・デイリー・トリビューン』に一八五三年七月二五日に掲載された。
(4) ウィーン革命は、一八四八年一〇月に鎮圧された。マルクスは八月末から九月初めまでウィーンを訪問していた。
(5) イェラチッチ（一八〇一―一八五九）。クロアチアの総督。
(6) トミスラフ。中世クロアチア王国の国王。
(7) 良知力（一九三〇―一九八五）。マルクス研究者。『向う岸からの世界史』（未来社、一九七九）などの著書がある。
(8)『哲学史』（『ヘーゲル全集』十一巻上、武市健人訳、岩波書店、一九九六）。
(9)『歴史哲学』（『ヘーゲル全集』十巻上、武市健人訳、岩波書店、一九九五）。
(10) 資本の文明化作用。マルクス『経済学批判要綱』の言葉で、資本によって文明化されていくこと。
(11) 西欧文明に対する反動としての民族主義。
(12) 二段階革命論とは、まずブルジョア革命、その次に社会主義革命といった二段階の革命を踏むことをいう。
(13) 近代の超克。戦前、京都学派を中心に高まった議論。西欧的近代以外の世界を模索した。

一二章　方法の問題
――『資本論』と『経済学批判要綱』

マルクスにとっての経済学の根本的問題

特に『資本論』[1]『経済学批判要綱』[2]（以下『要綱』）と『経済学批判』[3]のあたりを中心として、次の三点に関して述べてみます。その三点とはまず経済学の方法の問題。マルクスの経済学の方法は非常に特殊であると言われています。その方法をどのように理解すべきかということが第一の問題となります。

二番目の問題は資本主義経済と共同体との関係の問題。これは共同体、すなわち資本主義以前の形態と資本主義経済との相違がどういう位相でとらえられているかという問題です。

三番目の問題は、マルクスの唯物史観と言われるものは一体どんなものであるかという問題です。当然弁証法の問題が関係しています。ソヴィエト的マルクス主義で言われていた弁証法的唯物論というものをどう解釈すべきかということも関係します。

本来、『要綱』『資本論』全体を見ると、さまざまな問題があって、それを一つ一つ触れるのは困難です。しかしそれはある意味では仕方がない。『資本論』を一般的に問題にすれば、プラン体系の問題[4]だとか、社会主義移行の問題[5]だとか、第一巻と第三巻の一貫性の問題[6]だとか、いろんな問題があります。それをここではあえて避けます。

その代わり三つの問題、唯物史観の問題、方法の問題、共同体の問題に絞ります。そのほうがこれまでの議論とつながります。ということで、まずこの三点を考えます。ここからマルクスの現代的な読みを探っていこうと思っております。

市民社会批判と共同体

まず一八五七年から一八五八年に書かれた『経済学批判要綱』というノートがあります。これはグルンドリッセ（Grundrisse）と通常言われています。これともう一つ一八五九年に単行本として出版された『経済学批判』という書物があります。この二つはほぼ同じころに書かれている。この話から始めます。

『経済学批判』と言うと、有名なのが序言です。これは大変短い。そして『要綱』と言えばやはり有名なのが序説で、これはかなり長い。いずれにしてもマルクスの方法論を議論する上で必須の文献です。まずこの二つを議論してみたいと思います。

特に『経済学批判』の序言には、唯物史観の公式と言われる有名な定式がある。これが、あの有名な、生産諸力が生産諸関係に影響して、その生産力と生産諸関係がその上に立つ上部構造を規定するという定式です。この定式をめぐる議論をする際、必ず問題になるのがこの序言の文章です。

『要綱』の序説のほうは、マルクスの経済学の方法とは何であるか、いわゆる上向法と言われているものが問題になっている。抽象的なものから具体的なものへ至るという方法論が触れられている。

さてまず序説の冒頭の生産のところの市民社会批判を分析することにします。生産について語るところで、国民経済学者が問題にする自立した個人という概念をマルクスは批判します。

まずマルクスの文章を引用してみます。

「スミス(7)やリカードがその影響下にまだ完全にあった一八世紀の予言者たちは、一八世紀のこの個人(一方で封建的社会形態の解体の産物であり、他方で一六世紀以来新たに発展した生産力の産物である)を、過去に存在した理想と考えていた。つまり歴史的結果としてではなく、歴史の出発点として。なぜなら、それは、歴史的に生成したものではない、自然によってつくられた、自然に合った個人という、彼らの人間的自然の考えに合致していたからである。この錯覚は、新しい時代にはいつもつきものであった。一八世紀に多くの点で対立し、貴族としてより多く歴史の大地を踏んでいたス

テュアート[8]は、こうした素朴さを免れていた」(MEW、Bd.13、六一五―六一六頁)

この文章が意味しているのは、いわゆる利己心をもった個々人の世界というものは、一八世紀につくられた新しい世界なんだということなんです。現在から過去を見るかぎり、人間は利己的動物だというのが当然だと考えます。それを基準にして人間の本質とは何かと問えば、利己心だと考えざるをえない。このような思考法自体が国民経済学の最初の前提に実はあったわけです。国民経済学は、個々人が分解した上に成立する利己心というものを人間の本質として前提にし、歴史をとらえようとした。

これはいわば、歴史の中から出てきたものではなくて、現在から歴史を遡《さかのぼ》って一般化した概念です。現在を歴史の中に埋め込んでいった。だから人類社会は本来ずっとそうだったんだというようになった。このような思考法を徹底的に批判したのがスピノザでした。スピノザがどのように批判したかというとこうです。利己心をもった人間を前提にすること自体そもそも間違いであると、人間は集団的人間なんであって個々に分解などしていない。

内在的批判と外在的批判

まったく同じことをマルクスはこの冒頭で語るわけです。それはなぜなのか。その理由は彼が経済学を展開するとき、最も大きな方法論上の問題だったからです。経済学の展開の難しさというのは、経済学を展開しようとすると必ず現状肯定的になるということです。要するにいまある現実を前提にして組み立てられた経済学の概念を使えば、現状批判ができなくなるということです。

しかし、それでは過去の歴史を前提にして展開すると、歴史主義[9]の陥穽《かんせい》に陥る。昔共同体であってそれが崩壊して市民社会になった。だからいまの市民社会は普遍的ではない。歴史的な一経過点にすぎない。だから市民社会を普遍化してはいけない。こうした批判は歴史主義的な批判です。こうした批判は、資本主義社会の構造を内在的に批判することにはならない。過去の共同体を前提にしてそこから出てくる歴史的な社会を批判するということは、歴史は変遷するのだから、現在の状態もやがて変化するであろうと予測しているにすぎないわけです。

これでは実は批判にならないんです。しかし、そうすると非常に難しい方法論的問題、方法論的アポリアに陥ったことになります。現実からも歴史からも批判できないという問題。マルクスはこのアポリアを解こうとします。それが方法論の問題です。この問題の立て方こそマルクスのマルクスたるところです。他の経済学者に比べて明らかに秀でている点です。

つまり『資本論』も含めて経済学批判というタイトルがついているわけですけれど、経済学を批判するには経済学の方法を批判しなければならない。その方法の一つは内在的な経済学批判です。経済学は論理的に矛盾しているという批判が内在的な批判です。資本主義システムの崩壊を内在的に説明するというやり方がそれです。

こうした批判を行うには、システムに潜む矛盾を暴く。ところが、前提を認めるとそうした矛盾に至るのは難しい。たとえば個々人が分離した社会をその前提として、利己心で説明すると、共同体的経済が最初から排除されるわけです。本来の人間の本質は利己心だと前提すると、利己心によって実現される資本主義社会こそ本来の人間の社会となる。一種のトートロジー《同義反復》となる。

資本主義が変化するとすれば、人間の本質が変わるということです。まったく違った人間に変化するというのなら、資本主義社会は変わります。けれども利己心をもった人間という前提が同じなら資本主義社会は変化しない。まさにフランシス福山《ふくやま》[10]が言うように、資本主義社会は歴史の終焉《しゅうえん》となる。問題は、まさに国民経済学の前提、人間は利己心をもった動物であるという人間の本質規定にかかっている。内在的批判は非常に難しいわけです。

では歴史主義的方法をとればいいか。しかし歴史主義的方法は外部からおかしいと言うだけに終わる。どう批判すればいいのかということがマルクスの方法論の最大のポイントです。

マルクスの方法は内在的方法と外在的方法[11]を巧みに組み合わせることによって成立しています。この巧みな組み合わせ方こそ、マルクスの経済学の方法の最も特徴的なことです。内在的に説明しようとすれば、結局肯定してしまうし、歴史的に説明しようとすると外から過去の社会から、資本主義はあれがいけない、これがいけないと批判するだけになる。

この問題を解くためには、ある一つの方法が考えられるわけです。その方法こそ上向法と言われる方法です。

『ロビンソン・クルーソー』批判

そこに行く前にまず市民社会と共同体について少し述べてみます。まず国民経済学が前提とした市民社会のモデルは『ロビンソン・クルーソー』[12]でした。『ロビンソン・クルーソー』というのはこうです。主人公ロビンソン・クルーソーは一八世紀、船が難破して、南の島に漂着する。彼はその島で長いこと暮らすことになります。彼の日常生活は資本主義社会の生活そのままです。彼は一日の時間の割り振りを行います。彼の頭の中にはいわば一種の資本主義的帳簿があります。このロビンソン・クルーソーを最初に誕生した人間の祖先と考えてみましょう。そうすると、最初の人間は資本主義的な欲望、利己心をもっていることになります。

『ロビンソン・クルーソー』は人間社会の基本モデルをつくる大きな貢献をしたわけです。ロビンソン・クルーソーには集団的共同生活という観点はありません。だから共同体などというのは最初から前提とされません。ロビンソン・クルーソーは資本主義社会にどっぷりつかった人間で、頭の上からつま先まで完全に資本主義社会の一員です。

そこでこのようなロビンソン・クルーソーを一人、二人、三人と増やしていって社会を形成していきます。それが市民社会です。市民社会は、利己心をもった人間の集まりになります。このロビンソン・クルーソーという前提こそ、国民経済学の最大の前提なわけですね。

このロビンソン・クルーソーという大前提を覆すということにマルクスは最大の努力を払う。ロビンソン・クルーソーは、人間一般なんかではなく、資本主義社会の人間一般なんだと批判する。いわゆる原始的人間ではない。原始的に人間はロビンソン・クルーソーではなく、ロビンソン・クルーソー以前にいた人間である。そこでロビンソン・クルーソーの集合体から社会を考えてはいけない。

むしろ原始的人間とは共同体の中の人間であると。共同体とは具体的には、アジア的共同体[13]、ローマ的共同体[14]、ゲルマン的共同体[15]となります。マルクスが最も歴史の中で注目したのが共同体です。

共同体とは

一八五〇年代からとられる『資本論』に関するノートの中に共同体についてのノート[16]があります。マルクスはいろんな書物を読んでいきます。この研究はそれこそ死ぬまで続きます。ヨーロッパを除く社会の歴史がどのようになっていたのかは、マルクスの大きな関心でした。

前章の「インド問題」、それから「ロシア問題」や「ペルシャ問題」といったテーマはまさにこうした文脈で取られていきます。『ニューヨーク・デイリー・トリビューン』の記事を書くための資料と、この共同体の研究のための資料とは並行しています。

共同体についてマルクスは『経済学批判要綱』の一部に詳しく書いています。それを私たちはよく『フォルメン』(17)(Formen)と言っているのですけれども、その意味は資本主義的生産に先行する諸形態(Formen)からとられています。『要綱』の中で、これだけが別途に出版されたため、特別な名称で呼ばれるようになったわけです。

共同体の分析こそマルクスにとって市民社会を批判する最大の武器になっているわけです。共同体の基本原則というのはゲマインヴェーゼン(18)(Gemeinwesen)であることです。ゲマインヴェーゼンという言葉は共同体と訳すわけですけれども、いわゆる普通のドイツ語でいえば共通本質ということです。

共通本質といえば、スピノザが言った共通概念に実は近い。共通概念というのは共同体と変わらないのですが、日本語にしてしまうと、共同体と共通本質は非常に変わってしまいます。基本的共同体を共通本質と考えます。『経・哲草稿』の類的本質(Gattungswesen)も共通本質に近い意味です。

このあたりの言葉をマルクスは巧みに使い分けていますけれど、共通の本質だと考えたらいい。共同体とは、それぞれの人間が自分の生産、消費に関して、共通する何かをもっていることです。生産が共通するから自分の労働をそこから抽出することはできない。だから自己のものだと主張できない。つくりあげたものはみんなのものである。

それは消費に関しても同じです。確かに食べてしまえば個人の胃の中に入るわけだし、その段階で自分のものになるわけですけれども、食事をするという行為は個人的なものではなかった。みんなで共通の晩餐《ばんさん》会を開いて食べた。これをバンケ(19)（Banquet）と言います。要するに宴会です。晩餐は実は重要な儀式なんです。みんなで食事をする。ここに喜びを感じる。ですから消費している胃の中に入るものは当然個々人のものであるわけですけれども、食べる、消費という行為も実はゲマインヴェーゼン、共同本質なのです。共通の喜び、共通の晩餐を開くという喜びです。

こうした共通の本質という意味が共同体の中にある。だから共同体は共通本質である。このゲマインヴェーゼンを形成している最も重要なものは、マルクスにとって労働です。これはもう一貫しています。彼が剰余価値の基本源泉を労働、それから価値の内在的尺度を労働と置くのは共通概念の基本に労働があるからです。

マルクスは「ものをつくる人間」すなわちホモファーバーという概念に縛られた感じはありますが、しかし共同体の中で、彼がいちばん関心をもったのはものをつくる行為であったことは間違いない。とりわけものをつくるという行為における共通の本質、共同労働という概念です。

だから共同体が崩壊していくとすれば、本来人間がもっていた共同労働はかなり変化するわけです。この変化をもたらしたのが資本主義社会すなわち市民社会です。市民社会はそういう意味で、人間史の新しい側面であった。

だから市民社会は共同本質が崩壊したあとに生まれた。共同労働を人為的に崩壊させた市民社会はどうなるかというと、共通本質としての共同労働という概念を壊しただけではない。共同労働を壊したということは、共同体の労働が個々人の労働に変わることを意味します。個々人が働いてその個々人がその分け前を取るという労働に変化したのです。

生きた労働と過去労働

こうして収奪過程が生まれた。これは大きな問題ですが、問題はこれだけではない。問題なのは、共同体の崩壊と同時に働いている労働者の生きた労働が、過去の死んだ労働によって支配される過程が始まったことです。死んだ労働というのは何かと言うと、一言で言えば貨幣であり、資本です。[20]資本と貨幣というのは過去の祖先がつくりあげた労働の成果であるわけです。過去労働です。この過去労働、過去の人たちがつくりあげた過去労働は、私たちにとって確かに結構なことではあるわけです。一〇〇年前にできた道路や橋があると、その分だけ資産として私たちに残っている。それは結構なことです。

しかし、結構なことだけれど、この過去の労働は、それを維持するには補修といった生きた労働[21]が加わらないと生きない。過去の労働は私たち生きた労働によって生きているという事実が重要です。過去労働を生きた労働が維持するというのは自然なことです。共同体でも同じことです。昔の人が残した遺産を私たちが受け継ぐ。それ自体問題ではない。

問題はこうです。過去の労働が資本あるいは貨幣になることによって、それが私たちに強制的な力をもった権力として現れるということです。貨幣や資本は、過去労働が私たちによって生きるというのではなくて、過去労働が私たちに命令するという逆立ちした関係として現れる。つまり過去労働が私たちに命令をして、生きた労働を拘束してしまうということです。これこそブルジョア社会、市民社会の最大の問題点です。

資本主義社会における収奪過程の前提には、過去労働が私たちの生きた労働を従属させることが前提とされている。歴史的に見ると本源的蓄積過程がその始まりです。本源的蓄積過程とは少しずつ資本家と労働者が分離していく歴史的過程です。それは労働者を実質的に工場に包摂することで労働者を搾取していくという過程になります。この生きた労働に対する過去労働の強制こそ、共同体を崩壊させた力でした。共同体が崩壊することによって、本来人間がもっていた自然との関係、土地との関係が断ち切られた。ここに存在しない過去の人々の労働力の亡霊、すなわち資本が、私たち生きている人間を従属させることになる。

国民経済学は、まさに前提を取り違えていた。つまり国民経済学は、過去労働の生きた労働に対する強制や支配ということにほとんど関心をもっていない。過去労働はたんに道具だと考えられている。確かに過去労働の結実たる道具を使うことによって私たちは生きている。これは当然です。過去労働を自然史的、人類一般に共通する自然史的な過程ととらえるならば、資本は生産手段なんです。ところがこれは自然史的過程ではなくて、資本による支配過程なんです。すなわち価値増殖過程である。資本による支配ととらえるなら、自然史的過程ではなく、むしろ強制的収奪、すなわち価値増殖過程となるわけです。

ですから国民経済学が前提にしている市民社会、個々人が分離した市民社会の前提には、過去による現在の支配、収奪というものが隠されている。この過去労働こそ資本であり、それはまさに過去の亡霊として出現する。過去に死んだ亡霊が生きた私たちを虜《とりこ》にして支配する。それが資本主義社会である。ですから過去労働をどうやって自分たち生きた労働に従属させていくかということが次の問題となる。

生きた労働に与えられた大きな役割とはこのことです。まさに市民社会がこの事実を隠《いん》蔽《ぺい》していることを批判することこそ、批判の中心です。とは言うものの、これだけでは十分内在的批判になっていないのです。なぜそうかと言うと、それはロマン主義的であるからです。

ロマン主義批判

シスモンディ(22)という学者が一九世紀にいました。シスモンディは、国民経済学が前提にした問題をマルクスより前に実は批判しているわけです。どんなふうに批判したかというと、シスモンディは国民経済学者が前提にしたセーの法則(23)を批判した。国民経済学の理論でセーの販路説という有名なものがあります。これはすべてのものは必ず流通していくというものです。要するにすべて売れるので、売れ残りはないということです。

セーはアダム・スミスやリカードの説を一般に流布させた俗流経済学者(24)と言われていますが、問題はセーが恐慌の可能性を排除していることです。

すべてのものが全部売れるということは恐慌はないわけです。ところがシスモンディはこれはおかしいと考えた。人間の生産、再生産の過程を見れば、今年つくったもので来年のものを買うということになる。毎年単純再生産、毎年同じだけのものしか作らないとすれば、問題はありません。しかし成長経済だと考える。すなわち拡大再生産と考える。そうすると、今年度の所得で来年度の生産物を買うと足りなくなる。足りなくなる分が過少消費として、大量の生産物の過剰をつくりだす。ここに恐慌の可能性があるんだと主張したわけです。

これはシスモンディの大きな貢献です。恐慌の原因としての過少消費説㉕はシスモンディに始まります。国民経済学が間違っているのはわかる。現実に単純再生産の経済は存在しない以上、毎年足りない分が出てくることになる。過少消費を埋めるだけの需要をつくらねば永遠に恐慌の連続です。シスモンディが理想とする社会はそれでは何か。単純再生産の社会となる。

単純再生産モデルというのは資本主義社会以前のモデルです。だからシスモンディはロマン主義者だと言われます。ロマン主義者とは過去を憧憬《しょうけい》する人々のことです。こうした批判は歴史主義的批判でもあります。歴史主義的批判というのは、昔はよかった、しかし今はよくないという批判です。これでは批判にはならない。マルクスもそれは百も承知である。

ですから過去から現在を批判したって意味がない。当時の多くの社会主義者は、こうしたロマン主義的批判をくり返していました。つまり資本主義社会が始まる以前の社会は幸せだったと。ちょうどルソーが『社会契約論』で理想として描いたのは原始状態の社会のイメージですね。ですから「自然に還《かえ》れ、原始に還れ」といった発想はルソー的な発想を源としています。共同体思想はロマン主義思想として多くの共産主義者たちの中にあった。マルクスもそうだとすれば、マルクスはルソーの系譜にしかすぎない。そこでマルクスはこれをなんとか乗り越えなくてはいけないと考えた。これこそマルクスの方法の新しさです。とはいえ「言うは易く、行うは難し」これが一番難しい問題です。これこそ経済学の方法の問題です。

マルクスにとっての経済学の方法

次にこの経済学の方法を考えてみます。マルクスがとった経済学の方法というのは、まさにこの難点を克服することだった。歴史主義的に批判すると、外在的な批判になる。つまり封建制から資本主義を批判したとしても、もはや後戻りはできない。過去への郷愁だけにすぎない。だから内在的批判が必要である。歴史主義的説明は、なるほどどうならせても所詮《しょせん》外野の批判、赤の他人が隣の家を批判するようなもので、ほとんど問題にならない。

では内在的に批判すればどうなるか。すでに述べたように内在的に批判すれば国民経済学と同じような轍《わだち》にはまってしまう。利己心を前提にしながら、それを批判することは可能かどうか。結局肯定せざるをえない。そこでどうやってこの矛盾を超えるか。これこそマルクスがいままでの経済学に対して挑戦した革命だったのです。

しかしこの方法の探究は非常に難航する。もはや絶対に解けないアポリアに見える方法をどう乗り越えるか。そこでとられたのが、まず資本主義社会が前提にしているさまざまな概念を一つずつ調べ上げていって、資本主義の本質をすべて包括しているものを探すという方法です。下向法です。これは研究過程にあたります。あれやこれやの具体的なものを調査し、もっとも抽象度の高いものをつかむ。この抽象的なものというのは非常にわかりにくい概念です。行き着いた先は商品です。

要するに商品という抽象物から始めることにした。商品には資本主義のすべてが含まれている。商品を一つ手に取れば、その裏にあらゆるものが隠されていることがわかる。あらゆるものが隠されているという意味で抽象的です。新たに展開できる可能性をもっているという意味でもある。しかしその商品をつかんだだけでは何もわからない。

商品はいったい歴史的な商品なのか。商品はいつごろ商品になったのか。とにかく可能性としてしか商品はとらえようがない。マルクスは半ばずるい手を使ったのかもしれません。ずるい手というのは、まずここに取り上げた商品は、資本主義社会が生み出したもののようでも、それ以前からあったようにも見える。具体的にとらえようがない。だから商品は永遠の存在であるようにも、そうでないようにも見える。

とりあえずそうした商品を何も説明せず内在的に置いて見る。この商品は過去の歴史的に生まれた商品でありながら、そうでもない。つまり過去の歴史的な商品というのは、共同体と共同体が接するところに出てくる商品です。共同体でつくった農作物の余り、それをどこかにもっていって売る。そこではじめて商品が生まれたわけですが、それが歴史的商品です。

だから具体的に歴史的商品を置けば、くどくどと商品の歴史について説明しなければならない。だからそれを避ける。まず商品をそこに置く。とにかく何も考えないで商品をボンと置いて、それをとりあえずジッと眺める。この商品の中に何が見えるかをこれから展開する。

商品の二重性と価値

商品とは交換するためにある。だから必ず交換価値をもちます。しかし、その交換価値はどうやって決まるのか。交換される二つの商品の中に何か共通のものがあるはずだということはわかるが、商品を見ただけでは共通の本質たる交換価値が何であるかはわからない。叩《たた》いてみても、触ってみても共通のものを見出《みいだ》すことはできません。

これに対して、使用価値だったら簡単に理解できます。本というのは枕にする人がいるかもしれませんけれど、基本的には読まれることが使用価値である。鉛筆は書かれることが使用価値である。本も鉛筆も一目瞭然《りょうぜん》にその使用価値はわかる。

しかし本と鉛筆を並べて、共通するものを探せと言っても見えない。けれども共通する何かがあるから交換が成立しているわけです。たとえば鉛筆と鉛筆のように同じ使用価値をもったものを交換することはないとしても、にもかかわらずそこには何か使用価値を超えた共通のものがある。人々は使用価値で交換しているわけではない。

そこでこう考えます。商品であろうとも、それは生産物である。生産物であるとすれば、すべての生産物は生産されたという過程において、共通の本質を与えられているはずである。商品という形で出現するからその共通性が見えないが、生産物と見ればそこには必ず共通なものがある。スピノザが共通認識の前提として、この世界に存在するものにはすべて一義的な共通性があると置いています。まさに、存在の一義性です。一義的である以上、様態の如何《いかん》を問わず、すべてのものには共通のものがある。

この場合生産活動において存在の一義性をつくっているのは労働です。ですから、商品には共通の本質として労働がある。このことを直感的にわれわれは理解しているはずです。労働こそ価値の実体、共通本質である。共同体ではこの共通本質は、そのまま共同体成員の生産物として帰属する原因となっていました。だが商品にはなりえません。

スピノザは、よく構成されているときは喜びを感じるといいますが、共通認識としての労働が十分に納得する形で反映されている場合は、価値どおりであり、お互いに納得して交換します。しかし、そうでない場合、不愉快になります。商品は価値どおり交換されたときに共通認識に達するわけです。そうでない場合は共通認識に達しえません。そのような状態をだまされた、高く買わされた、収奪されたとさけぶことになります。

商品に共通する労働への認識は、人類が共同体生活を営んできたとき以来、直感的にもっている。しかし、直感だけでは、共通する労働量がどれだけであるかということはわからない。生産力が違えば、単純な労働時間の量だけでは、商品の価値を測定することはできない。

問題は二つの商品に共通する労働の量はいかばかりのものかということです。歴史的、経験的に言えば、何百回も交換した経験から類推はつきます。直感によって試行錯誤をくり返すとすれば、自然にあるところの値に近づく。くり返し交換を行うことによって社会的必要労働量が決まった。

しかしながら商品は、経験的に価値が決まる前に価値をもったものとして市場に登場してくるわけです。奇妙です。実は商品には、これぐらいの労働時間でこれぐらいの社会的必要労働時間が投入されているという過去の歴史があったわけです。たぶんこの歴史があって私たちは商品を交換している。社会的必要労働量は歴史によって与えられているということは、すでに外在的な尺度として与えられているわけです。商品から歴史を捨象すると言っておきながら、歴史がすでに前提にされているというのはトリックです。

マルクスの方法

さきほど歴史を捨象したといったのに歴史が前提にされているではないか。おかしいですね。マルクスは歴史を隠しながら、二つの商品が交換される過程を内在的に説明した。

しかし、過去の歴史がなければ説明がつかないわけです。

この方法はある意味でおかしいのです。しかしながら、この方法こそいままでの経済学の方法を批判するための方法になっているわけです。内在的方法と外在的方法が奇妙に混ざり合う説明方法は批判のための方法として効果をもっている。つまり商品から貨幣が生まれ、貨幣がさらに発展して資本が生まれるという過程を資本主義社会の内在的論理で説明しながら、実はそれは資本主義社会以前の歴史的な産物をぬきにしては説明できないんだと批判していく、こうして前提とされたものが内在的な論理構造の欠陥として批判されていく。

資本主義社会を前提にして論理を進めながら、実はそこに過去の外在的な論理の必然性を入れることによって、内在的論理の破綻《はたん》を引き出す。この方法こそ、マルクスがとった方法であった。

この方法をもうちょっと別な言葉で説明しましょう。つまり説明に内在的方法と外在的方法があるとする。歴史的に説明するのは外在的方法。外から説明する。要するにこれはルール違反です。たとえばサッカーをやっていてサッカー以外のルールからサッカーを批判する。このまま外在的批判をやったんでは意味をもたない。そこでどうやって外在的批判方法を潜り込ませるか。

マルクスが内在的尺度と外在的尺度と言っているところがあるので、それを使ってみます。むしろ商品の中には内在的に共通する何かがある。それは歴史的に直感した共通認識たる労働です。労働は人類の歴史の中に刻印されている。しかし、この共通認識は外在的です。その意味でブルジョア社会たる市民社会の中にも外在的に価値としての労働が与えられている。

市民社会は個々人がそれぞれ独立して、商品を価値を通じて交換しているというふうに見えるのだけれども、実は交換することを動機づけている本質は利己心などではなくて、ものを交換する元にあったゲマインヴェーゼンという共同本質である。その意味で市民社会でも、共同所有の中で交換していたものの延長線上にわれわれは交換している。それを価値という蔽《おお》いでくくっているわけです。

しかしこの価値という蔽いの下にはもともと労働という共通概念があった。だから商品を共通にしている労働は、資本主義社会の内在的な尺度でありながら、つまり価値を規定する内在的尺度でありながら、他方で歴史的共同体の中にあった外在的尺度なんです。

ですから労働は内在的であると同時に、外在的でもある。とは言っても、実際私たちは単純な労働量に応じて交換してはいないわけです。労働に応じて交換していないというのは、マルクスが真の恋はままならぬと言っている部分ですが、商品はすべて売れるわけではない。ときには余ってしまう。売れなければ価値は実現できていない。

結果的に自分の労働は実現されないで資本主義社会は成り立っているわけです。それは恐慌の可能性です。現実の市場で、貨幣を使うことによって商品に体現された社会的必要労働時間より、高いか低いかで売っているわけです。でもこれは仕方がない。長期的なバランスがあれば問題はない。スミスが自然価格と言っている概念がそれにあたる。まさに貨幣は労働時間をそのまま反映していない。

実際私たちが価値を測るのに使っているのは労働ではなくて貨幣なのです。貨幣という外在的尺度を使っている。労働という内在的尺度は、貨幣としてベール（蔽い）がかかるわけです。貨幣は外在的尺度です。外在的な尺度によって本来生産物の中に共同本質としてあった労働、ゲマインヴェーゼンとしての労働が消えてしまうわけです。この消えていく労働、すなわち貨幣が資本へ転化していく。マルクスはこういう説明をしている。

スピノザ的方法との類似

もう一回スピノザの方法論に戻ってみます。スピノザは鉄と斧《おの》という比喩《ひゆ》で述べています。スピノザは方法の難しさを伝えるのにこの例を使います。つまり、立派な金槌《かなづち》をつくるには立派な鉄が必要である。立派な鉄をつくるためには立派な金槌が必要である。これは完全な矛盾です。なぜなら立派な鉄と立派な金槌が同時に最初から存在することはありえない。

まさに方法論はこの問題を解かねばならない。つまり、いまある商品を説明するためには歴史が必要である。しかし歴史を説明すると、いまのことが説明できなくなる。この難しさをスピノザは方法論の難しさということで言っています。スピノザはこうやって矛盾を解きます。とにかく金槌のようなもので、適当な鉄をつくる。その鉄で少しいい金槌をつくる。そしてそれで鉄をつくる。これをくり返していく。そして徐々に徐々にいい金槌をつくっていく。この方法論はなるほどです。

しかし内在と外在の方法に応用するのはかなり難しい。マルクスはこう説明する。共同体の労働の問題と深く関係するわけですが、共同体にあったゲマインヴェーゼンという本質は、スピノザの言葉では共通概念です。すべての物体の中には共通するものがある。共同体の中にはすべての仲間の中に共通するものがある。この共通するものをつくりだしているのは労働です。労働が協働であることによって全体がつながっている。

しかし資本主義社会はそれを見えなくしている。外在的貨幣や資本は労働の協働性を見えなくしている。内在的に労働によってできあがる世界を説明しても、資本主義社会は労働ではなく、貨幣によって支配されているがために労働による説明は説得力をもたない。価値は労働によって決まる。しかし視覚的には貨幣によって決まる。内在的労働は伏線的、深層に流れているだけである。商品に対する歴史的理解をすればわかるが、そうでなければ理解できない。しかし、それは歴史的説明になるので、歴史的に説明するのではなく、商品の共通性として労働を引き出した。労働は内在的ににじみ出るような形で価値の背後に隠れていた。

生きた労働は、実は過去労働（貨幣）によって支配されている。過去労働によって支配されている労働は、私たちの生きた労働ではない。この過去労働こそ貨幣であり、資本であるわけです。生きた労働というのは協働労働。この協働労働は過去労働によって支配されているがゆえに、実は見えない。

アルチュセールの弟子の一人で、現在はスピノザ研究の第一人者になったピエール・マシュレは『資本論を読む』という本の中で、マルクスの方法は、『資本論』の叙述過程ですけれど、スピノザ的な方法ではないかと言っています。これはまさに卓見だと言えます。マルクスの方法は弁証法的ではないといいます。つまり価値論は、弁証法的矛盾で導出したわけではないといいます。その方法は幾何学とよく似ている。幾何学というのは三角形をたとえば描きます。三角形の中でたとえば何か角度を求めようとすると、その三角形にポンと外的な線を入れて、求めます。幾何学の場合は、図形の中に隠された外的な要因を直感によって見つけ出す。どうして勝手に線を引っ張ったのかと言えば、それは直感です。この直感がないと幾何学は解けない。いわゆる目に見えているものとは別の線を引っ張って、何かを調べる。この直感の前提には、一つ一つ証明を組み立てていく証明法がある。

幾何学的方法

幾何学的な発想を商品の問題で考えれば、商品と商品が交換されるには、そこに外在的な労働が潜んでいる。それは商品をどういじっても出てこない。ちょうど外在線みたいなものである。外在線は商品と商品を結ぶ共通項です。この共通のものを、あぶりだすのに直感が必要なわけです。直感とは歴史的なものですが、論理的に言えば内在的なものを引き出すことです。

マルクスが商品の価値、労働を導出したのはそうした外的な線を入れることによってである。ですから幾何学的な論争をしているのだと考えるわけです。これはかなり無理があるように見えますけれど、スピノザの共通概念ということを考えれば、そんなにおかしなものではない。

マルクスは、商品の二重性（使用価値と交換価値）、労働の二重性（使用価値と交換価値）から矛盾を導出し、そこから価値、剰余価値の出現を導出しているが、実はそれは矛盾から生まれているわけではない。すでにあったものを、引き出しているわけです。

スピノザはすべての物体には共通のものがある、共通のものは、おたがい共通していることによってよき構成をなす。だからそこに喜びがあると述べた。私たちがものを食べるときおいしいと思うのは、食物と自分との間に共通の本質があるからです。たとえば桃を食べておいしいということは、甘いという本質が私の中にあるわけです。私の食べている桃の中にもある。だから桃を食べておいしいと感じる。

では共通のものをどうやって見つけたのか、どこからつくりだしたのか。その証明はできないわけです。すでにあった共通な線をなぞっているようなものです。構成されている以上、存在するものに共通項がなければならないという前提です。

マルクスが説明している商品、貨幣、あるいは労働は、実は方法的には弁証法的矛盾と揚棄の体系になっていない。なぜ弁証法をここで認めるべきではないのかというと、たんに弁証法がなければうまく説明がつくといった、アカデミックな議論ではないのです。問題はそうではない。問題は、協働労働のゲマインヴェーゼンという本質が、人間社会を貫く根本であることをマルクスが基本に置いていたということです。商品の価値に労働がこびりついているのは、資本主義社会だからではない、もとからそうなのです。

もともとある労働を直感によって導き出す。歴史的方法を若干ごまかしたわけですが、歴史的方法ではなく、地下水脈として流れる労働をあぶりだすことによって内在的論理の中に導入した。ただこれは共同体的なるものが一貫して流れているという伏線がある。

古層としての労働

しかし、マルクスは共同体を伏線に置いているからといって、過去の共同体に帰れと言っているわけではない。協働労働をもつことによって、労働が資本主義社会においても重要な役割を担っているんだということを説明しただけなのです。その意味では、マルクスの研究の最大の課題は「労働」の問題だったと言えます。

労働にとって最大の問題は、搾取の問題です。搾取、すなわち剰余価値が労働から生まれることが問題となります。剰余価値はどこから生まれるか。これは、問題の本質をぬきにすれば何から生まれてもいいわけです。経済学が一つの説明の学、いまある現実をただ説明するだけの学ならば、剰余価値の原因が時間であってもいいわけです。そんな説[26]もあるわけです。機械を置いておいて時間がたてば、その機械の時間が実は価値を生み出したとか、あるいはリスク、この機械がもし壊れたり、この機械がうまく機能しなかったら大変だというリスクが剰余価値を生み出していると考えてもいい。何だって説明できるわけです。

しかし問題は、剰余価値を説明することではない。人間社会に埋め込まれた労働というものによって生まれる社会構成、この社会構成が人間を人間たらしめているのであるかぎり、すべてのものは労働からしか生まれないということが問題なんです。価値が労働からしか生まれないのと同じように、剰余価値も労働からしか生まれない。人間社会の構成が問題なのです。

つまり人間社会は本来、協働労働を通じて共同生産物をつくっていた。この共同生産物をつくっていた社会が、崩壊することによって労働の意味は崩壊したかに見えるが、それは嘘である。むしろ労働は形を変えた。労働の変形、すなわち過去労働の変形としての貨幣、資本が出現した。これらが過去労働であれば、資本の価値増殖は労働から生まれるしかない。

共同体は崩壊し、協働労働も個々の労働に分解した。その結果、労働も個人労働に分解した。だから、商品の中に潜む協働労働といった観念も薄れ、商品と商品を等価にするものは貨幣であるとなってしまったわけです。商品も貨幣に物象化された以上、人々の社会関係も労働力商品という商品に分解された。このように分解された以上、剰余価値を生み出す原理も貨幣の論理にすりかえられていった。だから畢竟《ひっきょう》、剰余価値は貨幣の自己増殖によって生まれるように見えるわけです。

マルクスは、労働という共同体からこびりついていた古層を通して、人間社会のあり方を問うことにしたわけです。だからこそ労働が常に問題になるわけです。労働に人間社会のあり方の基盤があるならば、資本主義社会、すなわち市民社会がつくっている個々人に分解した人間社会というものは、協働労働を個々人の労働として編成替えしていく社会だということになります。そして、その過程は、協働労働から生まれる巨大な力を、資本が収奪する過程として現れます。それが剰余価値の収奪として出現するわけです。

労働力商品の二つの特徴

さきほどの言葉で言えば、死んだ労働による生きた労働の支配です。死んだ労働が生きた労働を私たちの中で支配していくわけです。この過程こそ資本主義社会の最大のポイントである。そのことを説明するために労働という伏線が一貫して流れていくわけです。その意味ではマルクスにとって「労働力商品の特殊性(27)」というのがキーポイントです。

宇野《うの》弘蔵《こうぞう》(28)も労働力商品の特殊性ということを強調しますね。これは卓見だと思います。宇野は特に恐慌論の原因として労働力商品の特殊性を説明するわけです。恐慌が起こる最大の原因は、労働者の供給というものが弾力的ではない点である。労働力商品は人間であるから、商品のようにすぐには供給できない。このすぐに増えないというのが労働力商品の第一の特徴です。

不況期には労働者は余っていますが、好況期になると次第に完全雇用に近づくことによって、労働者不足が起こる。結局労働者の不足が好況の足を引っ張る。つまり完全雇用によって賃金の上昇が起こり、利潤率は下がってしまう。

人間の労働力は好況になったからといって、すぐに増えない。好況期にあわてて子供を生んだとしても、成長するまで何年もかかる。早くて十五年。結局人間労働力という商品だけは供給が困難なわけです。この困難がまさに恐慌の最大原因になるんだと宇野は指摘したわけですが、これは重要な問題です。労働者の生産は資本主義的生産になじまない。労働者は生身の人間であると同時に、資本制システムの進出に抵抗する力だからです。

労働力商品の特徴は、二重性にあります。労働力の使用価値とは価値をつくる可能性を意味します。これはポテンシャル《可能性》です、労働能力は無限の可能性を秘めたポテンシャ《潜在能力》です。しかしポテンシャとしての価値と、給与すなわち実際に評価された能力のポテスタス《現実性》とは違う。この差額が剰余価値になるわけです。労働力商品は不等価交換になるというのが特徴的です。商品は等価交換であるのに労働力商品は不等価交換である。これが労働力商品の第二の特徴です。

この労働力商品の不等価交換にこそ資本による収奪のポイントがある。そこから剰余価値が生まれる。不等価交換によって生まれるというのは、資本主義の本源的蓄積過程に似ています。資本主義の本源的蓄積過程は本来資本主義的でない地域、植民地から搾取してきます。資本主義内部の発展は、外部の存在によって特徴づけられるわけです。その意味で人間労働は資本主義の外部にあります。

資本は生身の人間を包摂できない。労働者として包摂できても、人間の再生産過程を完全に包摂できない。資本主義社会においては、すべての富、山でも川でも資本に包摂できますが、人間の生産だけが包摂できない。その意味で労働者、言い換えれば人間は資本主義に対する外部として、常に抵抗勢力になる。生身の人間は、資本に従属することを拒否するわけです。

マルクスが剰余価値を労働の不等価交換に求めたのは、まさに労働者が外部にいたからです。資本は労働者を内部に組み込もうとするけれど、労働者を完全に包摂できない。労働力商品の二重性というのが使用価値という外部と、価値という内部の問題となります。使用価値を生み出す外部は、かつては共同体の中で内部として位置づけられていました。協働労働の産物は全員のものという形でしたが、いまでは使用価値は、価値に転化し個人のものになります。しかしその交換価値たる賃金は、使用価値を大きく下まわる額におさえられているわけです。

唯物史観の定式

唯物史観の問題について考えてみましょう。唯物史観というのは、マルクスの有名な定式をどう理解するかということです。その定式をとりあえず引用します。これをめぐって私も昔ドイツ語を引きながら entsprechen（照応する）という言葉が、本当はどういう意味なんだろうと議論したことがあります。とりあえず翻訳を引用します。

「人間は、その生活の社会的生産において、人間の意志から独立した一定の、必然的な関係、生産諸関係に入り、その生産諸関係はその物的生産諸力の一定の発展段階に照応している。この生産諸関係の全体が、社会の経済的構造、現実の基礎を形づくり、その上に法的、政治的上部構造が立ち、そしてその基礎に一定の社会的意識形態が照応する。物的生活の生産様式は、社会的、政治的、精神的生活過程一般を条件づける。人間の存在を規定するのが人間の意識ではなく、逆に意識を規定するのが人間の社会的存在である。人間の発展のある段階において、社会の物的生産諸力は存在する生産諸様式、あるいはその法的な表現にすぎない、これまで生産様式を動かしてきた、所有諸関係と矛盾する。こうした諸関係は、生産諸力の発展諸形態から桎梏に変化する。その時社会革命の時代が始まる。巨大な全上部構造は、経済的基礎の変化とともに、ゆっくりとあるいは急速に変化する。このような変革を考察するにあたって、経済的生産諸条件における、物的、自然的にしっかりと確認できる変化と、人間がこの闘争を意識し、戦い抜く場である、法的、政治的、宗教的、芸術的あるいは哲学的に、要するにイデオロギー的形態とも、たえず区別しなければならない」（MEW、Bd.13、八—九頁）

この文章こそまさに唯物史観の公式というやつで、文字通り読めばこうなるわけです。生産諸力というものがある程度発展して、それに照応して生産諸関係ができあがる。この生産諸関係と生産諸力の総体は、社会的な経済構造を形成していって、この上にある法律的上部構造を規制していく。だからわれわれの思考や学問など、そういう上部構造は生産諸関係、生産諸力に規定されているのだということです。生産諸力がある程度の段階に発展して、そして生産諸関係と矛盾を起こしはじめたとき、新しい社会は始まるのだと。まさにこれが弁証法的唯物論というふうに言われているものであります。

こうした解釈は至極まっとうで、疑義をはさむ余地はないように見えます。生産諸力と生産諸関係およびその上に立つ上部構造との関係は、私たち人類の歴史を規定する唯物史観、弁証法的唯物論の流れとして、なるほど説得力をもって説明されてきたわけです。もちろんこれは理論装置であり、それがそのまますべてに当てはまるわけではない。そのことをマルクスはよく知っていた。

唯物史観の例外

マルクスはこの序言ではこう言いながら、序説のほうでは、あえて一つの項目を設けているわけです。これも大変有名なところなので、あえて指摘する必要もないことなのですけれども、序説の一番最後のところで、非常に短いところですが、ギリシアの芸術がなぜ発展したのかということについてこう述べています。

「芸術の場合、知られていることだが、その一定の繁栄時代は、社会の一般的発展と、したがってまた社会の物的基礎と、同様にその骨格の発展と照応していない。たとえば、近代と比較したギリシアあるいはシェークスピア」[29]（MEW、Bd.13、六四〇頁）

まさにこれは言い得て妙ですよね。かくも生産力が発展しているわが日本においてシェークスピアがいるのか。あるいはギリシア的レベルの芸術があるのかと言えば、ノーであると。なぜ芸術がそれに照応して発展していかないのか。

マルクスはこのように唯物史観の公式を書きながら、それには保留すべきことが多々あることを認めていた。この唯物史観の公式は、序説とほぼ同じ時期に書かれたと思われますが、一方は非常に公式的であり、他方はその例外を挙げている。まさに矛盾している。またアポリアです。

アルチュセールはこの問題について審級《段階》という言葉を使って説明していきました。審級というのは段階というふうにも考えていいのですけれど、原語的にはその瞬間瞬間という意味です。アルチュセールによると基本公式はそれ自体としてはけっして間違ってはいない。しかし現実的にそうならない。マルクスも言っているように、芸術は照応していない。なぜそうならないのかということですね。

それぞれ審級という形で考えていこうというわけです。生産力、生産諸関係それから上部構造というのは、審級《段階》の重要さでいけば第一審級、最終審級すなわち生産力はいちばんレベルが高い。これは疑いようがない。生産力が結局決定要因である。しかし第三審級、第四審級つまり力はあって影響を与えるけれども、最終的には生産力に道を譲るようなもの、これをイデオロギーや芸術として考えている。

最終審級である生産諸力が最終的には決定するのだけれども、しかしそれに至るまでにはさまざまな影響関係がある。実はイデオロギーが規定したりすることが大いにあり得るということです。これは前にも述べましたが、生産諸力というものは、あくまでも最後の手段。ということは、伝家の宝刀であり、それは抜かない可能性があるということです。たぶん最後にこうなるはずなのだけれども、最後にそうなる前はそうなってはいない。

理論装置としての唯物史観

ではこの唯物史観の公式をどう考えたらいいのか。これは一つの理論装置です。理論装置は、何にでも汎用《はんよう》できる装置と考えるべきではない。汎用できないということは、たとえばギリシアの時代に遡ってこれを応用してみたり、ローマ時代に遡って応用してみたり、あるいはアジアで応用してみたりすることはできないという意味です。

これと同じことを方法論でも言いましたけれども、マルクスの方法論は、それを昔にもっていって応用すればすべて当てはまるというものではない。なぜなら、それは方法自体が歴史と現在とのクロスの中で成立しているからです。方法自体が現在と歴史に規定されている。あることを説明するために使う一つの限られた理論装置にすぎない。だからここでいう唯物史観の公式も、過去を説明するためにあるのではないわけです。いまある資本主義社会の矛盾を説明するための理論装置にすぎない。

もちろん唯物史観が歴史的経験から生まれたものだということは間違いない。しかしだからといってこの方法をギリシアやローマにもっていって妥当できるものではない。

この区分けは重要です。この区分けをしておかないと、理論装置は普遍的であることになる。あの有名な歴史発展の説明、原始共産制、古代奴隷制、封建制、資本主義、そして社会主義という段階論は、あくまでこの理論装置と結びついたものではない。この唯物史観の公式は理論装置であることを確認すべきです。

理論装置は、それ自体として間違ってはいない。間違っていないけれども、それはあくまでも最終審級の段階にすぎない。これをアルチュセールは人口に膾炙《かいしゃ》した重層的決定という言葉で表現しています。

この重層的決定に従うと、理論が例外的にしか妥当しないことを意味するかもしれない。資本主義を説明する上においては成り立つが、過去の説明には成り立たない。このことは階級闘争にも当てはまります。『共産党宣言』のところでも述べましたが、資本主義社会における階級闘争の出現は間違いない。しかしそれ以前の社会の階級闘争というのは無理である。顕在化するのは資本主義社会しかない。ギリシアにおいて階級闘争があったなどと真剣に考えるのは無理がある。それは決定的ではない。

マルクスは過去に階級闘争の歴史を応用するなんてことは言っていないし、書いてもいない。むしろ過去の歴史では階級闘争が顕在化していない。顕在化している時代こそ資本主義である。資本主義はグローバリゼーション化していく中でますます階級闘争を深めていく。なぜなら労働者は外部にいるわけですから内部に組み込もうとすると、常に対抗勢力にならざるをえない。

これも理論装置なんです。資本主義社会でも完璧《かんぺき》ではないけれども、しかし理論装置として資本主義社会では間違いなく適用できる。しかしそれ以前の社会では充分でない。

唯物史観はまさに資本主義に限定すべきです。資本主義社会を説明する方法としてです。マルクスの公式を、歴史普遍的な法則として説明すべきではない。過去の転変する社会変化を説明できなければ史的唯物論にならないではないかと思われますが、確かに過去の歴史を直線的に割り切る歴史方法論としては使えないかぎりにおいて、史的ではない。しかし、資本主義の転変を説明するものとしては史的である。もちろん史的であるという意味も理論的歴史という前提の上ですが。

唯物史観の方法の限界

この方法を使えばすべてが説明されるというようなことではない。もしこれですべてが説明できたら、マルクスはあえて新しい方法論を考える必要はなかったわけです。つまり外在的批判と言いますか、歴史的にこうなるからこうなるんです、という外在的批判ですんだ。どの社会もこうやって説明していくのだったら、あえて資本主義批判の書物を書く必要はない。資本主義だってやがて崩れるんだということを外在的に批判すればよかった。しかしこれではほとんど無意味だと知っていた。

つまり古代奴隷制、封建制、資本主義、こうやって歴史は変化するんだから、やがて共産主義が来る。こういう説明は予言としてはいいかもしれないが、こう言われたら最後です。歴史はくり返さないと。このことをマルクスは百も承知している。

アルチュセールが主張していた最終審級という問題の立て方というのは、理論装置としてマルクスの方法を明確にするための仕事であったわけです。だから唯物史観、すなわち生産諸力と生産諸関係による上部構造の規定を否定することはできない。だからと言って、この普遍妥当化はできない。

では唯物史観をどう妥当させればいいかというと、それこそさきほどの方法論や市民社会批判論に関係してきますが、労働者の労働の問題と深く結びついている。唯物史観の公式ではこうなります。人々のイデオロギーは生産諸力と生産諸関係によって規定されている。だから労働者は現実の生産諸力と生産諸関係を正確に認識しておかねばならない。しかしそうすると今度は労働者は、状況を見るという客観主義にならざるをえない。

この問題は、ドイツ社会民主党によるマルクスの唯物史観の客観主義的解釈の問題です。つまり労働者は生産諸力がどんどん高まって生産諸関係が崩れていくのをじっと待つべきであるという考えです。ちょっと言いすぎですが、ほっておいても社会は変化していく。

ここまで客観主義がはびこってくる背景が唯物史観の公式にあったわけです。レーニンは『国家と革命』の中で、これを批判します。

経済的決定論と言うべきでしょうか。しかしそうならばまさにマルクスが言ったようにイデオロギーや法的構造、上部構造といったものはなんら役割を果たさないはずです。しかしギリシアにおいてもシェークスピアのイギリスにおいても、文化活動は歴史を変えた。

重層的決定という問題は、人間主体のあり方の問題なのです。いわば人間の主体性をどうとらえるか。一見経済決定論的に見える唯物史観の公式が、その例外をもつことによって一方で新しい可能性を開いているわけです。

主体性の獲得

そもそもこの社会をスピノザ的に考えれば、人間の中にかくかくしかじかの主体のようなものがあるわけではありません。その主体がどこかある目的に向かって動いているわけでもない。ただ生命が蠢《うごめ》いているだけである。スピノザの理論はきわめて唯物論的であり、そのかぎりにおいて主体という問題は可能性がない。しかし、これは巧妙な仕組みになっているわけです。

主体がないということは、主体性がないということではない。人間にしろ動物にしろ個々の個体は主体ではない。集合した集団が主体です。生命の連鎖が主体であるとすれば、個々人の主体に未来の意志があるわけではない。個別的主体から、社会を考察することは無意味である点において、主体はない。しかし、生命連鎖の中での主体はあるわけです。生き残ろうとする力がそれです。類としての生命力、それは主体性をもちます。スピノザが唯物論的な構築を企図した背景には、こうした類としての主体の復権があったわけです。これと同様にマルクスの決定論的とも思える唯物史観は、主体性の復権という問題を労働者という類を通じて展開させるわけです。

戦後日本で主体性論争[30]という議論が巻き起こります。その代表選手は梅本克己《うめもとかつみ》[31]でしょう。主体性論争というのはこうした客観主義に対してのアンチテーゼであったわけです。この背景にはマルクスの解釈とは別に、労働組合運動において主体的に関わり合いをもつべきだという議論があったわけです。そういうものがなければ革命は起きない。主体性論争は戦後のマルクス主義の最も大きな成果ですけれども、しかしこの主体性論争はある重要な点においてここで述べる議論と逆になっています。

主体性論争で言う主体性とはこういうことです。労働者たちが（労働者というのはここで言うとプロレタリアートで、直接生産に関わり合っている人たちのことです）、生産過程の中で起こっている現実を理解し、主体的に革命運動を行うべきだと。こうした考えは、初期マルクスの研究によって発展しながら一九六〇年代まで私たちに大きな影響を与えました。

主体性の誤解

しかしこの見解は大きな誤解をしています。なぜ誤解かと言うと、この労働運動、いわゆる労働組合をつくっているプロレタリアートというのは生産過程の中に実は完全に組み込まれている人たちだからです。彼らは、主体的意識をもって生産関係を覆す可能性はもっていますが現実的可能性はもっていません。実はここに問題があるわけです。可能性とは世界の労働者たちが一致団結し、主体的革命闘争をする可能性です。しかしこれはありえない。それは現実性がないからです。

現実性がないのは彼ら労働者がそうならないように行動しているからです。ここにイデオロギー問題があります。共同体が崩壊して人々は個々の労働者に分解した。これはいわば分業という形を通じて現れるわけですが、分業によって労働や意識構造はますます分解していくわけです。こうした分解から私たちの利己心は発展していく。

つまり共同体の崩壊とともに労働の共通性が見失われ、個々人に分化した個別的労働が開花する。そうして生まれたのが個人の賃金であった。つまり賃金闘争は労働者の本来の結束を殺《そ》ぐ形でしか進行しない。賃金の上昇は市民的（ブルジョア的）ルールを前提にした運動である。労働運動の主体性がそのまま賃金闘争に向かえばどうなるか。それは、ますます市民化、虚偽の意識[32]をもつことに供するだけである。

労働者の主体的な展開とは、そもそも市民社会的な主体的な展開であってはならないはずなんです。もし市民社会的な展開であるとすれば、労働者は、市民としての権利を守るべく賃金を高く上げるか、クビにならないよう身分を保全すべく頑張る。これはまったくブルジョア的な発想そのものです。定職をもつ労働者は、定職をもたない労働者よりもブルジョアに近い。

共同体の生活は協働によって成り立っていたと言っても、その成果は働いた者への個人的支払いではなかった。働かない者も体の悪い者も共同体も成果をうる権利があった。ここで述べている労働運動にはそうした概念がこれっぽっちもない。就職先に囲われた人間が主体になれるわけがない。囲われた人間が結集して主体的意識をつくるというわけであるから、結局個々人の権利の要求にしかならない。

これはまさにマルクスの言う主体的意志ではない。こうした市民意識を獲得するのならば資本主義のほうがむしろ好都合です。いわゆる労働組合の主体性というエゴイズムをどうやって克服するか。これは次の一三章でマルクスを再読して、どう現実に応用するかという問題に関係します。

まさにこの点に最大の誤解があった。主体性論争の誤解は、私たちのプロレタリアートという意識を国民意識にしてしまった。そのときから、プロレタリアートの国際的団結は失われた。問題はインターナショナルな労働組織が実現できないというだけではありません。国民意識とは、利己的集団意識ですから、労働組合ははじめから企業の組織単位に分解する要素をもっていた。

主体性と市民社会意識

本来のプロレタリアートとは、すべての働く者、働かざるをえない者を意味します。いまその意味で、学生、主婦、失業者などが全部含まれます。こうした人たちをプロレタリアートと言っているわけです。労働力商品として労働力商品の二重性を負った者がプロレタリアートである。

ではなぜ彼らは結束できないのか。結束しない主体はない。個々人に分かれた労働者の権利などというものは、本来ない。彼らが結束することが、まさに主体的なことである。その根本には共同体における協働とその成果の共同配分という意識がある。しかしこの共同体という意識がうまく表れないかぎり、おたがいを結びつけ合うものはない。

ですから共同体意識を欠いた主体性論争の行き着く先は、市民社会派との接合となったわけです。これはちょっと言いすぎかもしれません。しかし梅本克己と丸山眞男《まるやままさお》(33)や内田《うちだ》義《よし》彦《ひこ》(34)との位置はさほど離れていなかったと言えます。近づかざるをえなかった。むしろマルクスよりもそちらに近づかざるをえなかったことが日本のマルクス主義の栄光と挫折《ざせつ》を表しているとも言えるわけです。そのことによって市民社会派とマルクス主義は合流せざるをえなかった。こうして市民社会派的マルクス主義が生まれた。

しかしながらこれが本当のマルクス主義だったと言われると、やはりイエスと言えない。それはむしろマルクスを読み違えたのではないかと考えたい。マルクスを、まさにマルクスが批判した市民社会の上、すなわち国民経済学的な前提の上に乗っかって理解してしまったのではないかと考えたいのです。

一九七〇年代に実現されつつあった日本社会の総中産階級化という現実の肯定とこのマルクス主義運動がどこかで合体してしまった。確かに一九九〇年代までは、ソ連崩壊も手伝って市民社会派的マルクス主義の延命は図られた。延命したけれども、長期的には衰退の一途にすぎなかった。

だから唯物史観の主体性を考えるとき、ここで言われる主体性というものは、けっして働いている労働者市民の主体性ではないんだということを強調しておきます。この運動についてては次章で考えます。

資本の文明化作用

『要綱』の中に出てくる有名な言葉に「資本の文明化作用」という言葉があります。この言葉は、市民社会の成立の問題を含んでいて、市民社会派の人が非常に高く評価します。資本の文明化作用という言葉は、資本主義社会はなんだかんだと言っても、世界に文明を撒《ま》き散らし、人々を啓蒙《けいもう》していくんだという意味です。これは結構なことである。いまはむしろ否定的に考えるほうが多いのですが、少なくとも一九七〇年代の前後の、とくに平田清明の『要綱』の読み方は肯定的であったわけです。

つまり、マルクスの『要綱』の中心は、資本主義のもう一つの肯定的側面としての市民社会形成論なんだと。共同体における桎梏《しっこく》であった人格的依存関係から物的依存関係に変わったことによって、歴史は進歩したという発想です。共同体は、封建的関係に束縛されていた。それを意味するのが人格的依存関係という言葉です。この人格的依存関係とは、縁故社会のことでもあります。縁故社会では親の仕事を子供は継ぐ。能力によって職に就くわけではない。

共同体が崩壊することによって生まれた新しい社会は、共同体の人格的束縛を解放し、個人を確立させた。こうして、男も女も自由な一人格として対等な関係を形成した。そこにある関係は人格的依存関係ではなく、貨幣を通じた物的依存関係である。物的というのは貨幣です。貨幣が人間関係をつくっている。私たちはそれぞれの人間社会をつくる上において、お金さえ払えば何でもできてしまう。こうした物的依存関係が、私たちの人間社会を新しいものにした。これは結構なことだ。

なぜ結構なことなのかと言うと、物的依存関係によって封建制という束縛がなくなり、個人が自由になった。言い換えれば、封建的束縛から解きはなたれて文明人となったということです。これを世界中に広めることで、すべての人々が解放されていく。それが「資本の文明化作用」と言われるものです。

市民社会の解釈

マルクスは『要綱』でこう書いているんだと言います。イギリスを中心としたヨーロッパによって世界はこの資本の文明化作用という洗礼を受ける。物的依存関係を進めていく文明化が、インド、中国などの世界に浸透していく。これは他面で資本主義が広がっていくことです。こうして資本主義のおかげで、資本の文明化作用のおかげで、世界中に市民社会が誕生する。こう読むと、マルクスの論理は一九七〇年代の日本の状況を説明する都合のよい論理になった。

なるほど、こうした言説はその時代には説得的でした。ソ連社会や中国社会の民主主義の不徹底、人権侵害の話を聞くにつれて、マルクスの理想はソ連でも中国でもない、日本そのものなんだと考えたくなる雰囲気が確かにあった。

しかしよく考えてみると、これは実は大変おかしいわけですよね。ここには大きな前提があります。人間が自由になったというのは、二重の意味がある。封建的束縛から自由になったと同時に、生産手段から自由になったわけです。マルクスは前者のことを評価しているわけではありません。村から追い出されていく過程は非常に長く、地獄のような世界であった。だから人格的依存関係から物的依存関係への変化というのは、ばら色ではない。資本の文明化作用は地獄の追い立てと同義でもあるわけです。

こうして生まれた労働者は、市民として遇されたかと言えば、そうではない。労働者は市民の外に追いやられ、搾取の対象になったわけです。ここでイメージされているような市民社会は、一軒家をもち、安定した収入をもつ人々のことです。中産階級というイメージがそれにあたるわけです。日本経済が順調にいっていた時代、一九八〇年代ほんの瞬間的ですが、完全雇用と中産階級の幻想が実現します。資本主義は勝利した。その勝利の片棒を担げるマルクス主義もあった。それは市民社会派的なマルクス主義です。

市民社会派的幻想の終焉とこれから

しかしいまではそうした幻想は本当に幻想になっています。かつて中産階級を謳歌《おうか》した人々が失業し、だんだん下に落ちていっています。かつては日本外に見られた光景が日本の中に進出している。フリーターという言葉で、自由な職業をえるために定職に就かない若者たちというとんでもない定義によって切り捨てられている若者たちは、諸外国に見られる半失業者であります。こういう状況を鑑《かんが》みると、市民社会とマルクス主義などというテーマは喜劇そのものと言えます。

とはいえ市民社会論は経済的な中産階級神話が崩壊したことによって崩れたわけではありません。政治学的に見れば、むしろ現在最も勢いをもっていると言えます。個人の人格的独立という言葉は、ブッシュ政権の合言葉です。市民社会派はマルクス主義に人格的個人主義をもたらしたわけです。

なるほどこの言葉は結構なように見えますが、こうした人々の存在は経済的な中産階級の存在があってはじめて成り立つにすぎません。すでに崩壊しているわけです。この国でもそうした状況を維持できない人々が増えているし、アジア・アフリカの多くの国では、幻想としての市民は別として、現実にそうしたレベルの経済的安定をえられない人々が圧倒的に多いわけです。しかも、その数は増えている。限られた国、限られた企業、限られた国民しか、人格的な独立を実現できる市民がいないとしたら、市民社会論は先進諸国の夢にすぎないとも言えましょう。

そういう意味においては、『要綱』における「資本の文明化作用」という言葉は、やはり批判しておかねばならないでしょう。この言葉に嚙《か》みついたのはまさにオリエンタリズム批判の人たちです。資本主義の文明化作用を主張するマルクスは典型的オリエンタリストである。インドを文明化する、中国を文明化する。これは西欧資本主義の言葉と同じではないか。

かつて市民社会派の人たちはこう言っていました。あなたたちに文明化とヨーロッパ化を勧めていることは結構なことなんだと。これはやはりおかしい。文明化が、悲惨な共同体からの離脱だとすれば、共同体をマルクスは批判していることになる。とすると、マルクスの理論は近代化理論で、共同体を早く崩壊させ、資本主義の分配を調整することになってしまいます。一時期、修正主義㉟、構造改革派㊱などこうした主張をした人々もいます。結局彼らは資本主義にからめとられていきました。市民社会派もそうなるでしょう。

資本の文明化は過去の問題ではありません。いまだに続いている悲惨なグローバリゼーションによる貧困は「資本の文明化」の結果です。グローバリゼーションは資本の運動ですから避けられないとしても、このグローバリゼーションが文明化をもたらす可能性は皆無と言っていいでしょう。

資本の文明化作用を時代状況にあわせて勝手に解釈し直すことは、それはそれでいたしかたのないことだとは思われますが、結局長い目で見たときにどうなるかという視点も必要だと思われます。マルクスは資本の文明化作用を諸刃《もろは》の剣であると考えています。実はこの資本の文明化作用によって世界中に撒き散らされるのは、資本家とプロレタリアートと階級闘争でもあることを忘れてはいけません。

（1）『資本論』第一巻は一八六七年、ハンブルクのマイスナーから出版。マルクス死後、エンゲルスの編集で一八八五年第二巻、一八九四年第三巻が出版された。

（2）『経済学批判要綱』は一八五七年一〇月から一八五八年三月までに執筆された草稿。一九三九年と一九四一年に二分冊で出版された。一九五三年に合本が出版された。邦訳は高木幸二郎監訳、大月書店、五分冊。

（3）『経済学批判』はベルリンのドゥンカーから一八五九年出版された（『マルクス・エンゲルス全集』第一三巻）。

（4）プラン体系の問題とは、『資本論』ははじめに計画された「経済学批判体系」のどこに位置するかという問題。最初の体系とは、第一編資本、第二編土地所有、第三編賃労働、第四編国家、第五編外国貿易、第六編世界市場であり、マルクスはこの計画を変更したという変更説、堅持したという一貫説とがある。

（5）社会主義移行とは『資本論』を経済原論として読むか、社会主義移行を含む経済政策の書として読むかという議論。

（6）転形問題と言われている問題で、価値（第一巻）から価格（第三巻）への転化をする際に矛盾が起こるというもの。

（7）アダム・スミス（一七二三―一七九〇）。イギリスの哲学者・経済学者。経済学の祖とも言われる。

『国富論』(一七七六)(水田洋、杉山忠平訳、岩波文庫、全四冊)。

(8)ジェームズ・ステュアート(一七一三―一七八〇)。イギリスの経済学者。スミスと並ぶ経済学の祖。『経済の原理』(一七六七)(小林昇監訳、名古屋大学出版会、全二巻)がある。

(9)歴史主義とは、普遍的な歴史的発展段階を設定し、そこから現代社会の発展を予測するという方法。歴史学派はその淵源。

(10)フランシス福山は『歴史の終わり』(三笠書房、一九九三、上、下)で冷戦体制崩壊後を歴史の終わりと規定した。

(11)内在的方法とは、それ自体に内在する論理で説明する方法。外在的方法とは、それ自体ではなく別のところから説明する論拠を求める方法。

(12)デフォーの『ロビンソン・クルーソー』(一七一九)(平井正穂訳、岩波文庫、上、下)。

(13)アジア的共同体。アジア的生産様式、すなわち専制支配下での共同体。

(14)ローマ的共同体。古代ローマの奴隷制を基盤とした共同体。

(15)ゲルマン的共同体。私有地と共有地が分割された、資本主義への解体過程の共同体。

(16)このノートは一八五〇年代のインドや中国に関するノートから、晩年のモーガン(一八一八―一八八一)に関するノートに至るさまざまなノートを含む。

(17)『資本に先行する諸形態』(手島正毅訳、国民文庫、一九六三)。

(18)共同体には他にゲマインデ(Gemeinde)やコムーネ(Kommune)という言葉がある。

(19)ソクラテスが死の直前に行った饗宴がその典型であるが、フーリエ(一七七二―一八三七)やモア(一四七七/七八―一五三五)に見られる共同体における共同の食事は、そうしたバンケのイメージをもつ。

(20)機械などの不変資本に投下された過去の労働を過去労働という。

(21)可変資本たる生きた労働者が行使する現在の労働。

(22)シスモンディ(一七七三―一八四二)。ジュネーヴ生まれの経済学者。『経済学原理』(一八一九)

の中で恐慌論が述べられている。

(23) セー（一七六七─一八三二）の法則。フランスの経済学者。セーの法則とは、すべての生産物には購入先があるという販路説のこと。

(24) マルクスは真理を追究した古典派（スミス、リカードなど）と分けて、そのときどきの支配者に都合のいい説を述べることに終始した人々を、俗流派（バスティアなど）と呼んだ。

(25) 過少消費説とは、消費の過少が需要の停滞を生み、それが過剰生産の原因になるというもの。

(26) 剰余価値の発生については時間、危険度などといった原因を入れるさまざまな理論がある。

(27) 労働力商品の特殊性とは、労働力商品は生きた人間という身体から切り離すことができないという特殊性をもっていること。

(28) 宇野弘蔵（一八九七─一九七七）。日本のマルクス経済学者。恐慌を経済循環として説明するのに労働力商品の特殊性を前提にした。

(29) イギリスの劇作家（一五六四─一六一六）。マルクスが好んだ劇作家。『ヴェニスの商人』（一五九六─一五九七）（中野好夫訳、岩波文庫）などがある。

(30) 戦後主体性論争。生産力の発展によって革命に至るという考えに対し、階級の主体の必要性を説いた議論。当時のスターリン主義を中心とした議論への批判であった。

(31) 梅本克己（一九一二─一九七四）。日本のマルクス主義哲学者。茨城県水戸にあって、正統派に対し孤高な戦いを挑んだ。

(32) 虚偽の意識。ルカーチが『歴史と階級意識』（一九二三）の中で述べている概念。

(33) 丸山眞男（一九一四─一九九六）。戦後日本に影響を与えた政治学者。マルクス主義とは距離をとった。『丸山眞男集』（岩波書店、全一六巻）がある。

(34) 内田義彦（一九一三─一九八九）。日本の経済学者。丸山と並んで市民社会派の中心人物といわれる。『内田義彦著作集』（岩波書店、全一〇巻）。

(35) 修正主義とは、ドイツ社会民主党のベルンシュタインに対して向けられた批判で、資本主義の中で社会主義を実現しようという運動。

(36) 構造改革派。一九六〇年代のイタリアの構造改革に影響された運動で、構造改革による社会主義化をめざす運動。

一三章　社会運動とマルクス

マルクスと社会運動

現在「社会運動」と言ったら何を意味するのでしょうか。たぶん最近の若い人たちはボランティア活動やＮＧＯの運動のことを想像するに違いありません。フランスに文字通り『社会運動』[1]（*Le Mouvement Social*）という名前の雑誌がありますが、この社会運動という言葉は支配権力に抵抗するかつての民衆運動、つまり労働運動のことを意味していました。

それではいったい「社会運動」が、「抵抗《resistance》」という概念を喪失し、社会参加《participation》という程度の意味に変貌《へんぼう》したのはいつのことでしょうか。たぶん、権力の実体が見失われ、社会が中産階級という平板化した概念に変貌していった一九八〇年代以降のことかもしれません。

かつての「抵抗する民衆」は「市民」に格上げされ、人格をもった個人として位置づけられました。市民社会は、民衆の抵抗を市民の社会参加という言葉に変容させ、権力という魔物をいつのまにか過去の遺物にしてしまったわけです。こうして権力への抵抗を問題にする社会運動、たとえば労働運動などは遠いかなたの思い出に変貌してしまいました。

もちろん、これは労働運動を支えてきたマルクス主義自身の変容にも大きく影響されています。人間的マルクス主義、市民社会論的マルクス主義、民主主義的マルクス主義といった一九六〇年代以降発展したソフトな言説が、闘争的なマルクス主義の牙《きば》を抜いてしまったことも事実です。

市民社会に包摂されていったソフトな社会運動に、抵抗と闘争という激しい言葉を求めることはできません。それを社会の成熟と呼ぶかどうかは別として、そうした激しい社会運動によって発展した労働組合そして左翼政党は、市民社会の成熟と反比例する形で衰退の一途をたどっていったわけです。

しかし他面でこういう意見もあります。社会運動は多様化したのだという見解です。こうした見解は、資本に対する抵抗力を失った現在、いいわけの枕詞《まくらことば》のように語られます。確かに、個々人の要求が多様化したことによって、明確な支配権力の対象が見えないのも確かです。その結果として運動は拡散し、その拡散によって支配構造はますます見えなくなっているわけです。しかしそれ以上に、堂々と抵抗する言葉を吐くことは現在では勇気のいることでもあります。抵抗戦線を張るような状況が消滅したのだという言説は、資本に取り込まれたことを隠す口実にもなっています。

いや支配などというものは消滅したのではないかという極端に楽観的な見解もあります。もはや権力への抵抗と闘争といった社会運動などは存在しえないのではないかというのです。さすがに資本の擁護者でもここまで言う人はあまりないと思います。いつのまにかメディアも国際資本[2]に独占され、こうした言説を振りまいている状況があるのも確かです。

しかし私は社会運動が多様化したとか、運動が必要でなくなったとかいう言葉でお茶を濁すつもりはありません。そうは思っておりません。もちろん、支配権力が見えないという点、運動が拡散したという点を否定するつもりはありません。確かにそうなっていることは疑いようもありません。しかしそのことは、権力が消滅したことを意味するものではありません。現に世界では、元気のいい抵抗運動も続いています。

たとえばポルトアレグレやムンバイでのオルターナティブ・グローバリゼーション[3](Altermondialisation)を求める人々の集団があります。抵抗的社会運動はそのあり方が変わったのであって、社会参加のような無抵抗な運動に変わったということではないのです。本章では、もっぱら理論的な視点からそのことを検討していきたいと思います。

注目すべき三人の思想家、マキアヴェリ、スピノザ、モンテスキュー

マキアヴェリ[4]、スピノザ、モンテスキューは、一九六〇年代にフランスの思想家ルイ・アルチュセールが最も注目した思想家です。この三人に彼が注目した理由は、この三人が国家権力の構造を最も的確に説明したと考えたからです。

つまり要約するとこうです。「すなわち国家権力は国家成立以前から存在するものであり、その意味で外部から与えられたものだ」ということです。

国家権力が外部の力であれば、権力の内容を説明する方法は内部にはありません。すなわち君主がその権力の由来を王権神授説として外部の神の力に頼ったことはそれ自体、国家権力の内容の本質を説明しているわけです。君主の神がかり的な呪術《じゅじゅつ》、カリスマ性といった外部的要因で権力を説明することはそれ自体真っ当なことであります。

しかし、君主にカリスマ的要素がなくなったらどうなるか。君主は、国家権力の中枢にいる意味を説明する根拠を他に探さねばならなくなります。そのよりどころこそ王権神授説[5]であったわけです。しかし、これは民衆の知性が発展するうちに剝《は》げ落ちるメッキにすぎません。民衆の知性の目覚めとともに、君主は合理的に国家権力の中枢に居座っていることの意味を説明する必要が生じたのです。まさにそこに近代の始まりがあります。

マキアヴェリも、スピノザも、モンテスキューも、この国家権力の正体を暴いたわけです。いやそればかりか、社会契約論と自然法理論でもその由来を説明することはできず、その意味で民主主義は機能不全に陥るに違いないということを予言したわけでもあります。この三人の人物こそ近代を意識し、かつ近代を批判した最初の人物だったと言えるのです。

現代の社会運動の可能性を見極めるには、この三人の思想家の理論を見逃すわけにはいきません。まずこの三人の人物の理論を分析してみます。

マキアヴェリの逆説

マキアヴェリの逆説とは何か。それは国家権力の神秘を逆説的に暴露したことにあります。君主の指南の書である『君主論』(6)は、君主に統治とは何かを教える書物です。と同時に、国家権力とは何かを教える書物でもあります。すなわち、国家権力とは、人民によって君主に委託されたものではなく、君主が一方的に行使しているものであるということを君主に認識してもらう書物であるのです。

君主が権力を維持するにはそもそも民衆の支持をうる必要はない。むしろ良心的な君主は自滅する。権力の維持には、雄々しく立ち向かう野心が必要である。徳という言葉はここでは野心となっている。したがって徳をもつ君主とは、野心をもつ君主である。君主は運命の女神を、自らの力でつかみとらねばならない。運命の女神はやさしい君主には微笑まない。運命の女神を強引に押さえつけて、その運命を略奪しなければならない。

しかし、ここでマキアヴェリの論理は皮肉にも逆説となります。君主の国家権力が神によって君主に与えられたものでないとしたら、国家権力が民衆に与えられても、貴族に与えられてもいいことになります。もしそうであれば、君主の統治とは一度獲得した権力をいかに渡さないかという点にすべてがあると言ってもいいわけです。君主と民衆との階級闘争がここに現れています。民衆に国家権力を委譲しないことは、民衆に国家権力が移る可能性を認めていることでもあります。とすれば、マキアヴェリは国家権力が誰にでも接近可能であるという秘密の箱、すなわち権力のパンドラの箱を開けてしまったのです。

このマキアヴェリの逆説こそ、一七世紀に君主政の危機とその君主政を擁護する諸説を生み出すきっかけとなった。アルチュセールが「マキアヴェリの孤独」として描こうとしているのは、この逆説のことです。確かに秘密をばらした以上、マキアヴェリは孤独にならざるをえない。民衆に国家を構成する権利があるということは、あえて君主に統治を任せる必要はないということであり、マキアヴェリは君主に統治の指南をしながら、君主に大政奉還の指南をしていたわけでもあります。アントニオ・ネグリはこのことを「構成的権力」という言葉で表現しています。

とはいえ、君主の権力はその後も軍事によって防御されたのみならず、理論によっても防備されていったのです。[7]自然法の登場と人間の自由意志の容認[8]という近代の始まりは皮肉にも君主制権力を擁護することになったのです。

スピノザの革命

ここでスピノザをもう一回説明します。一七世紀に出現する人間の自由意志の容認と自然法は諸刃《もろは》の剣でありました。たとえばホッブズに代表される議論が、君主権力と民衆の権力の両方に資することになったことがそれを現しています。

ホッブズの自然状態は個々人に分解された「市民」の存在を前提にしています。なぜならそこで人々は利己心の塊として登場するからです。だから、この世界で利害の対立による「万人の万人に対する闘争」が起こり、その戦争状態を制圧するために君主が登場します。

もちろん、この戦争状態を制圧するのは、社会契約を交わした民衆であってもかまわないわけです。まさにそこに両義性があります。つまり、戦争状態を平和状態に変えるには、民衆の力であってもいいからです。しかし、民衆の側に暴力的な力がない以上、民衆は権利を社会契約によって権力者に委《ゆだ》ねるしかありません。

ホッブズの理論が君主政の擁護につながったか、民主政のさきがけになったかという問題は、ここではどうでもよいと思います。むしろ戦争状態を忌避するには、君主政であれ、民主政であれ、国家権力という得体の知れないリヴァイアサンが必要だということが重要です。

このことを最初に問題にしたのがスピノザです。スピノザは、ホッブズの前提たる「市民」を問題にする。人間の原始状態たる自然状態には市民などはいない。いるのは共同生活を営む類としての人間だけである。共同生活を営む人間がなぜ戦争を行う必要があるのか。戦争はそこには存在しえないからです。

とはいえ、国家権力はどこからやってくるのか。国家権力は共同生活を営む類としての人間社会から生じないとすれば、それは外部からやってくるしかない。外部からやってくるということは、内部の論理で説明できないということです。それではなぜホッブズやロックは外部から来た国家権力を内部の論理で説明しようとしたのか。彼らは君主政の手先なのか、それとも権力に与《くみ》するすべての人々の手先なのか。

そこに自然法的コナトゥス（自己保存権）が登場します。人間の自己保存権を原始状態にまでさかのぼらせるという手法は、人間はもともと個々人の集合体であるという近代の論理を過去に投影することを意味しています。個々人に分解された人間が当然の権利とする自己保存権は、自らを守るために次々に力を上へ上へと委譲していくシステムに同化されていきます。個々人は集団に権力を委譲し、最終的には一人の人物に権力を委譲するというメカニズムが成立します。こうして国家権力の合理的説明が完成するわけです。つまり、国家権力とは、個々人が自然の権利を行使した結果生まれた、人類にとって不可避的な民衆権力の集合体であるということです。

マルクスは近代人を過去に投影する国民経済学者をそれゆえに批判していましたが、スピノザも当時の近代主義者を同じような理由から批判しています。スピノザは人間を類と置くことで、個々人のコナトゥスと同時に集団のコナトゥスを置きます。だからそこには「万人の万人に対する闘争」は起こりえない。と同時に個々人の力は最初から前提とされず、むしろ個々人は集団としての力に包摂されているのです。集団を崩壊させる新しい力、それはブルジョア社会、すなわち市民社会の力であるが、それは忌むべきものとされています。

スピノザは市民社会の批判者なのか。まさにしかりであります。それではスピノザは君主政の擁護者なのか。いやそうではありません。スピノザは民主主義批判者なのか。そうではありません。スピノザの民主主義はあくまで、社会契約による権利の委譲を認めない。

その意味で市民社会的契約による代議制民主主義を認めないのです。それではどんな民主主義があるのか。あるとすれば国家権力をひたすら解体する分権的民主主義、すなわち文字通り自治主義（communism）があるのです。

だからこそスピノザは革命家であったわけです。その革命とは、真の民主主義を実現する運動、すなわち類的共同体に権利を維持しようとする社会運動です。

モンテスキューのロマン主義

社会契約による権力の委譲は、結局君主政の擁護ではなく、代議制民主主義に発展していきます。現在、君主政、貴族政、民主政といった政体のいずれがいいかと問われれば、まず民主政という答えが返ってくるでしょう。民主政は、利己心という人間の本質と合致する理想の統治形態であると考えられているからです。

三権分立で有名なモンテスキュー(9)はこの三つの政治体制を分析していますが、意外にも貴族政を高く評価します。その根幹には、君主政と民主政がもっている国家権力との媒介的な直接的関係に対する批判があります。しかし、これは一見奇妙にも見えます。

君主政が国家権力を君主たる国王に一手に集中する専制政治であるのに対し、民主政は主権を国民に委ねることによって、権力を民衆一人一人に預ける。まったく違っています。

ではなぜこの二つの政治形態が類似しているのか。

それはこうです。民主政治をつかさどる代議員は、数年に一回の選挙によってしか選ばれない。多数決によって選ばれる代議制民主主義は、選挙の日を除けば一種の独裁状態である。市民が権利を委譲したことによって、国家権力は国民の声を代弁していることにはなっている。しかし、それが本当かどうかはあくまでも数年に一度の選挙によってしかチェックできない。その間はあくまでも君主政と同じ状態が形式上続く。代議制民主主義は、多くの場合独裁状態であるのです。

民主政治は、ルソーの「一般的意志」の表現でもあります。個々人の利害を超えた一般的利害、すなわち全体の意志として語られる「一般的意志[10]」は、むしろ民主主義的ではない全体主義的な制度を意味するように見られがちであるが、代議制民主主義にはたぶんにこの「一般的意志」が含まれています。

モンテスキューは、民主主義の陥る陥穽《かんせい》をするどく見抜いているわけです。人民による権力の掌握がときとして君主政以上の専制支配に陥るとすれば、まさにそこに逆説がある。だからこそ、モンテスキューは君主権力を抑制し、民主権力を媒介する中間項としての貴族政を妥当な政治体制と置くのです。絶対君主政が民主政へと移行する中で、まさに過去の遺物とも思われる貴族政にとらわれているモンテスキューは、ロマン主義者そのものです。

しかしモンテスキューが問題にしているのは次の点です。国家権力は誰が統治しようと権力であることに変わりないということ。だからその権力を民主化する制度などありえない。君主政と民主政は確かに国家権力の両極に位置する。しかし、それは国家権力をめぐる争奪のあり方の違いでしかない。貴族政は、直接権力を取らない貴族が君主の権力をチェックし、それぞれの地域の民衆と地域共同体をつくる政治である。あくまでも消極的な意味でしかないのですが、モンテスキューは多元的政治体制の領野を切り開いているわけです。

社会運動の成立

一九世紀の社会運動の意味がどこにあったかを理解するには、マキアヴェリ、スピノザ、モンテスキューが提起したこれらの問題を理解しておかねばなりません。もしそうでなければ、これら社会運動の射程はこうなってしまうでしょう。すなわち「一九世紀に起こる社会運動は、一七世紀に起こった民主主義的運動の延長線上にあり、その運動の核心は国家権力を民衆に取り戻すことであった」と。

もしそうであったとすれば、民主主義の不徹底を暴き出し、完全な民主主義に至る過程を示すことこそその社会運動であるはずです。政治的な民主主義の完成形態が、議会制度や普通選挙であるとすれば、それを獲得する運動が社会運動であり、経済的民主主義の完成形態が、完全雇用や賃金の上昇であれば、それを獲得する運動こそ社会運動であります。

そうであれば、こうした問題を最も熱心に自らのシステムの中に組み込んだ資本主義は、社会運動によって批判される側ではなく、社会運動を推進する側にあったことになります。

そう考えると、資本主義の勝利と言われる現在において社会運動が消滅したのは至極当然だとも言えます。民主主義システムを最も実現したのは資本主義であり、経済的豊かさを実現したのは資本主義であるという自負はまんざら嘘ではないのです。世界に数多くの非民主国があろうと、貧しい人々がいようと、それはじきに（本当かどうかは別として）消滅する。なぜなら資本主義こそ社会運動を推進する母体だからです。

しかしこの論理はやはりちょっとおかしい。そのおかしさは、出発点の前提にあります。一九世紀の社会運動は、はたして一七世紀、一八世紀の近代市民社会が構築した理論モデルを徹底し、発展させるための運動であったのかどうかという問題です。すでに見たように、一七世紀、一八世紀にはそうした近代市民社会の神話を批判する流れがあったのです。もし一九世紀の社会運動がそうした連綿と続く地下水脈の流れを受けた運動であったとしたらどうでしょう。

そうであったとすれば話はこうなります。一九世紀の社会運動が求めたものは、代議制民主主義の中での議席の確保、あるいは国家権力の奪取、賃金の上昇による生活の確保ではない。近代市民社会がつくりあげてきた権力の虚構、すなわち類的人間から個々人への分割、それによる個々人の権利の委譲への、抵抗、すなわちそうしたもろもろのものへのマニフェストであったのではなかったのでしょうか。

市民社会（ブルジョア社会）を構成できない多くの人々、すなわちプロレタリアート（あるいはマルチチュード）は、最初から政治権力から排除されていたわけです。選挙権は形式的にも、実質的にも与えられるのですが、被選挙権（いや当選する可能性）は形式的にはいざ知らず、実質的には与えられていない。そこには排除がある。選挙権が形式上の権力の委譲、被選挙権が実質上の権利の委譲ならば、代議制民主主義は排除の機構と言えなくもないわけです。

一九世紀の社会運動は、外部に弾《はじ》き出された人々による真の民主主義を求める運動だったのではないでしょうか。だからこそ、共産主義運動と民主運動に亀裂《きれつ》が起こり、社会運動は前者の運動になっていったのです。ここで共産主義という言葉を人口に膾炙《かいしゃ》している「共同所有運動」という意味では使わない。むしろ、スピノザの意味で言う、「自治を求めるコミューン（共同体、自治体）の運動」と解します。

民主運動は、政治と経済を分離させていきました。労働運動においては、民主政治は現場の労働者の運動を経済的要求に還元し、政治的な運動をそこから分離していったわけです。すなわち指導する党と労働組合の分離がその例です。結果として、党を組織する人々は労働から遊離し、政治集団となっていく。党は政治的権力収奪のスペシャリストとして権力の奪取をひたすら考える集団となっていきました。こうした党が、代議制民主主義と寄り添う形で存在している以上、社会運動は代議制民主主義制度によって実現されるという幻想をつくりだしていきます。しかし実際には妥協につぐ妥協であり、結局は自らの党の存在価値すらも放棄してしまうことになってしまうのです。

そうした分離とは別に、本来の社会運動は、政治と経済の統一体としての工場評議会運動、自主管理運動といった運動としてなんとか生き抜いてきたわけです。しかし、労働組合と党のほうは、労働者の多くを既存の権力に屈服させることによって、事実上社会運動の主体であることを放棄してしまったのです。

マルクス主義とは何か

こうした流れの中でマルクスの思想、すなわちマルクス主義ですが、どういう立場をもたねばならないのでしょうか。本書全体をお読みになればすでにおわかりでしょうが、マルクスは、マキアヴェリ―スピノザ―モンテスキューの流れを受けています。

マルクス思想の根本には労働を通じた共同の概念があります。これは、もちろん労働に尽きるものではありません。消費に至るまで共同であるという原則があります。ここでは人間が類として考えられているからです。類としての動物は、進化論的自然淘汰《とうた》の洗礼を受けますが、これはけっして過当競争による類の消滅を意図していない。むしろ利己的な遺伝子が、逆に類を発展させるために個人という個体に競争を強いているのであって、逆ではないのです。

マルクスの思想には、人間集団を一つとして考え、そこに所属する一人一人の能力の差を認めながら、それを排除しないで包括する論理がある。秀でた個人がいてもよい。無能な人がいてもよい。もちろん秀でた人が得をするでしょう。しかし、優れた人はそうでない人を救うようにできている。その共同体では再配分が行き届いている。

労働者の主体と言ったとき、そこには労働者が資本の運動に対して主体的に闘うという意味がありますが、それは資本のつくりだした利潤を奪取するという意味ではない。むしろ利潤をつくりだすシステムそのものを破壊するという意味です。そうでなければ、労働者の集団は内部崩壊の危機にさらされるわけです。

なぜなら、労働組合などの中心に立つ人は能力がそれなりに高い。ということは常にそこに資本は懐柔策を与えてくる。いわゆる一本釣りというやつです。どうやって無能なものを包括できるか。その論理は共同体にしかありません。

キリスト教的共産主義が大きな力をもっているのは、まさにこうした思想が根本にあるからです。くり返して言いますが、利益をえるために人は徒党を組みません。むしろ利益をえるためなら徒党は崩壊します。逆なのです。利益をえないために徒党を組むのです。

粗野な共産主義をマルクスがなぜ批判したか。それはこの共産主義が、個人的所有を全面的共有化で実現しようとしたからです。個人の豊かさの裏側に共有があるかぎり、共有はある個人の所有を高めることになるのです。これをマルクスは私有の全面化と言っています。

党であるとか、労働組合であるとか、男であるとか、白人であるとかといった運動の主体が権力を奪取し、彼らが共有を実現すれば、それは党、労働組合、男、白人による全面的私有化となります。そうなれば、そこから排除されたものの権利は消滅する。粗野な共産主義者が女性の共有を盛んに主張していたのは、彼らが野蛮だったというのではなく、彼らの論理の中に集団による支配という思想が常にあったからです。

とはいえ、こうした共同体を実現することは長い旅をともないます。共同体の生活や労働が本来の世界だと言っても、次の論理が否定されなければ誰もが批判するでしょう。労働は苦痛であり、余暇は喜びである。だから人は労働からなるべく逃げる。となると共同体はますます人間にとって疎遠になると。確かにそうです。労働からの遊離、余暇の増大、個人の確立、それが進歩に見えるのは当然と言ってもいいでしょう。

しかしここで、労働がなぜ苦痛かという問題を考えてみると、それは受動的だからということです。もちろん能動的な労働というのはごくまれにであり、労働は苦痛そのものと言っていいでしょう。だからその苦痛から逃げるということが選択肢に出てくる。しかし、スピノザの論理を受けてマルクスはこう考えています。

受動的であることは何か不自然なことであり、不自然であるから苦痛である。しかし、苦痛であることは人間がこの世界の主人でない以上当然である。働けという至上命令を受けているということは人間の内部から出たことではない。人間の自然に対する受動的立場にすぎません。働くということは、外部の力に従うこと、それを征服することではない。征服すればたぶん労働も喜びになるでしょう。しかし、そうした喜びを求めることではなく、苦しみを受苦的に受け入れること、これが至福の世界に至ることだ。そう『経済学・哲学草稿』で述べています。

たぶんこう考えれば、資本主義が自然を征服することによって労働の能動的喜びをえようとしていることがいかにおかしいことかはわかるでしょう。苦痛でいいのです。苦痛だから働きすぎる必要はありません。ポール・ラファルグ[11]の著名な著書『怠ける権利』[12]こそ、労働者にとって重要な意味をもってきます。労働の受苦的苦しみを受けることで、自然との調和ができるわけです。

グローバリズムという掛け声で進められている資本主義の中で、働かないことなどおかしいことなのかもしれませんが、水や空気までを商品にしてしまう資本主義に対しては、自然との調和を期待できるはずはありません。次第にマルクスが予想した共産主義へ進んでいくに違いありません。

現在の社会運動のあれこれ

現代のグローバルな資本主義に対抗するには、もはや一国内における抵抗運動では十分ではありません。資本対賃労働、資本によって擁護された国家権力と賃労働者との闘争という図式は、国家が独立を保っていたときにのみ当てはまりました。もちろん、現在においても国家は存在しますし、今後もたぶん存在しつづけるでしょう（むしろ政治的には資本の命令に応じ命令を強めるかもしれません）。しかし、今後の国家はそれまでのような自己完結的国家ではありえないでしょう。

かつては国家とつるんだ資本家に対して抵抗勢力というものが、比較的明確に形成されました。国民の中で国家から排除された人々が抵抗分子となったわけです。ところが現在では、国家も相対的に独立を保障されていますが、あくまで超国家の容認の上に存在しているにすぎません。だから、国家も皮肉なことに抑圧されているわけです。と同時に、先進諸国は超国家でなくとも、超国家的な役割をしているわけで、国民の多くはたとえ抑圧されていても、自らは抑圧する側にあると思っているわけです。

超国家の中で国民意識にすがりつきたい人は、両極分解しつつある世界の中でなんとか上の位置に踏みとどまりたいと考えている。だから国家と連帯することが多いのです。そんな中で国民意識が復活します。

現在の社会運動はそうした意味で、世界を分解しつつある現在の状況を把握しないことにはどうしようもないでしょう。国家レベルで考えれば、とても抵抗勢力はつくれません。そこで、グローバリゼーションに対抗する新しい抵抗運動が世界的に組織されつつあります。

その際問題なのは、世界の中で両極分解しつつある抑圧者と被抑圧者との関係です。とはいえ、この被抑圧者はさまざまです。女性、マイノリティー、移民労働者、金融資本に収奪される人々、発展途上国の人々、有色人種、先進諸国に属さない白人、黒人女性、石油などの天然資源産出国の人々、労働組合、資本に抵抗する自然、著作権などの特許の恩恵を受けない人々（エイズ治療薬などの薬代を支払えない人々など）や技術的に追いつけない後進国の人々など）、資本主義的大量生産の食物に批判的な人々、都市のスラムに住む人々、先住民、メディアに独自の文化や情報を奪われつつある人々、国家の力が小さくなることで初等教育すら受けられなくなっている人々、性的偏見によって差別されている人々、インドの不可触民のような伝統的差別を受けている人々、人身売買の対象となる人々などさまざまです。

こうした抑圧された人々の運動は、世界との連動なく進むことはありえません。しかし、事情も内容も千差万別です。ひとくくりにする理論的武器はいまはありません。しかし運動は急務であり、運動として進めざるをえないのです。

従来グローバリゼーションに対して、反グローバリゼーションという言葉が使われていました。しかし、この言葉だと、国家主義もそれに含まれてしまいます。右翼と左翼は、奇妙なところでドッキングするという現象が起きてしまったのです。

ポルトアレグレ(13)で開かれたオルター・グローバリゼーションの集会にはさまざまな運動の団体が参加しています。G8のサミット(14)やスイスのダヴォス会議(15)のエリートと違って、参加者も数万になり、最近では反グローバリゼーションではなく、オルター・グローバリゼーション、脱グローバリゼーション、新しいグローバリゼーションという言葉を掲げることが多い。それはこれらの反グローバリゼーション運動がグローバリゼーションそれ自体に反対していないことを表しています。むしろ社会運動の連帯性という点でグローバルなのです。フランスのATTAC(16)のように金融資本に課税するという壮大な計画から、不可触民の差別撤廃を訴える運動までさまざまです。しかしこれらの運動は元気があります。

理論をとりあえずおいて、グローバル資本への抵抗という点に焦点を絞った社会運動として結束しているからです。そこには従来の労働運動を中心とした社会主義者、共産主義者から、フェミニストまで入っています。なぜ齟齬《そご》をきたさないか。たぶん敵がはっきりしているからでしょう。敵は資本の側につく人々や政党、運動組織です。皮肉なことに政権党となり、グローバリゼーションを推し進める側に立っている社会民主党は、この運動の敵側に位置しているということです。そこには市民社会派も含まれています。

これに対して抵抗する側には、はっきり言って先進諸国の多くの労働者が入っていません。もちろん、興味をもっている団体もありますが、多くは従来の運動から脱し切れていません。従来の運動は、一国内の企業における雇用の確保、賃金の上昇というくびきを脱却し切れていません。もちろんこれらは魅力です。ただし、高度成長期、いわば植民地を収奪する時代ならば要求は実現できたでしょう。しかしまさに現在の社会運動の最大の課題は、この旧植民地の人々の連帯であるわけです。彼らが人間としての権利を獲得することを許せるのかどうか。浪費の絶頂にいる先進国の労働者が、旧植民地の労働者と連帯しえるとしたら、雇用の確保と賃金上昇という課題では無理です。なぜならそれこそ植民地の収奪を促進するだけだからです。

そこで方針の変更が必要です。雇用を緩めて、賃金を下げて、世界の労働者の平均水準を高めることができるかということです。このようなことを言うこと自体、日本では狂気の沙汰《さた》かもしれません。「俺だって失業し、低賃金なのに、何だって見ず知らずの人を救わねばならないのか」。当然そう言うに決まっています。

しかしヨーロッパの労働運動の中でも従来の賃金、雇用型の労働運動から脱却しようという動きが出ています。この動きを理解するには、世界の人類という概念が必要になってきます。人類みな兄弟だというのはあくまでもレトリックで、現実はその逆。その逆こそ人間の本質だと考えたがります。グローバル資本はまさにそこを利用しています。この類的存在が実現しないことによって、利益をわずかばかり労働者に配分するのです。労働組合が衰退したのはまさにそうしたエサにかかったからです。

そうした個人としての競争をあおったのも労働組合です。だから労働組合は皮肉にも、失業者やパート労働、移民労働を助けない。能力のある者の世界となる。失業者が従来の労働組合に助けてくれと言ってもたぶん無理です。逆説ですが、世界の人々を救うことが自らを救うことになるのです。

ただしその際忘れてはならないのは、労働者の賃金は資本主義社会のつくりだした労働力の価値によって測られないということなのです。労働力の価値とは、賃労働者としての労働時間でありますが、これには能力などのヴァリアンテが加わり、不明確になっています。働いていない者に賃金はない。

とはいえ十二時間以上も働いている労働者の賃金は安いし、株式投資で利ざやを稼ぐ者の賃金はけたはずれです。要するに、建前は建前として賃金にはあらゆる経済外的な、いわば競争外の論理が加わっているわけです。実際その垣根、たとえば国境をとっぱらうと、日本人の多くの労働者の賃金は、インドの労働者の賃金と同じレベルになるかもしれない。そうならないように防護線を張る。労働組合はそうなると国家を擁護し、移民労働者を排除しなければなりません。

とはいえ資本はやはり安い労働力を求めます。国家がどんなに努力しても失業の憂き目にあうことは間違いありません。そこで国境を越えて、賃金を再配分するシステムが必要です。そのためにも世界の労働者の中に共同体的なイメージが構築される必要があります。ただしこれは至難の道です。差別や貧困のない世界こそ至難の道ですが、至難であることがあまりにも強調されすぎ、所詮《しょせん》人間には差異があるという差別の言説が資本をバックにして流れています。

ただ、誰も譲らないのは、多く働いた者が少なく働いた者より多い賃金を得る。まさにこれに反対する言説をつくることが新しい運動の使命です。困難を承知の上で議論できるかどうかが運動の未来の鍵《かぎ》を握っています。

新しい社会運動の展望

現在勢いのある社会運動を見渡すとき、そこに登場する移民労働者の運動、非労働組合の運動、いわゆる非組織的な運動を見すごすことはできません。さらに工場評議会などを組織する政治と経済を分離しない運動組織も見すごすことはできません。

労働運動が社会運動の中心ではなくなったという事実は、たぶん労働運動が市民社会に包摂された以上、認めざるをえない事実だと思います。しかし、そのことによって労働運動が消滅したと考えるのはまだ早計です。市民社会が勝利宣言をし、資本主義社会がその後見人として勝利を宣言している中で、世界はおろかわが国においても市民社会の一員たる権利を喪失し、底知れぬ貧困社会に足を踏み入れていく人々が増加している現状をどう見るのだろうかという問題が出てきます。

ここ数年の世界における社会運動は、WTO[17]やグローバリゼーションといった資本主義のシステムに矛先を向けています。失業者を救うために労働時間を減らし労働を共有するという運動にしてもしかりです。もちろんこれは賃金の低落を促進することで資本に有利に作用する危険性を内包しています。しかし、重要なことはその運動が雇用されていない労働者を巻き込んでいるという事実です。

定期雇用された労働者は労働組合を作り、それによって臨時雇いの労働者を排除してきました。そのことによって労働者の中に外部ができ、本来の社会運動がめざしていた民衆全体の運動の成立を阻害してきました。この新しい運動はある意味では本来の運動の原点に戻ったとも言えるのです。

移民労働者を含む外国人、そして女性、学生、そして働かない者さえも組織されていく運動は、社会運動の原点を再確認する新しい方向を示しています。代議制民主主義の盲点は、内部と外部を作ることにあります。その最も典型的なものが権利の委譲ですが、それと並んで、外国人を排除することも挙げられます。外国人労働者を選挙に入れるということは、国家権力を構成する成員が国民である必要がないという問題の提起でもあります。その場で生きている者がその場の政治を行うというのがスピノザ的運動の原点であったとすれば、まさに政治を行う権利は外国人にも開かれているはずです。

働かない者、すなわち税金を払わない者は資本主義国家のお荷物として福祉の対象になっています。その費用はあくまでも国家にとって生産的ではない外部費用として計算されます。しかし、社会が共同体ならば、働かない者も、働く者も本来区別はない。個々人の分離を前提にしないならば、全体で一つです。それは学生にも当てはまる。学生は国家にとって当面生産的な存在ではない。しかし共同体から見れば学生は全体の一部を積極的に形成しています。家事労働と同じく、教育も資本主義国家の生産力の外部費用、すなわち再生産費用として産出されているが、本来はそうではない。

だからこそ、ホームレス、老人への福祉削減、教育への経費削減といった資本主義国家の政策に対して、世界的に大きな社会運動が形成されているのです。この運動は一九世紀の社会運動の原点に帰った運動でもあります。これらの支出が国家にとっての損益ではなく、積極的な支出であるという発想こそ、一九世紀の社会運動の理論であったはずです。

さてかつての運動の中心でもあった労働組合運動は衰退したのでしょうか。『〈帝国〉』を書いたアントニオ・ネグリが関係しているアウトノミア運動などは元気がいい。政治運動と労働運動を分離させせない工場評議会型の労働運動は、党と資本によって次々に壊滅させられていきましたが、生き残った運動は賃金獲得闘争以外の政治闘争への道を開くことによって現在ますます勢いをえています。

既成政党によって自治能力を失わなかったこうした運動組織は、広く工場外の失業者や学生へ接近を図り、わが国ではすでに消滅してしまったかに見える大規模ストライキ運動への可能性すら模索しています。

結語

たぶんここで私が述べた社会運動のあり方は、きわめてラディカルなものに見えるでしょう。それはほとんど疑う者もいなくなった市民社会の原理原則が、ここでは完全に否定されているからです。

代議制民主主義に代わりうる制度があるのか。国家権力を否定することによって何が生まれるのか。いや個々人の利己心の開花こそ、封建的共同体から抜け出した人々の最上の喜びではなかったか。共同体こそ封建制度の巣窟《そうくつ》ではないか。

当然出てくるであろうこれらの疑問に対しての私の回答は、本書全体を読んでいただければおわかりいただいたであろうと思います。ここでもう一度くり返すことはしません。ただ、一九世紀に起こった社会運動は、近代市民社会の運動の延長線上にあったのではなく、むしろその批判にあったのだということを今一度主張したい。いやそうでなければ、一九世紀の思想家たちがあれほどまでに熱狂した社会運動の意味が理解できないのではないでしょうか。

だから現在社会運動がありえるとしたら、近代市民社会を批判する運動以外にはありえないでしょう。資本主義が世界を支配し、代議制民主主義が世界に普及している現在において、あえて近代市民社会を批判することは確かに勇気がいります。しかしこの勇気こそ、全体の流れに抵抗し、新しい世界を展望するきっかけとなるのです。

（1）*Le Mouvement Social* はジャン・メトロン（一九一〇―一九八七）によって一九六〇年に刊行された労働運動の雑誌。
（2）現在世界の主要メディアは数社によって支配されている。
（3）フランスを中心に盛んな運動。新しいグローバリゼーションを構築する運動。とはいえ、そこには西欧的文化の普遍性という側面ももっている。
（4）マキアヴェリ（一四六九―一五二七）。フィレンツェの政治思想家。
（5）王権が神によって与えられたという説。ボシュエ（一六二七―一七〇四）などが唱えた。
（6）マキアヴェリ『君主論』（一五三二）。一五一三年ごろ執筆されたが、死後出版された。王権を守るための現実的政策について書かれてある。
（7）自然法。神の命令において普遍的人間に与えられている法則。
（8）人間の自由意志。神によって人間の自由意志は与えられているかどうかという問題。
（9）君主政とは、国王による専制的政治体系である。貴族政とは国王のもと複数の貴族が合議で決める政治体系である。民主政とは、人民による政治であるが、代議制と直接制に分かれる。
（10）一般的意志とは、個別利害を超えた意志ということで、具体的には国家を指す。
（11）ポール・ラファルグ（一八四二―一九一一）。フランスの労働運動家。マルクスの次女ラウラ（一八四五―一九一一）と結婚した。
（12）『怠ける権利』（一八八三）の中で労働時間の短縮の必要性を説いている。

(13) ブラジルのポルトアレグレ。二〇〇一年に国際社会フォーラムが開かれた。
(14) G8。一九七五年から始まった先進国首脳会議。アメリカ、日本、フランス、イギリス、イタリア、EU、カナダ、ドイツ、ロシアが参加していた（二〇一四年のクリミア半島併合後より、ロシアは排除されている）。
(15) ダヴォス会議。スイスのダヴォスで開かれる先進国の会議。
(16) ATTAC（世界を支援するための金融取引への課税を求めるアソシアシオン）。欧文の頭文字を略してアタックという。投機的取引への課税を要求している。
(17) WTO。世界貿易機構。グローバリゼーションのための戦略として関税などの障壁を取り除こうとしている。

あとがき

「いったいいまどきマルクスにどれほどの意味があるのだろうか」。たぶん大方の人がそう考えているかもしれません。それなのにマルクスを読み直す。学問書の世界ならいざ知らず、一般書の中でそれをやる。そんな無謀なことを計画されたのは昨年一〇月突然なくなられた五月書房の編集者橋本有司さんでした。

橋本さんは勘所のいい人で、何がいま問題なのか的確にとらえる人でした。その彼が「もう一度マルクスを読み直しましょうよ」と言うのですから、マルクスをいま読み直すことは、外れてなんかいないと考えました。グローバリゼーションの猛威の中で、抵抗勢力を失い殺伐としている中、「そういえばマルクスがいたよね」と思われる方は意外と多いのではないでしょうか。

あの力強いマルクスはどこへいったのでしょうか。マルクスはソ連、北朝鮮といった仮想敵国への憎しみとともに闇に葬り去られたのでしょうか。巷《ちまた》では、資本主義に批判を感じながらも、マルクス主義よりましだという癒《いや》しが横行しています。だからマルクスの名前は使われることがあっても、マルクスに可能性があるなどと思う人はいないかもしれません。

とはいえ、マルクスに青春の郷愁、それ以上に何かを生み出す力、そして抵抗する力を求めたいという気持ちはある世代以上の人はもっているのではないでしょうか。もっとも何とかマルクスにすがりたいという人でも、これまでのマルクスなら遠慮したいという人が多いのも事実でしょう。

私は今回本書を編むために、橋本さんと二人の学生(木本憲一君、田原健太郎君)を前に、マルクスを初期から読み直すという講義をもちました。私の仕事部屋、あるいは大学の研究室に来てもらい、毎回二時間講義をする。そしてそれを書き直すということで本書の執筆は始まりました(ただ一三章だけは『神奈川大評論』(四六号、二〇〇三)に書いたものを書き換えました)。もちろん私のマルクスは、あくまで私のマルクスであり、ありきたりの教科書風のマルクスでないことは当然です。少々大胆に読み込んだり、現代の問題から切り込んだりもしました(しかしながら、多くはこれまで、横浜《よこはま》の朝日カルチャーセンター、神奈川大学市民講座、専修大学の社会科学論、慶應義塾大学大学院の経済学史講義、アソシエ21講座、そして神奈川大学の大学院及びゼミナールでこれまでに語ってきたことばかりです)。

全体としてこれまでのマルクス像を一新しているという確信はあります。とはいえ、それがどう現実の運動と結びつくのかという問題点を抜きにしては、やはり無味乾燥でしょう。とりわけ新しい抵抗勢力としてのオルター・グローバリゼーションという抵抗運動に私は関心があります。問題関心としてはそれをどうマルクスの議論とかみ合わせられるのかということにあります。その運動を説明する書物ではないので、それはあくまで問題関心の域を出ていません。

またマルクスにすべてを求めているわけでもありません。もっといえばマルクスにつながる歴史、そしてそれを受ける新しい歴史という点を模索しているにすぎません。この可能性がどこまであるかはわかりませんが、マルクスからいくつかの可能性が出てくることを希望しています。

この書物は橋本さんという人物があって初めて出来上がった書物です。マルクスの書物を問題にしてマルクスを読み直すということは、実際大変なことで、橋本さんの励ましがなければ、まずできなかったと思われます。早すぎた橋本さんの死が残念でなりません。霊前への餞《はなむけ》として二人で作ったこの書物を捧《ささ》げることにします。本書は共著といっていいかもしれません。

二〇〇四年二月一九日

的場　昭弘

文庫版あとがき

社会の変化を全体としてつかむ、マルクスの方法

現在の社会変化は急激です。とりわけリーマンショック以後、世界経済は長期不況に突入していて、抜け出せる機会がないまま一〇年近くが経過しました。

この悪化した経済の中、社会は脱出口を求めて彷徨《さまよ》っています。それが社会変化を急激にし、かつその変化がはっきりと読めない原因をつくっています。社会の急速な変化は、細かい事実をひとつひとつ追っていても理解できるものではありません。事実の山ができるだけです。その理由は、ひとつひとつがどうつながっているかを知らないと、全体像が視《み》えないからです。

その意味で、全体を視るための方法を身につけねばなりません。マルクスを読むということこそ、この全体をつかむ方法を理解するということです。なぜなら、マルクスはつねに全体でものを視るということを考えてきた思想家だからです。

細かい事実からひとつの全体に至る過程こそ、研究と分析の過程ですが、細かい事実だけを述べたのでは、たんなる事実の羅列にしかすぎません。そこでマルクスは、いったん

事実の集積からひとつの抽象的全体的世界を導き出し、そこから全体をとらえた後に、もう一度細かい事実に降りていく方法がいいと言っています。

これが『資本論』の方法ですが、いまほど、こうした丹念な方法が必要な時代はないかもしれません。社会の事実をいったん抽象化するということが必要です。

マルクス作品の読み進め方

その意味で、今ほどマルクスの思想を紐解《ひもと》く必要がある時代はないといっていいのですが、まずはマルクスの作品を実際に手にとって見てみることにしましょう。

では、どの書物から取りかかるべきでしょうか。本書ではマルクスの主要作品を初期から取り上げていますが、実際にこのように読むと、難解な『経済学・哲学草稿』と、『ドイツ・イデオロギー』の前で挫折《ざせつ》してしまうかもしれません。

そこで少し入門的な方法を伝授します。昔から、入門といえば、『共産党宣言』と『賃労働と資本』がいいと言われてきました。厚さが薄いことと、内容がかなりコンパクトであることから、この二つを読むと、マルクスの骨格がわかると言われてきました。比較的手に入れやすいこともあり、この二つを読むことの意味は今でも変わりません。

マルクスといえば経済学ですが、この二つは、マルクスの経済学のおおよそを知るには重要な書物です。

次に哲学に関して知りたければ、難解ですが、『経済学・哲学草稿』を読まねばなりません。とはいえ、以前はエンゲルスの『空想から科学へ』を勧めることが一般的でした。これはややドグマ的なので、誤解を避けるためには直接マルクスのものを読むべきでしょう。それと短いものですが、重要な「ヘーゲル法哲学批判序説」、「ユダヤ人問題に寄せて」を読むことをお勧めします。これは実際に出版されたものであるため、しっかりと整理されているからです。

政治に関しては、『フランスにおける階級闘争』、『ルイ・ボナパルトのブリュメール一八日』、『フランスの内乱』という三部作をお勧めします。この作品を読むには、フランス革命、二月革命、パリ・コミューンに関する具体的な知識を持つことが必要です。そして、当時の政治家たちの名前がたくさん出てきますので、なかなか読みづらいでしょうが、それは飛ばして、何を言いたいのかという点だけを追うことがいいかもしれません。

マルクスの時代とその人となりを理解する

経済学、政治学、哲学についてのマルクスの書物を読み終えたら、当然『資本論』を読む必要があります。とはいえ、なかなかこの長大な書物に取りかかるのは、骨が折れる仕事です。

これに取りかかる前に、マルクスの人となりを知っておくといいでしょう。いわゆる『マルクス伝』ですが、なかなか政治的色合いの強いものが多く、いい伝記がなかったというのが実態です。ちょっと古いのですが、フランツ・メーリング『マルクス伝』（栗原佑訳、大月書店、一九七四年)、E・H・カー『カール・マルクス　その生涯と思想の形成』(石上良平訳、未來社、一九九八年)、デヴィッド・マクレラン『マルクス伝』、(杉原四郎他訳、ミネルヴァ書房、一九七六年)などがあります。

最近ではフランシス・ウィーン『カール・マルクスの生涯』(田口俊樹訳、朝日新聞社、二〇〇二年)、ジャック・アタリの『世界精神マルクス』(的場昭弘訳、藤原書店、二〇一四年)、ジョナサン・スパーバーの『マルクス　ある十九世紀人の生涯』(小原淳訳、白水社、二〇一五年)、ケヴィン・B・アンダーソンの『周縁のマルクス』(平子友長他訳、社会評論社、二〇一五年)などが翻訳されており、これらを参照するといいでしょう。

またやや専門的になりますが、的場昭弘他編『新マルクス学事典』(弘文堂、二〇〇〇年)、マルクス・カテゴリー事典編集委員会編『マルクス・カテゴリー事典』(青木書店、一九九八年)なども参考になるでしょう。

『資本論』を読む

やはりマルクスの主著である『資本論』に一度は挑戦してみるべきでしょう。これだけ長い書物の内容を理解するというのは大変ですが、岩波文庫版、国民文庫版なら安く揃えられます。

解説書としては、マルクス生存の時代に書かれたマルクス公認のヨハン・モスト『資本論入門』(大谷禎之介訳、大月書店、二〇〇九年)を読んでみるのもいいでしょう。コンパクトに知りたいのであれば、拙著『超訳「資本論」』（祥伝社新書全三巻、二〇〇八―二〇〇九年）も参考になるでしょう。

いっそ原著、少なくとも英語の『資本論』に挑んでみると、一般の経済学で使われている用語と『資本論』の用語の意味がいかに異なるかがわかるかもしれません。英訳は、エンゲルスが友人のサムエル・ムーアと訳したものが定番で、ペンギンブックスのペーパーバック版などは手頃です。ドイツ語版も最近ではペーパーバックが出ているので手頃な価格で手に入ります。

最近の問題に引き寄せて読む

日本では、テキストを原典として丁寧に解釈する、という方法を取る場合が多いのですが、むしろ現代との関連で読み取ることが今は必要でしょう。完全なテキストがあれば完全な思想が宿るというのは幻想で、現代に対する視点がないと、実は解釈もできていないというべきでしょう。

最近の問題と関係させながらマルクスを読む、というのは本書の課題でもありますが、単行本と同時期に発売された拙著『マルクスだったらこう考える』（光文社新書、二〇〇四年）、最近では佐々木隆治『カール・マルクス「資本主義」と闘った社会思想家』（ちくま新書、二〇一六年）などがいいかもしれません。

リーマンショック以後、資本主義の未来について多くの議論が世界中で交わされています。とりわけアメリカでは、資本主義の崩壊についての議論が経済学者の中で盛んですが、多くはマルクスの議論を使っています。これらを知るには、大谷禎之介『図解　社会経済学――資本主義とはどのような社会システムか』（桜井書店、二〇〇一年）、デヴィッド・ハーヴェイ『資本の〈謎〉――世界金融恐慌と21世紀資本主義』（作品社、森田成也他訳、二〇一二年）などがいいかもしれません。

そして、最後にマルクス研究の今はなき泰斗、マクシミリアン・リュベルの『マルクスへ帰れ』（角田史幸訳、こぶし書房、二〇一〇年）を読んでみてください。マルクス研究につきものの党派性の問題が描かれています。

今回の文庫化にあたっては、KADOKAWA編集部の岸山征寛《きしやまゆきひろ》氏にお世話になりました。ここで謝意を表しておきます。さらに『復権するマルクス』（角川新書、二〇一六年）で対談した佐藤優《さとうまさる》氏には、解説で大変お世話になりました。氏には深く感謝しております。

二〇一七年二月末日

的場　昭弘

解説——資本主義システムの脱構築を改めて考える

佐藤《さとう》　優《まさる》（作家・元外務省主任分析官）

一九八〇年代初めまで、日本におけるマルクスの読み方は三つに分かれていた。

第一が、正統派的な読み方だ。日本共産党、日本社会党左派（社会主義協会）の人たちを中心に、理論と実践を有機的に結合し、いかにして革命をもたらすかという認識を導く関心からマルクスのテキストを読んでいた。この読み方をする人たちは、ソ連型マルクス・レーニン主義（スターリン主義）の影響を強く受けていた。

第二が、宇野《うの》学派の読み方だ。理論と実践を区別して、『資本論』は資本主義の内在的論理を解明した書であると解釈する宇野弘蔵《こうぞう》（一八九七―一九七七）の立場に基づく読み方だ。宇野学派は、アカデミズムのスコラ学的な『資本論』解釈の方向に発展したのみならず、理論による実践行動を束縛するのを嫌う新左翼の行動的なマルクス主義にも影響を与えた。

第三は、マルクスは市民社会を完成させることを考えていたという平田《ひらた》清明《ひろあき》（一九二二―一九九五）の解釈だ。

しかし、これらの日本独自の「マルクス読み」は、一九八〇年代半ばからのポストモダニズムの嵐により、断絶してしまった。

的場昭弘氏は、伝統的な「マルクス読み」とポストモダニズムの、特にフランス現代思想の影響を受けた「マルクス読み」の双方に通暁している。本書は、アカデミックな手続きを踏まえながら、丁寧に書かれているが、単行本時のサブタイトルが「〈帝国〉とどう闘うか」とさりげなく記されていたことでもわかるように、資本主義システムを脱構築しなくてはならないという、的場氏の強い想いが込められている。

的場氏は、『資本論』の意義についてこう記す。

〈マルクスは、資本制システムがいかに均衡を保ったシステムなのか、ということをまず明らかにしようとしたのです。このシステムの中に不均衡を実現するためにはどうしたらいいか、ということを明らかにするために、まずいったん、それがいかに均衡を保ったシステムなのかを、『資本論』で分析して、明らかにするわけです。

だから、『資本論』をいくら読んでも、資本制社会が崩壊する道は見えてこないのです。つまり、存在するものは、それ自体均衡して存立しつづけるものですから、その均衡のありさまを指し示すことが必要である、とマルクスは考えたわけです。

当時の社会主義者たちは、社会というものはいつも矛盾をはらんでいる、具体的には資本制社会は大きな矛盾をはらんでいる、と考えていました。だから、社会主義の実現のためには、その矛盾を指摘すればいいのだ、と考えていたのです。マルクスの同時代の社会主義者は、みんなそうです。しかし、それに対してマルクスは、あえてそのような発想を捨てて、現に存在しているシステムは、それ自体としては矛盾をはらむことなく永遠なのだ、この永遠に存続するシステムをまず分析しなければならない、と考えたのです。だから、マルクスが書いた著作は、資本制社会がいかに完璧《かんぺき》なものであるか、ということを叙述するものになっていったのです。〉(本書、八二頁)

『資本論』が革命を直截《ちょくせつ》に訴えることではなく、資本主義社会がそれ自体として自立し、かつ自律したシステムであることを解明した書であるととらえる。ただし、資本主義社会がそれ自体として完結したシステムであることを示すことによって、資本主義を脱構築する、一昔前の言葉でいうならば、革命を起こす機会が見つかるのだ。この点ついて、的場氏はこう記す。

〈しかし、完璧であるということが即、それが崩壊しないということではありません。それ自体として永遠であるということは、現実に永遠であるということではありません。必ず崩壊するのですが、ではどのようにして崩壊するのかは、その完璧で永遠とも思えるシステムをいったんつかまないことにはわからないのです。つかんだあとで、ではどう崩壊するか、ということについては、実は、マルクスは十分には説明していないのですが、このともかく、均衡に向かって進むシステムとして、資本制システムは完璧なシステムである、ということがマルクスにおいては前提にされているのです。〉（八二～八三頁）

資本主義は歴史的に生まれたシステムだ。それゆえに、いずれ歴史の中で資本主義が克服されるであろうというような見方は間違えていると的場氏は認識している。だから、以下の指摘をするのだ。

〈過去の歴史を前提にして展開すると、歴史主義の陥穽《かんせい》に陥る。昔共同体であってそれが崩壊して市民社会になった。だからいまの市民社会は普遍的ではない。歴史的な一経過点にすぎない。だから市民社会を敷遍化してはいけない。こうした批判は歴史主義的な批判です。こうした批判は、資本主義社会の構造を内在的に批判することにはならない。過去の共同体を前提にしてそこから出てくる歴史的な社会を批判するということは、歴史は変遷するのだから、現在の状態もやがて変化するであろうと予測しているにすぎないわけです。

これでは実は批判にならないんです。しかし、そうすると非常に難しい方法論的問題、方法論的アポリアに陥ったことになります。現実からも歴史からも批判できないという問題。マルクスはこのアポリアを解こうとします。それが方法論の問題です。この問題の立て方こそマルクスのマルクスたるところです。他の経済学者に比べて明らかに秀でている点です。

つまり『資本論』も含めて経済学批判というタイトルがついているわけですけれど、経済学を批判するには経済学の方法を批判しなければならない。その方法の一つは内在的な経済学批判です。経済学は論理的に矛盾しているという批判が内在的な批判です。資本主義システムの崩壊を内在的に説明するというやり方がそれです。

こうした批判を行うには、システムに潜む矛盾を暴く。ところが、前提を認めるとそうした矛盾に至るのは難しい。たとえば個々人が分離した社会をその前提として、利己心で説明すると、共同体的経済が最初から排除されるわけです。本来の人間の本質は利己心だと前提すると、利己心によって実現される資本主義社会こそ本来の人間の社会となる。一種のトートロジー《同義反復》となる。〉(三〇八〜三〇九頁)

現実を分析すると、資本主義は均衡した完璧なシステムなので、あたかも永続するかのように見える。歴史を根拠に資本主義を相対化しても、「結局、この世はどうなるかわからない」という不可知論に陥るだけだ。

しかし、的場氏は、資本主義社会は必ず終わりを迎え、人類は新しい歴史の頁を開くと確信している。その根拠は、人間には変化する可能性があるからだ。

〈資本主義が変化するとすれば、人間の本質が変わるということです。まったく違った人間に変化するというのなら、資本主義社会は変わります。けれども利己心をもった人間という前提が同じなら資本主義社会は変化しない。まさにフランシス福山《ふくやま》が言うように、資本主義社会は歴史の終焉《しゅうえん》となる。問題は、まさに国民経済学の前提、人間は利己心をもった動物であるという人間の本質規定にかかっている。内在的批判は非常に難しいわけです。

では歴史主義的方法をとればいいか。しかし歴史主義的方法は外部からおかしいと言うだけに終わる。どう批判すればいいのかということがマルクスの方法論の最大のポイントです。〉(三〇九頁)

内在的批判も、歴史的批判(外在的批判)も採ることができないならば、われわれにはどのような道が残されているのだろうか。的場氏は、内在的方法と外在的方法を組み合わせたマルクスが上向法と呼んだ方法に立ち返ることが重要であると主張する。

〈マルクスの方法は内在的方法と外在的方法を巧みに組み合わせることによって成立しています。この巧みな組み合わせ方こそ、マルクスの経済学の方法の最も特徴的なことです。内在的に説明しようとすれば、結局肯定してしまうし、歴史的に説明しようとすると外から過去の社会から、資本主義はあれがいけない、これがいけないと批判するだけになる。この問題を解くためには、ある一つの方法が考えられるわけです。その方法こそ上向法と言われる方法です。〉（三〇九～三一〇頁）

実は、この上向法は、キリスト教神学の三一論（三位一体論）によく似ている。三一論は、父、子、聖霊からなる三一神がそれぞれどのような関係にあるかを考察する内在的三一論と、父、子、聖霊からなる三一神が歴史の現実にどのように作用しているかを考察する経綸《けいりん》的三一論に分けられる。

キリスト教神学では、この論理に従って社会を分析する。すなわち、資本主義の内在的論理を解明し、資本主義社会が人間の側からは、決して脱構築することができない強固なシステムのように見えるが、歴史のどこかでこのシステムに終止符を打つ神の働きがあるということになる。従って、外部（神）から新たな時代へと転換する兆候（時の徴《きざし》）が示されるまでは、「急ぎつつ、待つ」という姿勢になる。的場氏も革命を急ぎつつ、待っているのだと思う。

本書は二〇〇五年二月、五月書房より刊行されました。

文庫化にあたり、副題を「〈帝国〉とどう闘うか」から「主要著作の現代的意義」に変更し、加筆・訂正をしています。

マルクスを再《さい》読《どく》する

主要著作《しゅようちょさく》の現代的《げんだいてき》意《い》義《ぎ》

的《まと》場《ば》昭《あき》弘《ひろ》

平成29年 3月25日　初版発行

発行者●郡司 聡

発行●株式会社KADOKAWA
〒102-8177　東京都千代田区富士見2-13-3
電話 0570-002-301（カスタマーサポート・ナビダイヤル）
受付時間 9:00～17:00（土日 祝日 年末年始を除く）
http://www.kadokawa.co.jp/

角川文庫 20268

印刷所●旭印刷株式会社　製本所●株式会社ビルディング・ブックセンター

表紙画●和田三造

ISBN978-4-04-105368-3　C0130

角川文庫発刊に際して

角川源義

第二次世界大戦の敗北は、軍事力の敗北であった以上に、私たちの若い文化力の敗退であった。私たちの文化が戦争に対して如何に無力であり、単なるあだ花に過ぎなかったかを、私たちは身を以て体験し痛感した。西洋近代文化の摂取にとって、明治以後八十年の歳月は決して短かすぎたとは言えない。にもかかわらず、近代文化の伝統を確立し、自由な批判と柔軟な良識に富む文化層として自らを形成することに私たちは失敗して来た。そしてこれは、各層への文化の普及滲透を任務とする出版人の責任でもあった。

一九四五年以来、私たちは再び振出しに戻り、第一歩から踏み出すことを余儀なくされた。これは大きな不幸ではあるが、反面、これまでの混沌・未熟・歪曲の中にあった我が国の文化に秩序と確たる基礎を齎らすためには絶好の機会でもある。角川書店は、このような祖国の文化的危機にあたり、微力をも顧みず再建の礎石たるべき抱負と決意とをもって出発したが、ここに創立以来の念願を果すべく角川文庫を発刊する。これまで刊行されたあらゆる全集叢書文庫類の長所と短所とを検討し、古今東西の不朽の典籍を、良心的編集のもとに、廉価に、そして書架にふさわしい美本として、多くのひとびとに提供しようとする。しかし私たちは徒らに百科全書的な知識のジレッタントを作ることを目的とせず、あくまで祖国の文化に秩序と再建への道を示し、この文庫を角川書店の栄ある事業として、今後永久に継続発展せしめ、学芸と教養との殿堂として大成せんことを期したい。多くの読書子の愛情ある忠言と支持とによって、この希望と抱負とを完遂せしめられんことを願う。

一九四九年五月三日